産経NF文庫
ノンフィクション

金正日秘録

なぜ正恩体制は崩壊しないのか

李 相哲

潮書房光人新社

文庫版のはじめに

父の統治スタイルを踏襲した金正恩

『金正日秘録』は、あえて金正日の人物像がわかる事柄に多くの筆墨を割いた。人間の本質、人物像はさりげないしぐさや振る舞いに表れるからだ。

1983年6月、金正日が中国を訪問したとき、通訳として地方視察に同行した中国外務省の元職員の李相文から聞いた話だ。

一行が中国自慢の南京長江大橋を見学に訪れたときのこと。金正日《キムジョンイル》は案内役の説明を聞きながら大橋の上を歩いたが、途中、何に怒ったのか、随行員の膝を容赦せずにつよく蹴る場面があった。ホストの中国側要人らの面前でだ。

2001年夏、ロシアを訪れたときのことだ。案内役を務めたロシア極東連邦管区大統領全権代表、コンスタンチン・プリコフスキーによると、旅を終え、別れる際に正日は、自分の警護にあたっていたロシア側の随行員全員に1500ドルずつチップを渡そうとした。

２００２年２月、コンスタンチン・プリコフスキー率いる代表団の一員として平壌を訪問したとき金正日とワルツを踊ったという、ロシア記者協会元幹事のオリガ・マリツェワは『金正日とワルツを——ロシア人女性記者の金正日極東訪問同行記』（ハンウル、ソウル、２００４）のなかで、その日のことをこう紹介する。

その日、正日は上機嫌だった。誕生日を兼ねての宴だったせいか、正日は突然、ロシア語の歌を歌おうと提案、自ら先に歌いはじめた。そして、ワインを注ぎにいったマリツェワに自分のホッペにキスしてくれという。代わりに、マリツェワは、正日から単独インタビューの約束をとりつけた。

70年代に労働党中央委宣伝扇動部で金正日と一緒に働いた経験をもつイ・ハング（ペンネーム）の『秘話集　金正日とその参謀たち』（新太陽社、ソウル、１９９５）には、こんな逸話が紹介されている。金正日が定期的に催す宴の常連であった党中央委組織指導部副部長、李明済の妻が、放蕩の限りをつくす夫と金正日のことを手紙に書いて金日成《イルソン》に送ったが、手紙は正日の手にわたってしまった。正日は激怒、李に拳銃をわたし、妻を始末するように命じたとされる。

その李明済の息子が現在の北朝鮮外相の李容浩だ。連載を終えた後、現在に至るまで筆者は多くの北朝鮮元高官を取材した。『金正日秘録』（韓国語版）をわたし、どこか事実に反する箇所はないかと尋ねてもみた。

彼らの証言からは秘録に書かれたエピソードを確認できるものもあった。李容浩外相の母の死は、金正日への「告げ口」が原因となった。李明済が本当に妻の頭を銃で撃ったかはともかくとして、おおむね事実だという。

その前後事実関係を一番よく知っている人は息子の李容浩かもしれない。彼はいまどんな気持ちで金正恩《ジョンウン》に仕えているかは知るすべはないが、金正恩はこのようなドロドロとした金正日時代の悪事に蓋をしておいて、政権運営に当たっている。

金正恩は父、金正日の統治スタイルをそのまま受け継ぎ、踏襲している。権力の座について6年あまりの期間中に政権中枢にいる高官だけでも100人近くを高射砲で撃つなど残忍な方法で処刑したとされる。

少しでも隙をみせたら一気に不満が噴出する可能性があるからかもしれない。金正恩は自分の権威を無視し、指示に従おうとしない人間は容赦なく排除する。120万人の朝鮮人民軍のトップにたつ人民武力部長が、金正恩主催の会議の場で居眠りしたとして処刑されたのはそのためだ。

金正恩は自分が成し遂げた「偉業」を捨てない

金正恩も恐怖統治だけで政権をまとめることには限界があることを知っているのではないか。人民に対しても、幹部たちに対しても、忠誠を強要できるだけのカリスマと「偉大さ」を証明してみせなければならない。大雑把に言えば、金正恩が核に執着する理由は、ここにある。

祖父金日成も、父金正日も成し遂げることのできなかった、核兵器を完成するという「偉業」を成し遂げたのだ。北朝鮮の官営メディアが書き立てるように、核を「保有」したとたんに世界中の指導者が偉大な金正恩最高司令官に会いたくて、列をなして順番を待っている状況だ。

文在寅韓国大統領は今年に入って、すでに3回も金正恩に面会している。今年の暮れには金正恩がソウルを訪問する可能性も出てきた。それにドナルド・トランプ米国大統領も6月の首脳会談に続いて、2回目の首脳会談をまち望んでいる状況だ。

中国の習近平の訪朝が時間の問題とみられるなか、ロシアのプーチンとの首脳会談も予定されているという。ローマ法王さえも「金正恩が要請すれば北朝鮮を訪問したい」と事実上、金正恩詣でに言及した。まさに北朝鮮が国民に宣伝しているとおりだ。いま、世界中の指導者や人民が「金正恩元帥様の崇高な風貌と胆力に魅了されている」。

しかし、このような首脳外交の、当初の目標は北朝鮮の非核化にあったはずだ。

4月27日の板門店会談で文在寅は金正恩から「一年以内に非核化する」との約束をとりつけたとアメリカに伝えたとされる。ジョン・ボルトン米大統領国家安全保障問題担当補佐官は、8月19日（現地時間）ABCテレビに出演し「文在寅大統領と金正恩委員長は、〝一年以内の非核化〟に合意した」と主張した。ボルトンによれば、去る4月27日、板門店で文大統領は金委員長にあい、北朝鮮が早く非核化すればするほど韓国と日本など多くの国から援助や投資をより早く受け取ることが可能だとし、文大統領が〝非核化を一年以内（within a year）にしよう〟と話し、それに答えて〝わかった（Yes）。〟と答えた。

ボルトンの証言がうそでなければ、金正恩は来年四月までに非核化をしなければならないはずだ。今のところそのような気配は全くみせず、平壌宣言でも非核化完成までのロードマップは提示されていない。

文在寅の平壌訪問前に金正恩に面会したチョン・イヨンによれば、「金正恩はトランプ大統領の一期目の任期が切れる2021年1月までに非核化をするつもりでいる」。

それが本当かごまかしかは、2回目の米朝首脳会談ではっきりするかもしれない。いまのところ、文在寅は米朝対話が切れないようにと、トランプ大統領の説得に必死だ。

しかし、米国はいまだに慎重な態度を崩していない。

これから、金正恩が2021年までに廃棄すると「約束した」核は「未来の核」か、すでに開発済みの「過去の核」も含まれるかはまだ明らかになっていない。北朝鮮の核開発の実態を長年研究してきたアメリカの専門家の間では、北朝鮮はすくなくともすでに60発の核弾頭を保有しているとみられている。これら核弾頭や核施設、核物質がどこにどれだけあるかを把握し、行動を開始するには、北朝鮮がリストを提出し、査察の範囲や時期、スケジュールを決めなければならない。

いまのところ、金正恩がそれに本気で応じる保障はないように見える。仮に北朝鮮が核を捨てることにしたとしても北朝鮮問題は解決するわけではない。北朝鮮は核を「完成」する前からテロ支援国家に指定された前歴があり、一時解除されたものの、昨年再び指定された国だ。自国民だけでなく、隣の国の国民を拉致、監禁し、人間の生きる権利、移動の権利、話す権利など基本的な人権を踏みにじってきた国でもある。そのような状況が改善されたという情報はまだない。金正恩統治下でもなお、1万人の住民が飢え死にしたという統計もある。

北朝鮮問題を根本において解決するためには、北朝鮮という国家体制、金正恩政権の本質を理解する必要がある。それを理解するのに『金正日秘録』が役にたてたら望外の喜びである。

2018年11月

著者

はじめに　稀代の「劇場型国家」を築いた男

なぜ、いま、金正日《キムジョンイル》なのか？　本書を手に取られた読者の多くが疑問に思われるかもしれない。

現在、北朝鮮を支配しているのは息子の金正恩《ジョンウン》であり、日本人拉致問題を含め、閉塞《へいそく》した現状を打開するためには、正恩について、知るべきであり、描かれるべきだと考えるのが自然だろう。

現に日本だけでなく、米国、韓国、中国といった各国の政府当局者や専門家、ジャーナリストらが正恩支配の「いま」と「未来」を解明しようと多大な努力を傾けている。

特に核兵器開発への固執をますます強め、後見役の叔父、張成沢《チャンソンテク》まで処刑したという事実から、正恩の性向について異口同音に語られるのは、「予測不能であり、危険だ」ということだ。

在韓米軍司令官に2016年4月に就任したビンセント・ブルックスは、指名時の米上院軍事委員会の公聴会で、朝鮮半島の情勢について「金正恩の周辺に助言できる者がおらず、不安定性はさらに増した」と指摘し、こう分析した。

「金正恩は、父(金正日)より、攻撃的な傾向を見せている。彼は危険を顧みない傲慢で、衝動的な性格の持ち主だ」

こうした見方に同意する人は少なくないだろう。ただ、「無慈悲で残忍な暴君」だと強調するだけでは、北朝鮮のいまを理解する上で何の助けにもならない。少なくとも北朝鮮分析を職責とする者が「予測不能だ」とさじを投げることは責任放棄以外の何ものでもない。

分析のつまずきの一因は、正恩政権や、政権がよって立つシステムがどのように生まれたのかという考察の不足にあるようだ。

正恩の世襲体制をつくり上げたのは、父、正日であり、正日は晩年、政治経験がほとんどない息子が代を継いでも、体制を揺るぎなく、維持・運営させていくために、それこそ心血を注いだ。金正日という人物への理解抜きには、正恩体制の実体をつかむことはできない。

11年12月の父の死で発足した金正恩政権について「数年もたないだろう」と予測され、筆者も政権の長期安定には懐疑的だった。しかし、正恩は徐々に権力基盤を固め、現在のところ、即座に崩壊する兆しは見られない。

金正日が父、金日成《イルソン》の死によって最高権力を手にした1990年代にも、まさに同じように言われた。北朝鮮が「苦難の行軍」と呼ばれ、200万人以上の餓死者を出したという大飢饉《ききん》に見舞われたこともあり、日米韓の多くの当局者や専門家が「数年で体制が瓦解《がかい》する」とみた。

米中央情報局（CIA）と国防総省が日成死去前年の93年12月に作成した評価報告書は、正日を「精神的異常者であり、放蕩《ほうとう》で、猜疑《さいぎ》心深い」と記し、日成死去後に権力を握っても「能力不足や広範囲に存在する反対勢力、経済的・社会的混乱により、必ずクーデターが起こり、失脚するだろう」との分析結果を導き出した。

韓国の情報機関、国家安全企画部（現・国家情報院）が80年代に正日の人物像を分析し、最近公開された機密報告書も、正日を「非人間的な残忍性と好戦性」を持ち、「極みに達した贅沢三昧《ぜいたくざんまい》な生活、複雑でみだらな女性関係」に浸る人物だと酷評した。

しかし、現実の歴史では、クーデターが成功することも、政権が崩壊することもなかった。逆に正日が最大の危機をチャンスとして反対派を粛清し、揺るぎない体制を固めていった過程は、本書で詳述するところだ。

その権力も、最高指導者の長男として棚ぼた式に得たものでは決してない。巧みに周囲の心をつかみ、好機がめぐるまでひたすら耐え抜いた。放蕩に浸り、残忍性と好戦性を持つだけの人物にこんな芸当ができるはずもない。

米韓当局の分析は的外れだったというほかない。

むろん、米韓の分析は根拠なく記されたわけではない。国の威信を懸け、通信傍受網やヒューミント（人的情報）を駆使し、金正日の親族をはじめ、亡命した北朝鮮高官らの証言を丹念に収集した結果だった。

にもかかわらず、「無慈悲で残忍な暴君」という単純化した結論に陥ったのは、敵対する体制の指導者に対し、レッテルを貼る誘惑に勝てなかったからだろう。評価過程では、彼を肯定的にとらえる情報も報告されたが、軽視または無視された。

当局だけではない。正日の生前から、世界中で多くの「金正日」関連本が出版されてきた。ただ、人物像がベールに包まれていただけに「異質さ」ばかりに焦点が当てられた。

正日とじかに接した親族や元高官らの手記も数多い。これら一次資料は貴重で、本書の中でも手記からの引用が多数登場する。半面、関係が近ければ近いほど、祖国を捨てたという負い目もあって、金正日という存在を否定する立場から自由ではいられなかった。

北朝鮮国内でも、伝記をはじめ、数え切れない正日に関する書籍や論文が書かれてきた。しかし、多くが最高指導者の「全知全能ぶり」を称賛し、体制維持に資するために記されたという側面は拭えない。

だからといって、北朝鮮側の資料は価値がないと切り捨てることはできない。むしろ、あからさまに一からでっち上げられた文献はまれともいえる。

詐欺師が9割の事実に1割の嘘を紛れ込ませて巧みにだますように、北朝鮮側の文献は、事実を素地として、体制に有利になるように加工しているケースが多い。最高指導者や体制の否定につながらない部分では、ありのままに事実を映し出したり、本音を吐露したりしたものも少なくない。

本書は、金正日の死去から3年の節目となる2014年12月から産経新聞紙上に掲載された連載がもとになっている。3年間という時間の経過とともに、新たに公開された資料や証言が盛り込まれている。

何より、死去というピリオドを迎えたことで、偏った価値判断に束縛されず、一人の人物を、その誕生から死まで俯瞰《ふかん》することが可能になった。いまだからこそ、これまでになかった「金正日の本物の伝記」を書けるという確信を持った。

生まれたばかりの正日に母乳を与えたという北京在住の女性ら、正日とともに過ごした当事者たちに対する筆者の独自インタビューに加え、参考にした資料は600点を超える。一つの事実を記すのにも、亡命高官らの手記や北朝鮮の出版物のほか、日米中韓露など、さまざまな国、言語の文献を比較検証した。

執筆に当たり、筆者と編集者が自らに課したのは、徹底してステレオタイプの評価を排すること、さらには「金正日」という人物の物語にとことんこだわることだった。

政治状況などの単なる時系列の描写といった、「人物」を描き出すのに不必要だと判断した内容は、躊躇《ちゅうちょ》なく削除した。筆者と編集者との間で何度も書き直し、ボツにした原稿は本書の量の倍以上に上る。

そこで、浮かび上がってきたのは、正日の「非人間性」でも「全知全能性」でもなかった。

泥臭いまでに、コンプレックスに拘泥し、権力や、家族への愛情に執着した一個の人間の姿にほかならなかった。

核開発一つとっても、外交カードとして利用したとも論じられたが、他者への恐れや独自の世界観から、それにしがみついて放そうとしない人間臭い動機があった。核を手放す気など毛頭なかったのだ。その執着心は息子の金正恩にも受け継がれることになる。

なぜ、日本人を含む多数の外国人を拉致したのかについては、これまでもさまざまな角度から論じられてきた。必ずしも政策上必要だったとはいえず、常識からは説明し切れない。工作活動の全権を握った独裁者のパーソナリティーに迫ることなしには、動機を解き明かすことはできず、「人間金正日と拉致」に焦点を当て、可能な限り彼の心理を追った。

詳細は第4章に譲るが、日本人拉致は、02年の首脳会談当時、正日が首相の小泉純一郎に説明した「一部の妄動分子がやったこと」でも、外交上の駆け引きで決着する類いのことでもないことが分かる。

未曾有の「国家的犯罪」は、金正日という一個人のパーソナリティーに根ざしており、北朝鮮が隠し通したい「人間金正日」のタブーに踏み込まない限り、全容の解明には近づけない。拉致被害者の家族が高齢化するなか、政府には改めて、北朝鮮の最深部に斬り込む覚悟を求めたい。

本書は機密性の高い文書や証言も扱っているが、多くは既に公にされた資料に基づいている。それでいて、北朝鮮が国家を挙げて封印しようとしてきたものを描き出すことを目的にしている。

それは「最高指導者、金正日の実像」だ。先に9割の事実と1割の嘘を例に挙げたが、北朝鮮が必死で嘘で塗り固めようとした1割こそが指導者の神聖性を脅かす「実像」だった。そこには、伝記には欠かせない金正日の生誕に関わる内容が核として含まれる。

北朝鮮の独立は金日成が「抗日戦争」で勝ち取ったという「国家神話」に合わせ、正日は1942年2月16日に、民族の聖山とされ、日成が抗日武装闘争を継続した舞台だと主張する白頭山《ペクトウサン》の麓で生まれたと喧伝《けんでん》されてきた。

しかし、前出の母乳を与えた女性ら複数の証言や資料を基に、本書では、日成が日本軍に追われ、ロシア極東地域に逃げ込んでいた41年2月に同地で生まれたと結論付けた。

同じように、後継者の金正恩についても、生年や出生地は公にされず、母親が日本で生まれた在日朝鮮人の踊り子出身だという「現実」は秘匿されている。

正恩の生年月日についても、筆者は、さまざまな証言や資料をかさね合わせた結果、84年1月8日との見解をしめし、米国に亡命した親族も最近、「84年生まれだ」と証言した。だが、日本の複数の大手メディアが「83年生まれ」と表記するなど、生年すら定まった見方がない。

正日は、この世に生を受けた直後から出生地や生年を改竄《かいざん》される運命を背負った。権力の頂点に立った後も、その権力が虚構の正統性に支えられているゆえに嘘は堅持された。出生さえ偽らざるを得ないという愚行は、体制を世襲した息子の代にも繰り返された。

北朝鮮を知れば知るほど強まった思いがある。金日成が存命中から現在に続く独自の〝世襲王朝〟と、それを支えるシステムは、金正日という類いまれな個性を持つ一人の男によって築き上げられたということだ。

北朝鮮を現在の経済破綻と国際的孤立に追い込んだのが正日だとすれば、政治経験なき後継者が最高指導者に就こうとも、超大国の米国と敵対しようとも、体制を維持・延命させているのもまた、「死せる正日」だといえる。

金正日こそ、北朝鮮そのものだ。北朝鮮という国家は、一人の男が自らの才覚で絶大な権力をかすめ取り、死後も全国民と日本や米中という二大大国が、その〝遺影〟に振り回され続けるという世界に前例のない、正日を主人公にした「劇場型国家」なのだ。

これは、一人の男の伝記であり、同時にその男に翻弄された国と人々の歴史物語でもある。

まずは、2人の最高指導者が死を迎える場面から物語を始めたい。

1人は正日自身であり、1人は、その死によって彼が最高権力を手中に収めることになった父、日成だ。

2人の死の真相は、正日・正恩父子の誕生に関わる事実同様、厚いベールに閉ざされ、北朝鮮が必死に嘘で覆い隠そうとした最大の「真実」だからだ。

新聞連載から本書に至るまでの編集は、北朝鮮に関し、多数の独自記事を書いてきた産経新聞の桜井紀雄記者にお願いした。構想から約2年に及ぶ執筆は、2人の共同作業となった。本書は、桜井記者の助力に負うところが大きい。よきパートナーを得た幸運に感謝したい。

李　相哲

2016年7月1日

金正日秘録——目次

第1章　不可解な「2つの死」

第2章

からいばりの少年

第3章

後継者への階段

第4章　工作機関の掌握と拉致

第5章 かすめ取った頂点

第6章 荒廃、そして核

第7章 未完の遺訓

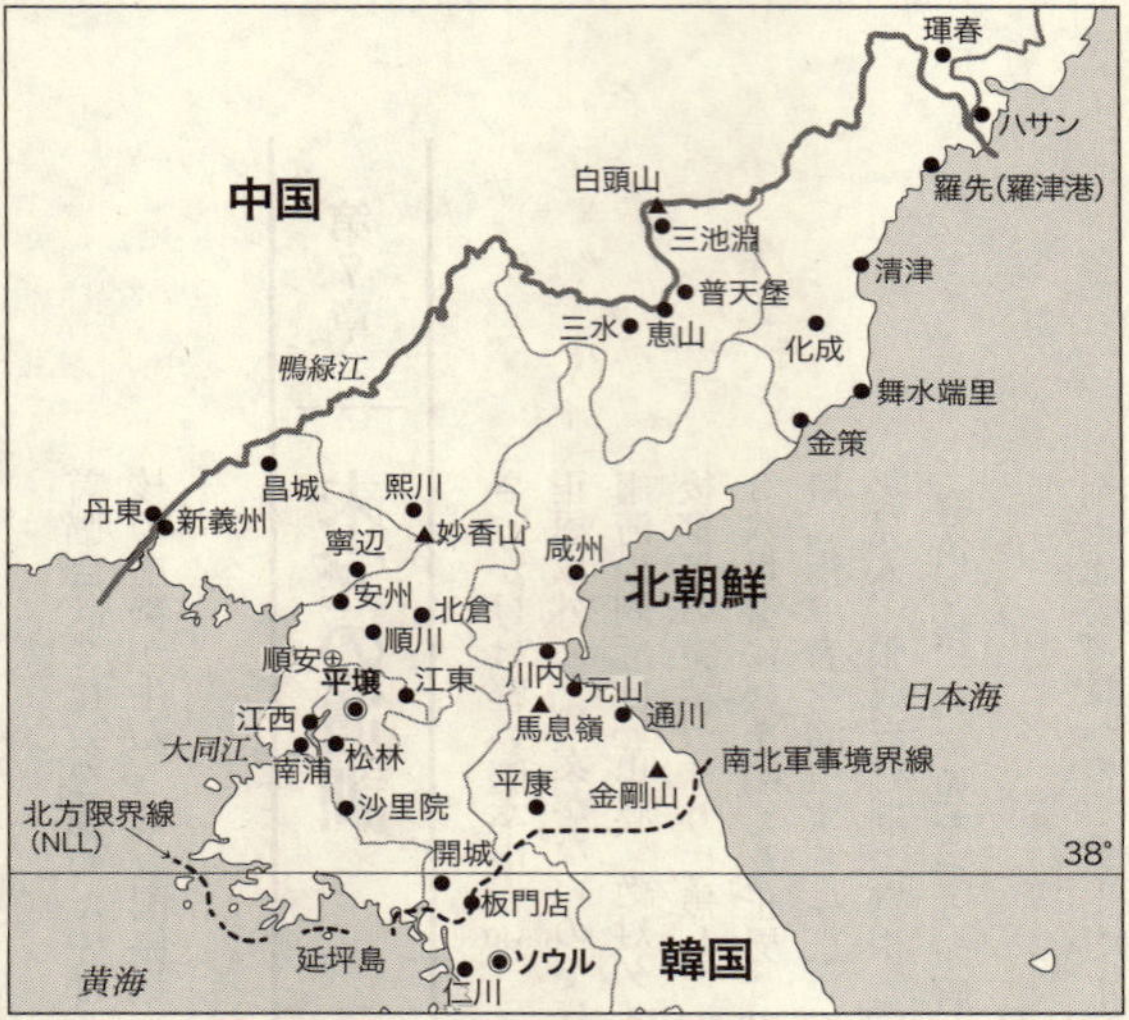
琿春
ハサン
羅先(羅津港)
白頭山
中国
三池淵
清津
普天堡
三水
恵山
化成
鴨緑江
舞水端里
金策
昌城
熙川
丹東
新義州
妙香山
寧辺
咸州
安州
北朝鮮
北倉
順川
順安
平壌
江東
川内
元山
江西
通川
馬息嶺
日本海
大同江
南浦
松林
南北軍事境界線
平康
金剛山
沙里院
北方限界線
(NLL)
開城
38°
板門店
延坪島
ソウル
韓国
黄海
仁川

ロシア
ビャツコエ(北野営)
ハバロフスク
黒竜江省
モンゴル
ハルビン
ウスリースク
中国
吉林省
ラズドリノエ(南野営)
吉林
琿春
ウラジオストク
白頭山
ハサン
遼寧省
丹東
北京
北朝鮮
日本海
平壌
佐渡島
新潟
大連
能登
柏崎
ソウル
東京
仁川
韓国
小浜
日本
米子
青島
全州
黄海
大阪
康津
済州島
宮崎
揚州
南京
日置
上海
太平洋

北朝鮮の行政区分

咸鏡北道
両江道
慈江道
咸鏡南道
平安北道
平安南道
平壌特別市
黄海北道
江原道
黄海南道

■金正日一族の家系図

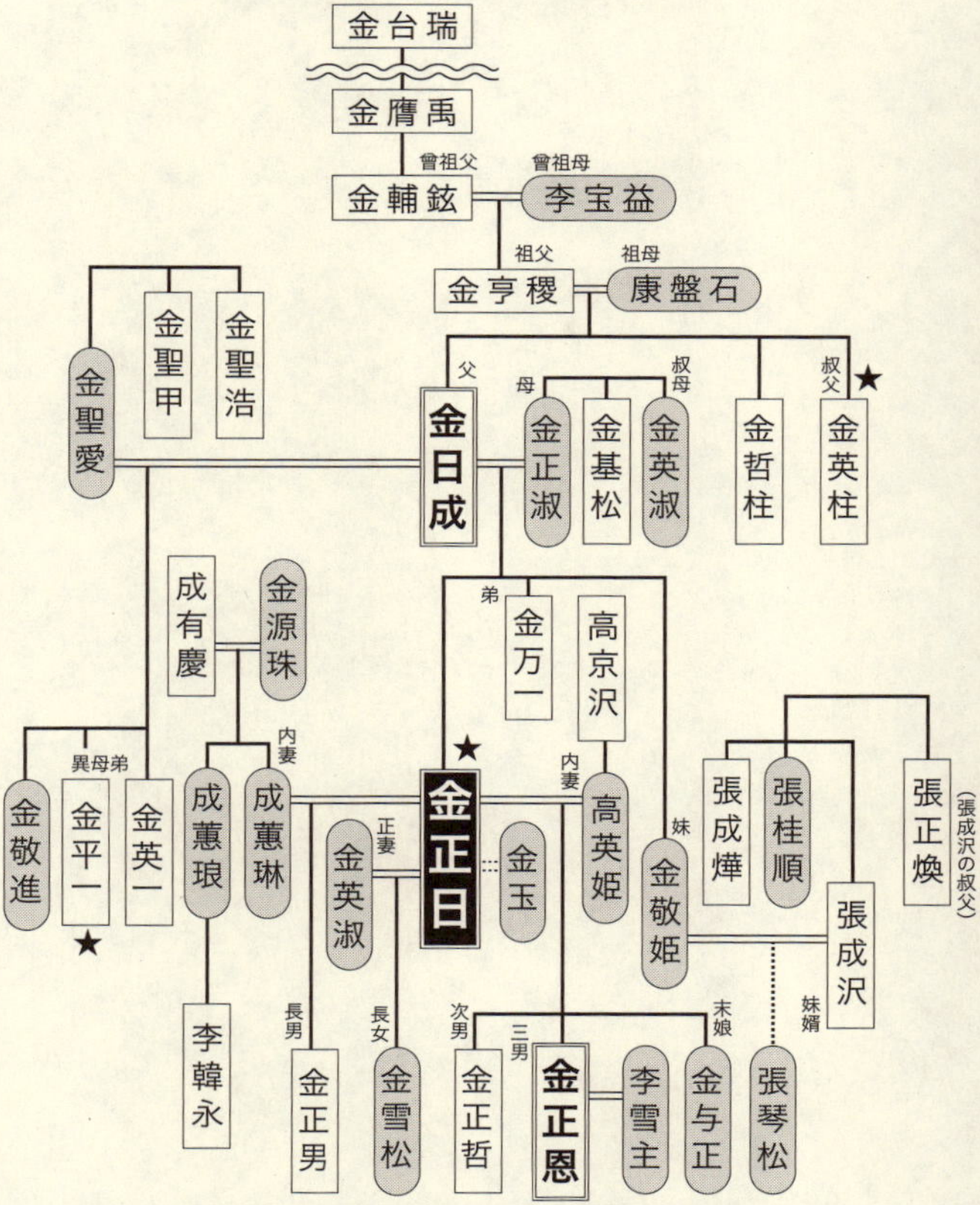

本書に登場する主な人名をまとめた。
□は男性、◯は女性。表記は金正日から見た続柄。
★は金日成の後継者候補

金正日秘録

なぜ正恩体制は崩壊しないのか

第1章

不可解な「2つの死」

改竄された「命日」と「最期の場所」

２０１１年12月19日正午、北朝鮮は「特別放送」を行い、最高指導者の死去を発表した。総書記の金正日が「17日午前8時30分、現地指導の途上、急病で逝去した」との内容だった。2日以上にわたって、独裁者の死が隠匿されたことに日本をはじめ、韓国や米国の政府当局者らは大きな衝撃を受けた。

死因について、北朝鮮はこうも伝えた。

「強盛国家建設のため、超強行軍の日々、蓄積した精神的・肉体的過労により、走る野戦列車内で、重症急性心筋梗塞を起こし、心原性（心臓）ショックを併発した」

「心筋梗塞に心臓ショックを併発」は17年前に「突然に逝去」した父、金日成の死因と全く同じ。「最後の瞬間まで人民の幸福のため、精力的に活動した」とたたえられた点もカーボンコピーのように同じだった。

北朝鮮で12月17日は、いまも、全国民が「偉大な指導者」を追悼する「命日」であり続けている。

だが、米韓当局は衛星画像から、正日の専用列車が平壌の竜山《リヨンサン》1号駅に停車したままだった事実をつかんでいた。「野戦列車」内での「17日朝」の突然の死は、当初から疑義が持たれていた。

では、死を迎えるそのとき、正日はどこで何をしていたのか――。最高指導者の警護や健康管理を受け持つ護衛総局（護衛司令部）の元幹部ら韓国に脱北した複数の元高官の証言や、正日の死を分析した中韓の政府文書などから詳細が浮かび上がった。

2011年12月16日。この日、金正日は朝早く目覚めた。午前3時過ぎに就寝、9時過ぎまで眠るのが習慣だったが、08年に脳卒中で倒れてからは生活リズムを崩し、寝起きの時間も不規則になっていた。前日は午前6時に起床、3カ所を視察に訪れていたため、疲れがたまっていた。

北朝鮮元高官の証言などによると、16日は血圧が不安定だったため、東部、咸鏡南道《ハムギョンナムド》への視察を取りやめ、平壌中心部の官邸で休んでいた。人工透析が欠かせないほど、その身は病にむしばまれていた。

午後5時ごろ、一本の電話がかかってきた。

通話内容は不明だが、「怒鳴り声が聞こえるほど激高していた。後継者に指名した金正恩と話したようだ」（元高官）。電話を切った後、秘書官に出かける支度をするよう指示した。

向かった先は、平壌市内にある長女の金雪松《キムソルソン》宅。随行したのは、秘書官と担当医、警護官数人だけだった。

正日の健康情報にも接してきた元高官は「急に娘に会おうとしたのは、正恩との通話にいらだち、不安になった心を落ち着かせるためだったのだろう」と推し量る。

午後6時前には、雪松宅に到着した。居間で短い休憩を取った後、娘と2人きりで食卓に着き、ワインを飲みながら真剣に何かを話していたとされる。控えてきた酒を飲んだうえ、健康状態に合わせ、特別に処方された薬もこの日は服用しなかった。

娘との会話で気分がすっかりよくなったのか、グラスを頻繁に口に運んでいたと伝えられる。

「疲れたからすこし休みたい」。午後7時ごろ、こう言い残し、寝室に入っていった。長女宅には父専用の寝室が用意されている。

1時間ほど過ぎ、寝室から急を知らせるブザーが鳴り響いた。過去何度か急に倒れた経験から、手の届くところにブザーを置くのが習慣になっていた。

居間で歓談中だった金雪松と彼女の10代の息子、担当医が駆けつけ、目にしたのは卒倒した最高指導者の姿。口からは泡を吹き出していた。担当医はその場で心臓マッサージをしたが、意識は回復せず。時刻は午後8時30分を回った。

すぐさま、平壌中心部から東へ約40キロ、江東郡《カンドン》にある別荘「32号招待所」に移送された。

敷地には、競馬場や観覧席付きサッカー場までそろうが、何より世界最先端の医療設備も備えられていたからだ。

だが、手の施しようはなく、同11時に死亡が確認された。死因は過労とストレスによる心臓ショックに伴う心筋梗塞とされた。長時間に及んだ前日の視察の疲れや、常服薬を飲まずに飲酒したことが死を招いた可能性が高い。

電話に激高した心労がその引き金を引いたことになる。

ルーマニアのチャウシェスク、イラクのサダム・フセインという２人の「独裁」大統領がたどった非業の死を何より恐れていたといわれる金正日。限られた人数にみとられた、70歳でのひっそりとした死は本望だったのだろうか。

その死は一部関係者だけの胸に秘められ、２日間の間に、人民が待つ現場に向かう「野戦列車」内での急病と書き換えられた。

好きな酒を飲み、長女ら家族にみとられた死は、非難されるものではない。ただ、最高指導者の偶像化によって保たれてきた北朝鮮体制には、「平凡な死」を許容する余地はなかった。

父、金日成同様に「最後まで人民に尽くした」との虚偽のベールで、「最期の場所」は覆い隠された。

晩年になって、金正日は長女の金雪松と話し込む回数が増えた。

彼女は公の場にめったに顔を出さなかったが、2001年夏、父親のロシア訪問に同行し、その姿が目撃されている。一行を案内した元ロシア政府高官のコンスタンチン・プリコフスキーによると、雪松は身長約165センチ、色白の美人で、中尉階級の肩章を着けた軍服姿だった。

「私は、娘（雪松）にほれている。彼女も後継者の一人と考えている」と、正日はプリコフスキーに告げたという。

雪松は金正恩とは母親が異なり、正日の夫人として知られる5人の女性の中で唯一、正式に結婚した金英淑《ヨンスク》との間に生まれた。幼少時代、父だけでなく、祖父の金日成の愛情を独占したといわれる。

正日の晩年のスケジュールを管理し、現地視察にも影のように付き従った。各部署から上がる書類にも目を通し、父に代わって重要案件を処理することもあるほど、正日が信頼した。

北朝鮮元高官は、心身ともに疲労するなか、会う相手として長女を選んだのは、「後継者に指名したはずの金正恩に対する落胆がそれほど大きかったからだ」とみる。

金正日が死亡した11年12月16日に受けた電話は、金正恩が「取り返しのつかない失敗」を直接、告げたものだった可能性が高い。

証言や資料を総合的に分析すると、「強盛大国」実現の基幹プロジェクトであり、北朝鮮最大の水力発電所として完成を急いできた北部、慈江《チャガン》道の熙川《ヒチョン》水力発電所建設に関し、「決定的な欠陥が見つかった」という報告についてだ。「ダムから漏水が発見された。安全性に問題があり、工期も遅れている。仮に完成しても発電量は当初見込みの20％に満たない」。こうした報告に正日が激怒したのだろう。

プロジェクトの指揮は、正恩に執らせていた。自分が全力でサポートし、国の総力を注いできた発電所建設に「決定的欠陥」が見つかったことを初めて知り、正日がどれだけショックを受けたかは想像に難くない。

01年に着工するも放置状態が続いたが、09年、正日が現地指導でてこ入れし工事が再開。当初の10年計画を修正し、3年以内の完成を指示した。正日の指示は「絶対」かつ「国是」のはずだった。

軍人や住民、工場労働者、学生を動員。つるはしとスコップだけで基礎工事が3カ月で「完成」し、「一般工事に比べ7倍もの速度」で成し遂げたと喧伝された。朝鮮労働党機関紙、労働新聞は「強盛大国に突き進む新世紀朝鮮のシンボルだ」とたたえた。

その後も頻繁に現場に足を運んだ正日は、宣伝を真に受け、完成すれば、平壌や周辺の慢性的な電力不足を一挙に解決できると信じていたようだ。

建設は順調に進んでいるかに見えた。

金正日は付近一帯の工場に供給される電力やトラック、重機を熙川に投入するよう指示した。ところが、熙川に引き込む電線が確保できず、トラックも燃料不足で動かない。

そんなところに、あろうことか、金正恩がダム建設に使う高強度のセメント約1千トンを別の都市化建設に回すよう指示した。

計画の空回りは、誰の目から見ても明らかだった。

11年1月、正日は中央本部党委員会で、熙川問題を持ち出し、「責任を負うべき者が虚偽の報告をするから必要な措置が取れない」と指揮を執る息子ら幹部を強い調子で叱責した。

脱北者によれば、工期を短縮するため、規格外の強度の弱いセメントを使ったり、土を混ぜたりした。セメントが乾くのを待たずに、さらにセメントを注ぎ込むこともざらにあった。幹部、労働者を問わず、皆が都合のいい報告だけを上げ、最高指導者をだまし続けてきたのだ。そこには後継者たる正恩も含まれる。そのことに最後の最後で気付かされた。

息子の責任を問い、後継者体制を見つめ直すにも残された時間はなかった。正日が目指した「強盛大国」は、はかない夢に終わった。

前日に見つめた亡き妻の記念碑

死亡前日の２０１１年12月15日、この日はいつになく朝から活動的だった。簡単に朝食を済ませると、午前7時には、平壌市内の金元均《キムウォンギュン》平壌音楽大学を訪れた。幹部も従えず、護衛兵と秘書室幹部だけを伴った〝私的〟なものだった。

大学構内を見て回った後、金正日は入り口正面にある9階建てビルの前で、ふと、足を止めた。正面の壁にはめ込まれた銅製の丸いモニュメントをしばらくの間、じっと見つめていた。輪になって踊る女性たちの姿が描かれていた。

在日朝鮮人出身で04年に死去した妻、高英姫《コヨンヒ》が万寿台《マンスデ》芸術団に在籍していた当時に主演した舞踊「祖国のチンダルレ（ツツジ）」をイメージして制作された。彼女が出演したのは18歳。輝くような美しさを開花させた時代の、変わらぬ証しが刻まれていた。

《抗日パルチザンの祖国への進軍道に、いち早く花を咲かせ、春を告げてくれた祖国のチンダルレ……》。歌詞に合わせ、華麗に踊る英姫に正日は一目ぼれした。

数年後には同居を始め、次男の金正哲《ジョンチョル》、三男の金正恩、娘の金与正《ヨジョン》が生まれた。5人の妻の中でも最も深く愛したとされ、海外でがん治療を受けていた英姫からの手紙を読み、ポロポロ涙を流すこともあった。

モニュメントを目にしながら何を思ったかは、証言や資料からも知るよしがない。ただ、先に逝った最愛の妻を思い浮かべ、感傷に浸っていたに違いない。

次に向かったのは、音楽情報センターだった。欧州系企業との合弁会社、ハナ電子がつくった施設だ。入り口には、金正恩や妹の金敬姫《ギョンヒ》、その夫で正恩に処刑されることになる張成沢ら政権中枢の十数人が顔をそろえ、到着を待っていた。

「私の初恋は音楽です」

センター視察の最後、金正日はこんな言葉を紙に書き残した。職員との記念写真にも納まった。この「親筆」はセンター1階ホールに飾られることになる。

唐突な初恋の〝告白〟は何を意図したのか。高英姫を思い起こさせるモニュメントが誘い水になったのか、この日、正日は昔の思い出話を何度も口にしたという。晩年になり、ちょっとしたことで涙を流す姿が度々目撃されてもいる。英姫と暮らし、自信にあふれたかつての活力はなく、この日の視察では、少し歩いては休むのを繰り返すなど、衰えが目立ったという。その最期は翌日に迫っていた。

11年に入ってから金正日は焦りだした。年末が近づくにつれ、いらだちをあらわにする場面が多くなった。父、金日成の生誕100年に当たる12年を「強盛大国元年」と定め、いくつもの大型プロジェクトの完遂を急いできたが、どれも思う通りに進んでいないことに焦燥感を募らせていたからだ。

金正恩に指揮を執らせた熙川発電所建設の遅れに加え、金策《キムチェク》製鉄連合企業所が「実用化に成功した」と大宣伝した「主体鉄」生産方式も、実は嘘で固められた報告用にすぎないと分かったのも11年になってから。輸入コークスを使わず、北朝鮮産の無煙炭だけで外国に頼らず、「主体的」に鉄を生産できるようになったと強調してきたが、採算に見合う代物ではなかった。

「主体繊維」を生産する「2・8ビナロン工場」が廃虚と化していることを知ったのも死ぬ間際になってからだ。

金日成時代、ビナロンは独自開発した世界に誇る化学繊維だと喧伝しながら事実上生産がストップ。国の威信を懸け、10年3月に同工場での生産を16年ぶりに再開したが、それも見せかけだった。朝鮮労働党機関紙、労働新聞は「人工衛星を一気に数基飛ばしたような驚くべきニュースだ」と伝えたが、1年足らずで電力と資材の不足で、再び稼働を停止した。

現実から目をそらすためだったのか、「経済改善」の出口を生産現場ではなく、違う場所に見いだそうとした。最後の視察現場が百貨店であったことは、それを象徴的に物語る。

金正恩や妹の金敬姫、義弟の張成沢らを引き連れ、音楽情報センターに続いて平壌市中心部にある百貨店「光復地区商業センター」に姿を現したのは、12月15日午前9時過ぎだった。金正日の指示でつくられた北朝鮮初の、商品を自由に選び、最後に代金を計算する「西側」システムを導入した百貨店だ。

3階建て店内を見て回りながら、いつもと同じく一人でしゃべり続けた。その場の雰囲気にはそぐわない、昔の思い出話を口にし、商業施設とは直接関係ない主体繊維や肥料生産に関する質問に多くの時間を費やしたと伝えられる。

金正日は口数の多い男として知られてきた。北朝鮮に拉致された末、脱出した崔銀姫《チエウ　ニ》が正日との会話を録音した3時間分の音声テープを聞くと、相手の話を聞かずに、自分で問いかけては自分で答える「会話」を好むタイプだと分かる。

そんな男がこの日、次のような「教示」を出している。

「店内に音楽機器コーナーをつくり、音響機器を販売し、労働者と青少年学生が生活をより文化的・情緒的に送れるようにしなければならない」

さらに、こうもまくし立てた。「自転車とオートバイも販売し、首都の交通問題を円満に解決すると同時に駐車場や修理場もつくってやらなければならない」

工業生産が有名無実化し、大部分を中国からの輸入に頼らざるを得ない現状にあって、商品はどこから調達し、住民が買えるようにするためにどうするのか。「百貨店」でいったいどれだけの人間が商品を手にするのか——という経済の根幹に関わる肝心な質問が発せられることは最後までなかった。

08年に脳卒中で倒れてからは、現場視察は1時間以内に抑えてきた。しかし、この日は3時間もかけ、店内の隅々まで見て回った。その目にはどんな「現実」が映っていたのだろうか。

音楽大学に始まり、連続して3カ所を視察した金正日は午後には官邸に戻った。翌日からは経済立て直しに向けた東部、咸鏡南道への現地指導を控え、休息を取る必要があった。だが、何かに追い立てられるように視察をこなす指導者が「現場」に立つ機会が訪れることは二度となかった。

なぜ「野戦列車」にこだわるのか

死亡場所を「野戦列車」と書き換えさせるほど、金正日が生涯、列車にこだわり続けたのはなぜか――。

２００2年8月のロシア極東訪問を同行取材したロシア人女性記者のオリガ・マリツェワは、アムール川の遊覧船の上で、正日に「あなたはなぜ汽車で旅行するのですか」と直接、質問をぶつけたことがある。

「外国メディアは、私を『高所恐怖症患者』のように描くが、実は違う」。彼女の著書によると、正日はこう前置きしたうえで語った。「飛行機だったら何も見ることができないではないか。政治家たちに会って話すだけだろう。私はこの目でロシアの長所、短所を直接、見たかったのだ」

「少年時代、金正日の夢はパイロットだった」ともマリツェワは記している。

北朝鮮の幹部たちも最高指導者におもねるように「将軍さまが汽車に乗られるのは人民に近づくためだ」と説明してきた。

ところが、専用列車の運行実態からは、いかに〝死〟を恐れ、「人民」と触れることを毛嫌いしていたかが浮かぶ。金正日が視察する地域では、到着2時間前から周辺を捜索、検問を開始し、「人民」を閉め出す。列車が出発する瞬間から目的地までの沿線全ての明かりは消され、一般の列車は運行を停止する。

先発列車と専用列車、後発車の3種類の列車を走らせるが、どの車両に正日が乗るかは秘匿される。3列車全てに専用物資が積まれ、専属料理人や医師、御用写真師らが乗り込む。

外遊時には、正日が気まぐれで求める物資を運ぶため、専用機も飛ばす。11年の訪中でも専用機が北京近郊の軍用飛行場に待機しているのが目撃された。

時速60キロ以上では列車を走らせない。そこまで「事故」を恐れたのだ。だが、列車にこだわる理由はそれだけではなさそうだ。正日は自分の姿が他人にどう映るかを極端に気にし、姿を露出させるのを嫌った。

拉致した韓国人女優の崔銀姫に自虐的にこう語ったことがある。

「(私は)身長も低く、太くて長いふんみたいでしょう」

専用列車に象徴される豪勢な振る舞いは、小さな自分を特別で偉大な存在に見せるためだったのかもしれない。

死ぬまで、軍服風のカーキ色ジャンパーにこだわったのも、専用列車を「野戦列車」と呼ばせたのも、軍歴のないコンプレックスの裏返しだったのだろう。

金正日は、北朝鮮で理想的容貌とされる父、金日成の身長173センチの堂々とした体格や外見を受け継ぐことはできず、母親似といわれ続けてきた。母、金正淑《キムジョンスク》(本名・貞淑《ジョンスク》)は小さな体に肌が黒く、顔立ちも美人とはいえなかった。

米中央情報局(CIA)で長年、北朝鮮分析に携わってきたマイケル・リーは、「金正日は生涯、母似の外見にさいなまれてきた」とメディアに語っている。

「最初、あんな女がどうして金日成の妻になったか不思議だった」。金日成の元秘書室長、故洪淳寛《ホンスングァン》は亡命先の中国西安で筆者にこう打ち明けたことがある。「金日成は女房に冷たかった。『俺が貞淑と結婚したのはなぜだと思う？　遊撃隊に女がいなかったからな』と酒に酔って話した」

正日が８歳のとき、正淑は４度目の出産がたたって死亡する。正日は母の「戦友」だった元抗日遊撃隊員らの元を転々としながら育った。父の傍らには継母の金聖愛《ソンエ》がいたからだ。聖愛から生まれた異母弟で現チェコ大使の金平一《ピョンイル》を憎み続けたのは、「彼が父にそっくりだと言われた」からだと伝えられる。

冷たくされながらも、夫にいちずな忠誠をささげる母の姿を見て育った金正日は、父を尊敬しながらも恐れていたようだ。

洪淳寛や金日成の元専属記者によると、日成は幼い正日には優しくなかった。だからなのか、余計に父の機嫌取りに懸命だった。北朝鮮刊行の正日の伝記『時代の星』に、幼い正日が父のために涙ぐましい努力をする姿が描かれている。

《真夏の夜、官邸の周りで虫が鳴くと、あの方（金正日）は書斎で仕事するお父さまの邪魔になると、一晩中、家の周囲を回りながら虫を追い払おうとした》

そんな姿は、父に同行した１９６５年のインドネシア訪問でも変わらなかった。

出発前から日成は体調を崩し、経由地の中国昆明での歓迎宴を欠席した。「（金正日）総書記は父の病状を気遣って一睡もできなかった」と北朝鮮の公式文書は記す。乗り込む飛行機が通過するベトナムが米国と戦争に入り、東南アジア情勢が緊迫していたことが、いっそう不安に陥れた。

「休んでいこう」と勧める正日に、日成は「インドネシア人民が待っている」と航空機での出発を強行した。インドネシア訪問がよほどトラウマになったのか、それ以降、「パイロット」を夢見たはずの正日が飛行機に搭乗したと記録されることはなかった。

２０００年、元米大統領クリントンの訪米要請を断ったのも、航空機に乗り、事故やテロに遭うのを恐れたからだともいわれる。

列車には忘れがたい母との思い出がある。

終戦後の冬、父に遅れて祖国に帰還した。母に連れられ、旧ソ連ハバロフスクからウラジオストクまで約６００キロにわたり、初めて汽車に乗った。船に乗り換え、朝鮮北東部の雄《ウン》基《ギ》（現・羅津《ラジン》）港に。１カ月後、清津《チョンジン》から平壌まで再び１週間、汽車の旅を続けた。

１歳の弟をおぶった母の手を握りしめ、貨物列車で寒さに震えながら、父のいる平壌を目指した。そのときの母の姿やシベリアの大地、初の「祖国」が脳裏から離れなかったのだろう。

02年の訪露時、ロシア人記者、マリツェワの「この世で一番大切な人は誰ですか」との質問に金正日はこう答えている。

「幼いとき亡くした母だ。彼女は革命戦士だった。母は私の今日の姿を想像もしなかっただろう。私は多くの点で彼女に感謝している」

「母似」でコンプレックスを抱き、父を畏敬し続けた正日。それでも、最後まで列車にこだわり、「近づこう」と追い求めたのは、公式に言われる「人民」ではなく、母の面影だけだったのかもしれない。

「老いぼれ」父・日成との決裂

1994年6月、82歳の主席、金日成は危機回避のため、外交の指揮を執っていた。北朝鮮の核開発疑惑をめぐる米朝対立が最高潮に達していた。

それまで長男の金正日に国政を任せ、毎月5回程度、当たり障りのない活動に顔を出すだけだったが、この年の6月は元米大統領、ジミー・カーターとの会談をはじめ、16回の公式活動をこなした。

7月に入ってからは、ヨルダン大使の信任状受理など、外交日程を消化するかたわら、当時の韓国大統領、金泳三《キムヨンサム》との首脳会談の準備に余念がなかった。

金泳三一行が宿泊予定の中部の景勝地、妙香山《ミョヒャンサン》を金日成が訪れたのは7月3日だ。日成最期の数日の出来事を知る元北朝鮮高官の証言などによると、到着後、日成は休憩も取らずに一行が泊まる予定の施設を点検した。寝室や浴室、冷蔵庫の大きさ、照明の具合などを確かめながら、細かな指示を出した。

冷蔵庫には、北朝鮮自慢の「シンドク泉水（ミネラルウオーター）をたっぷり入れておくように」と指示することも忘れなかった。

点検が終わり、1号特閣（別荘の中の1号棟）の書斎に戻り、しばらく原稿に没頭した。「金日成は（訪韓した場合）ソウルで行うつもりの演説文を執筆した」と元高官は証言する。

後に遺体が安置される錦繡山《クムスサン》太陽宮殿に展示された30分の分量の原稿には「南（韓国）はカネを持っているが、北（朝鮮）はパンチが強い。両者が一緒になれば、わが朝鮮は堂々と世界有数の国になれる」と書かれていた。

そのとき、北朝鮮ではもうじき南北は統一されると信じる人が多かった。

当時を知る脱北者によれば、国民も幹部らも南北首脳会談に浮き立っていたという。日成自身が会談さえ実現すれば、南北間の問題は一気に解決できるという幻想にとらわれていた。日成は、演説文の出だしを「半世紀ぶりにソウル市民に会うため、私、金日成がやってきました」と記した。自慢げに息子に電話で読み上げたところ、金正日はこうはやし立てた。「首領さま！　ソウル市民にただ、『金日成がやってきた』とおっしゃらずに『白頭山（朝鮮民族の聖山）の虎、金日成がやってきた』と大口をたたいてやってください」。これを聞いた日成は子供のように喜んだという。これが父子の最後の通話となった。

平壌にいた金正日は父の電話を受けた後、秘書に向かい至急、大同江《テドンガン》招待所に金容淳《ヨンスン》、李《リ》勇哲《ヨンチョル》、延亨黙《ヨンヒョンムク》らを呼び出すよう指示した。金正日の執務室と地下通路で結ばれている同招待所は、正日が秘匿すべき重要会合に利用する場所だ。

金容淳は対南（韓国）工作のプロで、工作を統括する朝鮮労働党統一戦線部長の職にあった。李勇哲は正日が抜擢《ばってき》した党組織指導部第1副部長で、最高幹部の人事権を一手に握っていた。延亨黙は経済通であり、正日のイエスマンだ。3人とも側近中の側近だ。

側近を招集した秘密会合で、正日は完全に父とたもとを分かち、北朝鮮の国際的孤立を決定付ける発言をすることになる。

指名した3側近以外の出席者は明らかになっていないが、国防委員会のメンバー、全炳浩《チョンビョンホ》や国政を裏で支える韓昇竜《ハンスンリョン》、崔泰《チェテ》福《ボク》、金己《ギ》男《ナム》、金国泰《グクテ》、朴南基《パクナムギ》らが顔をそろえたとされる。いずれも正日に忠誠を誓い、政治的運命を共にしてきた抗日パルチザン2世だ。

党幹部向け内部資料によると、慌てて会議室に駆け付けた側近らがテーブルに着くと、正日はいきなりこう切り出した。

「統一が大事か、社会主義が大事か。誰か答えてみろ」

出席者の一人が「将軍さま、われわれは首領さまの代（金日成時代）に必ず、統一を成し遂げる決意です」と声を張り上げて答えると、正日はワイングラスを投げ付けて怒鳴ったとされる。

「あのばかを連れ出せ！」

その瞬間、延がすっと立ち上がり、「将軍さま、われわれにとっては、統一より、社会主義がもっと大事です」と述べた。

「その通りだ。われわれは社会主義を守らなければならない。いま、統一をうんぬんするやつらは、社会主義を放棄しようとするやつらだ」と正日は吐き捨て続けた。「東ドイツが食われたように、われわれもすぐ吸収されてしまう。そうしたら、君たち、この席に生きて座っていられるか。いま、統一、統一と言っているやつは皆、老いぼれのぼけてしまったやつらだ」

「老いぼれ」や「ぼけ」が金日成を指しているのは明らかだった。

それまで、金正日は父に何度も南北首脳会談の中止を申し入れていた。「首領さま、お体を考えてください」と、健康状態を理由に反対もしたが、聞く耳を持たなかったのだ。無類の孝行息子で知られてきた正日が父に反抗的な態度を見せるのは珍しい。

92年終わりごろから、父子間で核問題や経済政策をめぐって意見対立があったが、父が金泳三との首脳会談に応じたことを契機に決裂は決定的となった。94年6月17日、金日成はカーターに「金泳三大統領とは何の前提条件もなしに会う」と息子に相談なしに会談開催を決めてしまった。

正日は既に党・軍・政府部門の全ての権力を完全に掌握していた。それでも「首領」として父親の顔を立てた理由は、依然、父に忠誠を誓うパルチザン1世の支持を得るためであり、民心を束ねるのにも、父の存在は不可欠だったからだ。

反対した会談開催が決まってしまった以上、父が適当に演出してくれれば済むと考えたが、事態は思わぬ方向に動いた。会談決定の波及効果は想像以上に大きく、正日に追随する政権の核心メンバー以外はそろって南北首脳会談に大きな期待を寄せ始めたのだ。

正日が慌てたのは、会談が成功すれば、お飾りとして立てていた父が本気で国政の前面に出る可能性があるからだ。事実、日成は、カーターに「後10年は（国の運営を）やるつもりだ」と豪語し、7月に入ってからは、正日抜きに経済部門責任者協議会を招集するなど、国政運営に俄然《がぜん》、意欲を見せ始めた。

「首領さま」には知らされず

金日成が最期を迎える1994年7月初頭の動静については、北朝鮮の主席府責任書記（日成の秘書室長）の全河哲《チョンハチョル》（後に副総理）が記した日記風の詳細な記録が残されている。

それによると、経済部門責任者協議会は7月5日から中部の妙香山で始まった。実権を握る息子、金正日を差し置いて経済政策をてこ入れしようとした会議だ。朝早くから開かれた会議の話題は、電力問題に集中した。

「工場や企業所を完全稼働すれば、生産量を3倍にできる。そのためには、電力問題を早く解決しなければならない」。金日成はこう力説したという。

「原子力発電所建設は時間がかかるからダメだ。（北東部）咸鏡北道《ハムギョンブクト》に30万～50万キロワットの重油発電所を造り、年間85万トン以上の肥料を生産すれば、農業問題、すなわち、食べる問題を解決できる」という趣旨の熱弁も振るった。

それは金正日の考えを真っ向から否定するものだった。正日は、農業問題よりも軍事力増強を優先すべきであり、そのためには、軍事目的に転用できる原子力発電所を造るべきだと主張してきたのだ。

会議は正午に休会した。金日成は毎日2時間程度昼寝をして体を休める習慣があったが、この日は、昼寝をせずに午後1時10分に全河哲を書斎に呼び付け、「発電所に設置するタービン発電機の価格はいくらか」と聞いた。

その後の全河哲の記録には、「夜9時6分、(金日成)首領さまは協議会に参加予定の電気技術者はいつ到着するのかを聞かれた」とある。

7月6日。協議会は再開され、席上、日成は「社会主義経済建設において新たな革命的転換を起こすことについて」と題する演説を行った。演説で「経済戦略を貫徹するために大事なのは電力の問題、化学肥料、ナイロン、セメント、鋼材、船舶建造問題を解決することだ」と前置きしたうえで、「しかし」と述べ、幹部らを批判した。

「問題解決の先頭に立たなければならない幹部たちが事務室(オフィス)に座り、言葉遊びで時間を無駄にしているからダメなのだ」。こうまくし立てる日成の様子について全は以下のように記す。

《首領さまの顔色はかなり暗く、声もガラガラだった。首領さまは胸が苦しいと言われ、左の胸を手でたたかれた。そして副官(秘書)にたばこをもってくるように指示し、「わしは

最近、やめていたたばこを吸うようになった」とおっしゃった》

この場で、「金泳三（韓国）大統領の共和国（北朝鮮）訪問をわが革命の転換点にしなければならない」とも強調したという。日成は、史上初となるはずだった南北首脳会談を通して韓国から経済支援を取り付け、疲弊しきった経済の起死回生を狙っていたのだ。

「首領さまは永遠にわれわれとともにおられる」と題した北朝鮮が宣伝用に制作した記録映画に会議の様子が映し出されている。

金日成は、鉄道相に向かって「金泳三大統領は陸路、平壌を訪問する。いつまでなら（南北間の）鉄道をつなげられるか」と尋ねた。答えに窮した鉄道相がもたついていると、「どういうことだ。金泳三が気に入らんのか」とせかした。

鉄道相「首領さま、期日までにレールを敷くことはできそうにありません」

日成「なぜだ。朝鮮で私、金日成の指示通りにできないこともあるのか！」

鉄道相「鉄道をつなげるためには、大勢の人手が必要ですが、なかなか労働者を動員できなくて……」

日成「資材や設備が足りないなら、話は分かる。人手が足りないとは、どういうことか」

言葉に詰まりつつも、鉄道相は、国の実態について「最高指導者」に告げた。

「首領さま、実はいま、国家から配給は途絶えています。いまのところ、平壌市民だけは半月分の配給を受けていますが、地方では食糧のない家がほとんどです……」「労働者たちの党への忠誠心は非常に高いのですが、食べることができないので……」

日成はテーブルをたたきつけながら問い詰めた。

「配給できないのはいつからなのだ！」

驚いたのは日成だけではなかった。日成の反応に、出席者たちは言葉を失った。北朝鮮でただ一人、「首領」であるはずの日成だけが配給が途絶えていることさえ知らされていない現実を、公の場でさらすことになったからだ。

息子にお飾りとしての最高指導者にたてまつられ、誰も真実を告げず、〝裸の王様〟のような状態に陥っていたのだ。

翌7日も会議は続いた。記録映画を見る限り、大きな会議場は閑散としていた。幹部らしき数人の後ろ姿と、その前に座って熱弁を振るう、老いと衰えが目立つ金日成の姿が映されているだけだった。

会議で、日成は「金正日組織書記同志が軍糧米を出すと約束した。だから、鉄道連結工事は必ず約束期限内に終わらせなければならない」とも告げた。息子の許可なしには、もはや動員する工員向けのコメすら確保できない状況にあったことを物語る。

会議が終わってからも、よほど突き付けられた現実がショックだったのか、午後10時、咸鏡北道のトップ、道党責任書記を執務室に呼び出して尋ねた。「人民に配給はしているのか」

責任書記が「いままでのところ、配給していませんが、配給のできる対策を立てているところです。心配なさらないでください」と杓子《しゃくし》定規に答えると、日成は怒りをにじませた。「君たちは、いつも『心配するな』というが、人民に配給もできないのに心配せずにいられるか。人民の腹をすかさせてはならん」。さらに言葉を継いだ。「（北東部）羅津三角地帯（経済特区）の開発事業を急ぎ、人民の食べる問題を解決しろ」

日成がなぜ、一地方の幹部とこんな会話を交わしたかについて、全河哲は説明していない。記録は「人民思い」の日成が懸命に経済問題の陣頭指揮を執っていた様子をたたえるように書き残すことで、息子に実権を奪われていた事実を巧みに糊塗《こと》している。

その後に起きた国を揺るがす急変について全はこう記した。

《雨風が吹き付ける8日明け方2時、敬愛する金日成同志の偉大な心臓はそれ以上の過労に耐えられず鼓動を止めた。胸をたたきながら、首領さまを呼んだが、返答はなかった》

日成をみとったのは新米医師

金日成の死因について、米国政府は「ハートアタック（心筋梗塞）以外で死んだという証拠は、どこにも見当たらない」（当時の副大統領、アル・ゴア）とした。ところが、巷間《こうかん》では、「息子の金正日が怒らせたために心臓発作を起こし、治療措置を取らせなかったから死んだ」という噂が消えなかった。

「米朝高官協議が（ジュネーブで）行われ、南北首脳会談も目前に迫った〝1994年7月8日の急死〟というのは、（会談に反対した金正日にとって）あまりにタイミングがよすぎる」（当時の米中央情報局＝CIA＝長官）からだ。

そこで、北朝鮮は金日成の秘書室責任者だった全河哲の「記録」を公開した。

それでも、父の死に金正日の関与があったのではないかという疑惑はくすぶり続けたが、最近、死の謎を解く証言が浮上した。

在韓米軍とCIAで約40年間、北朝鮮情報を担当したマイケル・リーによると、金日成の2番目の夫人、金聖愛からオーストリアに住む娘の金敬進《キムギョンジン》への通話内容にこんな会話が確認されたという。

「お父さん（金日成）は、（韓国大統領の）金泳三との首脳会談の準備や会議のため、疲れていたのよ。その日（7月7日と思われる）の夜、お風呂に入ったけど、熱いお湯につかったのがよくなかったみたい。そこで、大変なことになったのよ」

全河哲の記述に嘘がなければ、日成は7月7日午後10時過ぎから翌8日午前2時までの3時間余りの間に倒れ、死亡した。だが、心臓発作を起こしたときにそばに誰がいたのか、いつ発見され、どのような措置が取られたのかという核心部分について、記録は一切、触れていない。

7月5日から死亡時刻までをつづった全の記録は、日成の動静を「意図的」に省略している箇所と何時何分と、詳細に時刻を記している箇所が見受けられる。記録は、日成の秘書室が文案を作り、朝鮮労働党宣伝扇動部が検閲した後、正日の許可を得て発表された。

日成が「死の直前まで人民生活を心配して休むこともできず、過労で亡くなった」というストーリーに沿っているが、興味深いのは、配給の途絶や電力事情の悪化など、負の側面を包み隠さず記していることだ。逆に国民周知の事実をさらすことで信憑《しんぴょう》性を担保し「都合の悪い真実」を隠しているとも読み取れる。

7月になると、金日成は避暑のため、北部、両江道《リャンガンド》の三池淵《サムジヨン》別荘で過ごしていたが、死亡した94年の夏は息子の反対を押し切り、妙香山別荘を使うことに決めた。

日成は、韓国情報当局が確認しているだけで当時、24余りの専用別荘を持っていたが、外国の要人と会うときは、主に平壌から約130キロの妙香山別荘を用いた。90年9月に訪朝した元自民党副総裁、金丸信と長時間の会談をしたことで知られる場所だ。

三池淵や妙香山といった日成お気に入りの別荘は、北朝鮮最高クラスの医療施設を完備し、専門医が待機する。なのになぜ、日成を救えなかったのか。

北朝鮮政権内の動きは、細部に至るまで金正日と無関係といえるものはない。党宣伝扇動部で正日に仕え、その後に脱北した元高官、申敬完《シンギヨンワン》の手記『傍らで見た金正日』には、幹部用アパートの割り当てまで、正日の裁可を受けていた事実が記されている。

拉致され、約8年間、正日の別荘を転々として過ごした韓国人女優の崔銀姫は、金正日から毎年誕生日を祝ってもらったが、「特別待遇は私だけではなかった。幹部や元老、利用価値のある人たちに毎年贈り物をし、誕生日を祝ってあげる事実を後に知った」と手記に書いている。

「例外」もあったことを韓国に亡命した党書記、黄長燁が証言している。

彼の長男は、正日の義弟、張成沢のめいと付き合い、妊娠させた。悩んだ末、黄が正日に打ち明けると、「若い者が離れられないと言うのをどうするんですか。結婚させましょう」と「うわべは賛成したが、内心は反対していた」（黄）。なぜなら、「党書記の子息の結婚に贈り物をするのが通例だったが、息子の結婚には何も贈ってこなかった」からだという。

正日は、幹部同士が姻戚となり派閥ができるのを警戒して、幹部の子供同士の結婚を禁じており、これを破った腹いせであることは明らかだった。正日は太っ腹に見せかけて、「冷徹」に細事まで自分の思う通りに決めないと気が済まない男だったのだ。

北朝鮮の公式文献には、金正日がいかに親孝行であったかを賛美する記録が多い。朝晩、主治医に父の持病について電話で確認、定期的に医療チームを執務室に集め、父の健康状態をチェックし、食事のメニューにも口を挟んだという。

一方で、マイケル・リーは「金正日は、父の私邸、執務室に盗聴器を設置し、最後まで24時間体制で監視していた」と証言する。

金日成の妙香山行きに誰を同行させるべきか、警護をどうするかは正日が決定した。当然ながら、医療チームの構成員を決めたのも正日だ。

最高指導者の健康管理に携わる「護衛科学研究所」出身の脱北者によれば、普段、日成が別荘に出かける際は、6人の主治医と10人の看護師が同行するのが鉄則となっていた。日成が患っている心臓や泌尿《ひにょう》、咽喉、肝臓、退行性関節炎など分野ごとの専門医らが随行するが、心臓専門医は94年2月に入れ替わったばかりだった。

35年間にわたって日成の心臓を診てきた主治医は健康状態を理由に引退し、ルーマニア留学帰りの若い医師が同行することになった。医者の差配も正日の専権事項であったのは言うまでもない。細事にこだわり、誰より父の健康を気遣い、日々の健康状態を熟知していたはずの息子が父の身体を預けたのが、この「経験不足」の新米医師だった。

この〝手抜かり〟は何を物語るのか。

資料や証言を総合すると、日成は7月7日午後10～11時に風呂場で倒れたのは確かだ。

駐韓米軍はこの日夜、平壌から3機のヘリコプターが飛び立ち、妙香山方向へ向かった事実をつかんでいる。妙香山一帯は、在韓米軍の飛行監視区域だった。

1990年9月、妙香山での会談で握手する左から元自民党副総裁の金丸信、金日成、社会党副委員長（当時）の田辺誠

中国側の情報では、3機のヘリには、当時の人民

武力部長、呉振宇《オジヌ》と朝鮮人民軍総参謀長の崔光《チエグァン》、そして正日一行、医療関係者がそれぞれ搭乗していた。

「やめてしまえ！」と息子に激怒

金日成は死の直前、衝撃的な事実に相次いで直面した。中部の妙香山で経済部門責任者協議会を主催中の1994年7月6日午後、幹部ら20人余りを引き連れ、ほど近い咸鏡南道咸州《ハムジュ》郡一帯の農場を視察した。ここで日成は、生涯初めて住民から不満の声を直接、聞くことになる。

日成死去直後、国営の平壌放送は、そのときの様子を次のように報じた。

《現地指導に来られた（金日成）首領さまに（住民が）食糧事情が悪いという話をした後、「恥ずかしいことですが……」と述べたところ、首領さまは「そういう話をするのが、どうして悪いのか。あなたは正しい政策を立てるのに大事な役割を果たした」と褒めてくださった》

国営メディアが悪化した食糧事情を公式に取り上げたのは初めてのことだ。

それまで、日成が地方を視察する際は、視察先の民家の米びつを事前に満たしておき、日成が帰るとすぐその米を回収する〝偽装〟が行われてきた。今回、金正日の目の届かない抜き打ち視察だったため、「真実」を目の当たりにすることになったのだろう。

7月7日午前の会議の席上、金日成は「エネルギーを確保するため、主席府の予備資金を使うように」と指示する。それに対して、経理部の幹部が「主席府の財政状況もあまりよくありません」と返答した。

そのとき、軽工業担当の女性副総理、金福信《キムボクシン》が「首領さま、いま、わが国の経済は本当に大変な状況です」と口を挟んだ。

金日成死去直前の動き

1994年7月3日	妙香山別荘を訪れ、夜、金正日と通話
5日	経済部門責任者協議会を主催
6日午前	会議を継続。胸が苦しいと訴える
午後	妙香山別荘近くの農場を視察
7日午前	会議継続
午後	付近一帯の農場など視察
午後4時～5時半過ぎ	行政の各責任部門や秘書室に次々電話し指示
夕～夜	常務会議に出席するため、首相の姜成山らが妙香山到着。金正日が来ないことに激怒
午後9時前	金正日を呼ぶよう指示し、寝室に戻る
10時	咸鏡北道党責任書記を呼び、配給状況について尋ねる
10時半前後	浴室で心臓発作を起こし倒れる
8日午前0時前後	金正日らがヘリコプターで妙香山に到着
2時	死亡確認

（秘書室長、全河哲の「記録」などから）

「最近、私が訪れた（韓国との軍事境界線付近の）江原道平康《カンウォンドピョンガン》の第5軍団で、靴底がなく、雑巾をぐるぐる巻きにした靴ともいえない靴を履いて枝木を拾っている軍人の姿を見て涙が出ました」

その言葉を聞くなり、日成は「なんということを言うのだ。私がパルチザン部隊を率いて日本と戦ったときもそんな靴を履いてはおらん」と激怒した。

さすがの日成も92年終わりごろには、経済事情の厳しさをうすうす感じていたようだが、想像していた以上の窮状に気付かされたのは、この妙香山での会議の前後だったとみられる。

この時期、息子の金正日に「最高司令官とか、組織書記とか、やめてしまえ！」と怒鳴ったこともあったと伝えられる。

死去直後に中国政府が入手したとされる情報の中には、7月7日、日成は妙香山で「常務会議」を主催したとある。日成の死去によって実際は、正日が「主催」することになる朝鮮労働党中央常務委員会会議のことだ。

会議には、政務院（内閣）総理の姜成山《カンソンサン》や副主席の李鍾玉《リジョンオク》、金英柱《ヨンジュ》（日成の弟）、それに外相の金永南《ヨンナム》らが参加したという。

姜は、日成が経済改革のため、正日の側近の延亨黙に替えて再度、総理に起用したが、既に正日になびいていた。英柱は、正日の専横を牽制《けんせい》するために地方から呼び戻したが、もはや政権内での存在感はなかった。

他のメンバーは正日の側近か、風向きによってその場をしのぐ人物たちだ。日成は政権内で、寄る辺を失っていたのだ。

北朝鮮の公式発表や当時の状況からすると、金日成は妙香山での会議と前後して知らされたショッキングな事実で、かなりの興奮状態にあった。82歳の高齢にもかかわらず、無理を重ねたため、疲労も蓄積していった。

それを金正日が交代させた新米の主治医が見逃し、予防措置を取ることもなかった。その状態で熱い湯船につかるのを許したのが致命的だったと考察できる。

平壌では、「首領さまは亡くなる寸前まで住民の食糧問題を心配された。この問題で、金正日と意見衝突が起こり、会議の場では、銃声が聞こえた」といった噂がまことしやかに流れた。

中国当局が入手した情報にはこうした噂も含まれ、玉石混交だが、注目すべきは、日成が緊急招集したとする常務会議だ。日成のその後の動きからも、この会議を起死回生の場と位置付け、いかに重視していたかが分かる。

7月8日付党機関紙、労働新聞によると、7日にも金日成は、咸州郡一帯の5カ所で農場などを視察している。妙香山から遠くない地域とはいえ、午前中は会議、午後に出発したとすれば、戻ったのは遅い時刻だったはずだ。

資料や証言を基に、7月7日の日成と正日の動静を再構成するとこうなる。

午前中の会議で、経済状況の深刻さに焦りを募らせた日成は、常務会議を招集しておいて、自身の目で現場を確かめるために近くの農場に出かけた。

平壌にとどまっていた正日は、会議招集の知らせを受け、とりあえず、姜成山ら政権内でも「お飾り」のポストにいる数人だけを妙香山に送り出した。

金日成は、肝心の金正日が来ていないことに怒り、直ちに正日を呼ぶように指示してから午後9時前にはいったん寝室に戻った。浴室で倒れたのは10時半前後とみられる。

正日が実際に動き出したのは、「父が心筋梗塞で倒れた」という知らせを受けた後だ。正日は人民武力部長の呉振宇らを呼び出し、秘書にヘリコプターを用意するよう指示した。

その日は午後から、雷を伴う激しい雨が降り注いでいた。

脱北した正日の護衛部隊関係者らの証言などでは、早くヘリを飛ばすよう催促する正日を護衛隊員が押しとどめようとした。

正日は隊員の顔を拳で殴り、「どけ!」と叫んだ。近くにいた別の隊員は、正日の腰に拳銃が隠されていることに気付いたという。

父の動向に目を配り続けてきたにもかかわらず、危篤という緊急事態で、妙香山で起きた状況を正確に把握できず、いかに気が動転していたかがうかがえる。

ヘリが飛び立った時刻は不明だが、米軍が7日夜には飛行を確認しており、日付が変わる前後には、妙香山に到着したとみられる。

北朝鮮が発表した「金日成同志の疾病と死去原因に対する医学的結論書」には、日成は「ひどい心筋梗塞を起こし、心臓ショックを併発した」と記載された。秘書室長、全河哲の「記録」では「8日明け方2時に鼓動を止めた」と記されており、倒れてから死亡確認まで数時間の「空白」があったことになる。

当初こそ動転しても、正日はこの2~3時間に何をなすべきかを冷徹に判断し、事態を完全に掌握する。

受け継がなかった体格とカリスマ

父の死亡を確認した後、金正日が真っ先に打った手は、金日成の護衛部隊の不測の動きを封じることだった。自分の親衛隊に、父の警護に当たる「1号護衛総局」を徹底的に監視し、「戦闘態勢を維持するように」と命じた。そのうえで、軍の掌握に乗り出した。

父が主催するはずだった朝鮮労働党中央常務委員会会議が、直ちに開かれた。正日はその場で、朝鮮人民軍に絶大な影響力を持つ人民武力部長、呉振宇と軍総参謀長の崔光、加えて、総理の姜成山以下、政府関係者や日成の実弟の金英柱ら党・政・軍の要人らに自らへの忠誠を誓わせた。

金日成の遺体はヘリコプターで平壌に運ばれた。

その死から約20時間たった1994年7月8日午後10時ごろ、北朝鮮は、主要な在外公館に「主席死去」を通知する。だが、中国政府は通告前から事実をつかんでいた。ドイツを公式訪問中だった首相、李鵬は8日、夕方以降の予定を全てキャンセルし、ホテルに閉じこもっていた。

北朝鮮が死去を正式に発表するのは、死亡から34時間後の9日正午だ。韓国政府は重大異変に気付きもしなかった。

第一報が舞い込んだ午後0時2分ごろ、大統領、金泳三は、女性政策審議会委員15人と大統領府で昼食をとっていた。その場に、儀典担当秘書官の金錫友《キムソグ》が死去を伝えるメモを差し入れてきた。

その日の午前10時に平壌放送が「正午に特別放送がある」と予告した。韓国情報当局は放送内容を分析するための会合を開いたものの、「核問題に関連して重大な発表があるのではないか」と推測する程度にとどまった。

同時刻の南北軍事境界線の板門店《パンムンジョム》。南北首脳会談に備えた実務者協議が滞りなく終わり、平壌に派遣される韓国側先遣隊の名簿が交わされるなど、25日の会談実施がほぼ固まった。スイスのジュネーブで予定されていた第3ラウンドの米朝協議に向けても、北朝鮮は前向きな姿勢を示しており、核問題も妥結すると思われていた。

その最中に「主席死去」のニュースが飛び込んできた。米韓が誇るスパイ衛星や電波傍受システムは全く役に立たなかったのだ。

核開発の凍結や核拡散防止条約（NPT）への復帰、南北首脳会談という元米大統領、ジミー・カーターの提案を受け入れた金日成の判断は、結果的に北朝鮮を救うことになる。「カーターと金日成の合意が2時間遅れていたら、米国は北朝鮮の核施設を空爆（する決定を）しただろう」と米中央情報局（CIA）元要員は証言する。「われわれは北朝鮮を制圧する条件を整えていた。空爆すべきだった」

実際に、北朝鮮の政権内部では相当な動揺が広がっていたとされる。総理、姜成山の娘婿で、この年5月に韓国に亡命した康明道《カンミョンド》は「94年に金正日はスイスへの亡命を準備していた」とまで述べている。

息子から都合のよい報告しか受けてこなかった日成が、事態の深刻さをどこまで把握していたかは定かではない。ただ、「瀬戸際」ぎりぎりで危機を回避したのは、ある意味、金正日が描いた〝シナリオ〟に沿った行動といえた。

６月17日、平壌中心を流れる大同江の船上会談で、カーターは、朝鮮戦争で北朝鮮に残された米兵遺骨の送還を求めた。日成は「今後の協議の議題にしよう」と保留した。

そのとき、主席夫人の金聖愛が船室に入ってきて、「カーター氏の要望を受け入れてはど

金日成死去前後の米中韓の主な動き

米国

- **1994年6月15〜18日** カーター元大統領が金日成と会談
- **17日** 国家安全保障会議で、朝鮮半島での軍事行動について協議
- **7月9日** クリントン大統領が「哀悼」声明。米朝協議に当たるガルーチ国務次官補がジュネーブの北朝鮮代表部を弔問

中国

- **7月8日夕（平壌時間8日午前）** ドイツ訪問中の李鵬首相が予定を突然変更。午前段階に死去を把握か
- **午後10時（北京時間同9時）** 北朝鮮が瀋陽の総領事館に死去を通知、中国政府に伝達
- **9日午後** 北朝鮮に弔電

韓国

- **9日正午過ぎ** 金泳三大統領に死去を報告。直後に緊急国家安全保障会議
- **午後0時39分** 全軍に非常警戒令
- **午後3時** 緊急閣議、金泳三氏は弔意を表明せず。その後、国内で弔問をめぐって紛糾
- **20日** 旧ソ連の秘密文書を公開、金日成は「朝鮮戦争を起こした戦犯」と発表

うか」と勧めた。元米大統領夫妻をもてなす儀礼上の意味で同席した聖愛が口を挟むべき問題でも、場面でもなかった。

会談の様子を監視カメラでモニターしていた正日が夫人を通して自分の意思を伝えた可能性が高い。これほど重大な問題に口を挟める人物は、正日をおいてほかにいないからだ。

日成は外交方針の決定権も失っていた。息子のシナリオ通りに「首領さま」を演じていれば、死の間際での息子との〝決裂〟も起きなかったはずだ。だが、「演出家」の思惑に反し、台本を逸脱した。

金泳三の外交安保首席秘書官だった鄭鐘旭《チョンジョンウク》は最近、韓国メディアにこう証言した。

「金日成との会談後、カーター氏は板門店でヘリコプターに搭乗し、そのまま（韓国の）大統領府に来た。カーター氏はメモを取り出し、『金日成はこう話した』と会談内容を丁寧に説明してくれた」

鄭は言う。「その（カーター氏の説明の）中で印象に残ったのは、『息子に任せておいたらこんなざまになった』と金日成が話したという内容だった」

国政は息子に任せていたはずだったが、しだいに国際的孤立や経済の破綻ぶりに気付いていく。

日成はカーターとの会談を、実権を取り戻し、国を立て直す最後の機会ととらえたのだろう。〝アドリブ〟で息子が反対する南北首脳会談を即決したのだ。

金日成死後、大方の専門家の予想とは裏腹に、金正日は権力の正式な継承を後回しにし、3年間の哀悼期間を設けた。専門家の多くは「権力の座に就かないのは、地位が不安定か、能力に問題があるからだ」と分析した。

日成急死直後に米国防総省がまとめた「ノースコリア・リポート」は、「金正日についてのわれわれの認識はこうだ。金日成以上に凶暴で、世間知らず。父親ほどの能力も、カリスマ性も備えていない。猜疑心がやたらに強く、パラノイド（偏執症）としか思えない」と評価した。

「この男が真の後継者となったとき、いつクーデターや社会的反乱が起きてもおかしくない」リポートは、正日について「ユーモアのセンスがあるうえ、優しく」「先輩を大事にし、礼儀正しい」との証言もあるとしながら、検討材料とはみなさなかった。

日成は、遺言を残さなかったと伝えられる。秘密金庫には、抗日戦や国家建設で苦楽を共にした盟友の金策《キムチェク》と撮った写真1枚と、普段の自分の考えを書き付けた「メモ」だけが残されていたという。

息子に絶大な権力は残したが、堂々たる体格や「首領」としてのカリスマ性を譲ることはなかった。父子は外見も政治スタイルも違いすぎた。

正日はそのギャップを埋めようともがいた。母、金正淑似の外見から劣等感にさいなまれながら、父を「偉大な首領」と持ち上げ、権力さえ奪えば、いかなる願いもかなうという錯覚から逃れることも生涯なかった。

第2章

からいばりの少年

影を落とす弟と母の死

少年時代の金正日には、2人の家族の死が影のように付きまとった。

第二次大戦終結後、旧ソ連から祖国「朝鮮」に帰還した正日一家は、終戦時に日本人資産家が残した半日本風の邸宅で暮らした。床を暖めるオンドル部屋が1つ、寝室が1つ、事務部屋が1つ、畳部屋が1つある贅沢とまではいえない民家だったが、庭は広く、幅4メートルほどの池もあった。

1947年の夏、ロシア名で「ユーラ」と呼ばれた6歳の正日は、平壌で2回目の夏を迎えていた。正日には、「シューラ」と呼ばれた弟、金万一《キムマニル》と、1歳になったばかりの妹、金敬姫（ロシア名・タチヤーナ）がいた。

金正日は弟を連れ、庭で遊ぶのが好きだった。夏には、母、金正淑が池を利用して作った「プール」で遊ぶことが多かった。ソ連時代から近所に暮らした軍医官の李東華《リドンファ》（北朝鮮の初代保健相）の息子で、現在はカザフスタンに住むセルゲイ・リーもたいていは一緒だった。

李東華は、ソ連で医科大学を出たエリートで、ソ連の訓練キャンプで軍医長を務め、その後、金日成とともに帰還した60人の中の1人だ。両家は家族ぐるみの付き合いを続けた。セルゲイはこう証言する。

「(47年夏の)ある日の夕方、金日成から父に電話がかかってきた。『シューラが池でおぼれたから大至急、官邸に来てほしい』という電話だった」

正日兄弟は庭で遊んでいた。庭にはユーラとシューラしかいなかった。日成が正日から聞き出した話では、「弟が池でおぼれた後、ユーラは怖くなりその場から逃げた」という。

1時間後に警備兵がシューラを発見した。李が現場に駆け付けたとき、池からすくい上げられていたが、手の施しようがなかった。死亡していたのだ。

北朝鮮の初代首相の息子という理由で、正日は周囲からちやほやされた。やんちゃで、いたずらっ子だったとされる。正日とともに、党幹部の子弟だけが通う幼稚園に通ったセルゲイが振り返る。

「私は、ユーラより体も大きく、力も強かったので、けんかをするとユーラはいつも負けた。僕に殴られて泣いたりすると、ユーラのお母さんは、いつも『けんかはダメよ』とたしなめた」

幼稚園でも、わがままぶりが目立ったという。

正日は、黄淑姫《ファンスクヒ》という教員が好きではなかった。平壌師範学校を卒業し、幼児教育訓練を受けた彼女は「首相の子息」に気に入られなかったという理由で、園を追われることになっ

に昇進する。

代わって正日を受け持つことになったのは、金日成総合大学特設学部を卒業した全琴善《チョングムソン》という女性だ。全は、後に人民武力部長となる呉振宇と結婚し、政務院（内閣）の普通教育相に昇進する。

わがままを通す息子が心配だったのか、母だけは金正日に厳しかった。

北朝鮮の公式記録によると、幼稚園で教員の制止を振り切って、正日が勝手に家に戻ったことがあった。

金正淑は「父は公の人だから、わがままはいけません」と叱りながら、木の枝で息子のふくらはぎを打ったと伝えられる。

48年9月、正日は平壌の南山《ナムサン》人民学校（小学校）に入学した。2年生になる49年9月、8歳の正日を最大の衝撃事件が襲う。最愛の母の死亡だ。正日らの弟や妹になるはずの子供を身ごもっており、難産による多量出血が原因とされた。

突然の死別に悲しみに暮れる正日を見て、抗日パルチザン時代の正淑の戦友らが心を痛めた。ソ連時代から正淑一家と親しかった黄順姫《スンヒ》（後の朝鮮革命博物館長）らが慰めようとしたが、無駄だった。

半面、母を亡くした後、正日は急に大人びた態度を見せ始めた。

それまで母が行っていた妹、金敬姫の幼稚園への送り迎えを、正日は「自分がやる」と言い出した。朝早く起きて妹を幼稚園に送ってから登校し、授業が終わると、園に妹を迎えに行ってから帰宅することが日課となった。

《正日の妹は、保母の顔にほおをすり寄せて、べそをかいた。保母は涙を見せまいと唇をかんだが、あふれる涙をどうすることもできなかった》

北朝鮮の文献は、妹を迎えに幼稚園まで来た少年、正日をこう描写する。

《正日は、保母の手をしっかりと握って言った。「泣いちゃだめだよ。先生が泣けば妹も泣くじゃないか。妹が泣くかと思って、僕も我慢しているんだから……」》

最後に「妹が泣けば、父が心配するから」と付け加えたという。

しかし、このような「美談」の裏で、母と弟の死は、性格形成期の金正日少年に負の影響ももたらすことになる。

金正淑亡き後、幼い正日と敬姫の面倒をみたのは、父の金日成ではなく、周辺の元パルチザン隊員らの妻たちだった。ときの人民武力部長、崔光の夫人、金玉順《オクスン》や黄順姫、日成の母方のいとこ、康延絲《カンヨンシル》が兄妹を世話した。

日常生活で、父とは、埋めがたい〝距離〟があった。父を指導者として尊敬する一方で、恐怖に近い感情を抱いていたようだ。

日成は、正日が何かヘマをしでかすと、「だから弟を死なせたではないか」と叱ることがあったという。実父から心の傷に塩を塗り込まれたのだ。

小学5年生に進級した後の正日について、北朝鮮編纂《へんさん》の伝記はこんな逸話を紹介している。

《下校途中、沈んだ面持ちで物思いにふける正日に学友がどうしたのかと尋ねた。しばらく口をつぐんでいた正日は「きょう学校で『うちのお父さん』という言葉を2度も使ってしまった」というのだった》

伝記はこう続く。

《学友が「(お父さんと呼ぶのは)当たり前じゃないか」と返すと、「違う。(生前の)母はいつも『父を自分の父としてではなく、全人民の指導者として仰ぐのよ』と話してくれた。なのに、きょう、母の言いつけを守れなかった」と打ち明けた》

縮めようもない父に対する距離は、母への思慕をいっそう高めさせたようだ。成人してからも、母に対する思いは、執拗《しつよう》なほど強かった。両親への複雑な思いが原因だったのだろう。正日はだんだんと二面的な性格をあらわにする。

虎の威を借りた「ガキ大将」

小学生時代、金正日は専ら平壌中心部の蒼光山洞《チャングァンサンドン》にあった半日本風の旧官邸で生活した。周辺は高級幹部らの住宅が集中していた。金日成の弟、金英柱や朝鮮人民軍の初代総司令の崔庸健《チェヨンゴン》、抗日パルチザン時代の日成の戦友、崔賢《ヒョン》たちの住居も近くにあった。

「当時、正日は相当ないたずら者でした。隣近所に暮らす子供らの間で、ガキ大将だっただけでなく、学校でも番長でした」

1940年代後半に日成の秘書室長を務めた洪淳寛は証言する。「学校で何かあると、他の子供を小突き回し、殴ったりした。そんじょそこらのガキ大将ぶりではありませんでした」

背が低く、貧弱な体格だったにもかかわらず、正日には、強い〝後ろ盾〟があったからだ。母、金正淑がパルチザン時代に死亡した戦友らの孤児たちを保護し、教育を受けさせた「万《マン》景台《ギョンデ》革命遺子女学院」（現・万景台革命学院）の〝義兄弟〟たちがいたのだ。

「この世の果てまでも必ず捜し出して連れてきてほしい」

孤児らを保護するに当たり、金正淑はこう依頼したという。物乞い同然に暮らしていた子供もおり、自宅に住まわせ、汚れた体を洗い流し、衣服を新調した。彼らにとって正淑は実母以上の存在だった。

死ぬまで、金正日に忠誠を尽くし、政務院（内閣）総理などを歴任する延亨黙は万景台革命学院の1期生だ。9歳で親を亡くし、中国東北地域を放浪していたところを保護された。金正日より10歳上だったが、愚直な彼を正日は信頼した。大学卒業後、護衛兵に抜擢された。金日成と体格も似ており、「靴を交換した」ぐらい日成の信任が厚く、正日にとって兄そのもの。70年代の正日のパーティー仲間で、首領の息子に直言できる唯一の人物といわれた。

金正恩時代も国防副委員長などの重職を務めた呉克烈《オグクリヨル》も「遺子」の一人だ。パルチザン隊員の一人息子だった。

親を亡くした呉は2年間、日成邸で正日と一緒に過ごした。けんかに強く、いつでも味方をしてくれたので正日は大好きだった。母を亡くした正日は父に、呉がいる万景台革命学院に行きたいとねだったとされる。

小学校時代を正日と過ごし、後に韓国に亡命した金正敏《キムジョンミン》によれば、少年正日は「威張りもしたが、気に入った友達には親切だった」という。友人を引き連れ、自分がかわいがっている軍犬を見せに、軍犬訓練所に行っては、ひいきの犬が訓練試合で勝つと、大喜びし、大声で笑った。いうなれば、独りよがりの「親切さ」だったようだ。

正日の遊び仲間には、パルチザンで名をはせた崔賢の息子、崔竜海《リョンヘ》もいた。正日の後継者、正恩の最側近となる人物だ。

「皆でサッカーをしたり、プールで遊んだり、ビリヤードをしたり、映画を見たりした。ときどき貯水池に釣りにも行った」。金正敏は当時を振り返る。

他の子供たちが竹ざおで釣りをしているそばで、金正日だけが普通では手に入らないリールを使い、護衛官がわざわざ餌を付けてやっていた。一人だけ特別扱いだった。

日々の食べ物も事欠くなか、友人らは、正日と遊べば、口にできるおやつにもつられた。「正日が警護官に『おやつがほしい』というと、用意してあった菓子をすぐに運んできた。

あのころから、子供たちは彼に絶対服従し、ご機嫌をとっていた」（正敏）
皆の前で、それとなく優越感を示しもした。

「気に入った友人」らを首相専用の狩猟場に連れ出した。金日成のため、北部の鴨緑江《アムノクカン》上流や平壌近郊など数カ所に猟場が設けられていた。猟銃に触れたことのない友人らに銃を触らせたり、自分が射撃する姿を見せつけたり、実際に銃を撃たせたりもした。

当時を知り、現在はロシアに住む同窓生は「正日は射撃がとてもうまかった。サッカーもうまかった。ピアノとアコーディオンも弾けたけれど、歌は下手だった」と語る。

射撃への熱中ぶりは、亡き母の影響なのか、金正淑は、射撃の名手として北朝鮮大百科事典にも記載されている。

正日は「芸術好き」の萌芽《ほうが》も見せていた。アコーディオンを弾きながら、友人に歌わせることもあったが、自分は決まって「新乫坡《シンガルパ》の歌」を歌った。

新乫坡は北部、咸鏡南道（現在は両江道）三水《サムス》郡（後の金正淑郡）新坡《シンパ》地域の古い地名だ。正淑は一時、この地域の部隊を指揮したと伝えられる。「新乫坡の歌」は正日少年にとって〝母の歌〟だったのだ。友人らに自信のあるところを誇示しながら、どこかで母の思い出に後ろ髪を引かれていたのだろうか。

小学生時代の金正日のもう一つの「顔」について、北朝鮮の公式文献には以下のように描かれている。

担任だった女性教員が後任に残したという「正日少年の教育において必ず参酌すべき12の申し送り事項」にはこんな項目が並ぶ。

一つには、「正日の第一の関心事は、金日成将軍の著作、特に最近の著作」なので、それら文献をよく研究すること、とある。子供らしくなく思えるが、正日は父を「お父さん」と呼ばず、「元帥さま」と呼んでいたというから、嘘を書いてはいないだろう。父への〝畏怖〟は学校生活にも及んでいたのだ。

「正日少年は、特別待遇を嫌うから他の生徒と同様に扱い、厳格に当たること」という項目もある。「宿題や試験採点では、ありのまま厳格に評価する」ようにとも書かれていた。「正日は仕事を多く与えると非常に喜び、少なかったり、与えなかったりすると、口数が減り、ふさいでしまう」。この項目には「必ず参酌するように」との注意書きが添えられた。

放課後に遊ぶときは、さんざん特別扱いされながら、教師の前では「分け隔てない優等生」として扱われることに固執したようだ。

申し送りには、正日が好む食事に関する言及もある。冬はとろみのあるみそ汁、春は春菊や山菜のあえもの。夏はキュウリの酢もみなど。秋は白菜の生ものか、豆腐のみそ煮。「皆で一緒に食べるのを最も好む」とも記された。どれも素朴な〝母の味〟だ。一方で、後の食通ぶりにつながる旬の素材へのこだわりが垣間見える。

正日は後に盛んにパーティーを開き、食や酒で側近らの忠誠心を買っていった。「食を共にし、胸襟を開かせる」感覚は、少年時代から身に付けていったのかもしれない。

逃避行中の「でき婚」で生まれる

北朝鮮の「正史」には、金正日は、父、金日成が抗日戦の最中、民族の聖山と位置付けられる白頭山の麓で誕生したと記される。だが、実際には、旧日本軍の攻勢から落ち延びた先の旧ソ連極東地域で生まれた。

「1940年秋は、普通の秋ではなかった。われわれが経験した紆余《うよ》曲折を語ろうとすると、数冊の長編小説を書いても足りないほどだ」。日成は回顧録にこう書き残している。

40年10月、日成率いる抗日パルチザン部隊は、日本の関東軍に追われていた。関東軍は、約7500人の兵力に航空機まで投入して抗日武装勢力の掃討作戦を繰り広げていた。

辛うじて生き残った抗日部隊は、続々とソ連に逃げ込む。日成の部隊も追っ手をまくため、山中をひた走り、ソ連へ向かった。部隊員は16人しか残っていなかったが、その中に正日の母となる金正淑もいた。

残存部隊がソ連との国境に近い現在の中国・琿春の山中にたどりついたのは10月末。生死を懸けた逃避行の最中、異例の「婚礼」が琿春で執り行われた。

「結婚の話があったのは、夜の食事の後だった。(伝令兵の)姜渭竜《カンイリョン》が金日成と金正淑がこれから結婚するというので、私も参加した」。ジャーナリストの恵谷治に語った元パルチザン隊員の徐順玉の言葉だ。

「特に式も、祈りも、あいさつもなかった。ただ、『結婚するから』と皆に告げただけだった」

関東軍に追われる戦況下、曲がりなりにも結婚宣言したのは、正淑が日成の子を身ごもっていたためとみられる。いまでいう「できちゃった結婚」だったのだ。

朝鮮の伝統的価値観では、婚姻前の妊娠はふしだらなことだった。「足で拍手し」、反感を示す隊員もいたとの証言もあり、部隊内でも全員から祝福された結婚ではなかったようだ。

部隊が日本軍勢力下の旧満州とソ連との国境を越えたのは11月3日だ。

「何の標識もない荒野だった。どこまでが満州で、どこからがソ連領か分からなかった」。日成はこう記す。「その夜、ソ連警備隊は一晩中、(私たちに向かって)威嚇射撃をした」

翌日、部隊はソ連国境警備隊に武装解除され、ボロシーロフ(現・ウスリースク)へ連行された。

当時、ソ連極東軍内部では、満州の抗日部隊の扱い方について、新しい戦略を模索していた。この間の経緯について、日成は「自分は、ソ連極東軍司令部が招集する『ハバロフスク会議』に呼ばれてソ連に入ったが、国境警備隊に極東軍から連絡が届いていなかったようだ」と主張した。

一行が放免されたのは翌年1月初旬とみられる。日成は、出産を控えた妻を伴い、一路ハバロフスクへ向かった。残る隊員らは、ソ連側によってボロシーロフ近郊のラズドリノエ方面へ連れられていった。

ハバロフスク会議は40年12月から翌年3月中旬まで続いた。金正日が誕生したのは、会議期間中の41年2月16日、ハバロフスク市内の病院とみられる。

会議の結果、ソ連極東軍は、ハバロフスクから約70キロのビャツコエ村近くに「北野営」を、ラズドリノエ近辺に「南野営」を設け、中国から逃れてくる抗日部隊を受け入れ、訓練することにした。

両親と写真に納まる幼少期の金正日（左）（北朝鮮刊行の『偉大な首領　金日成同志伝記』より）

金日成は南野営に下り、戦友の崔賢に迎えられた当時をこう回想する。「彼は毛皮のコートをまとい、帽子をかぶった私をじっと眺め、『どこの紳士かと思ったら金将軍だったのか』と笑った。それが忘れられない」。2カ月余りのハバロフスク滞在中にゲリラ戦の部隊長からソ連の紳士風にあか抜けていたのだろう。

42年8月、南野営は北野営に統合され、「ソ連赤軍第88特別狙撃旅団」が組織される。日成は旅団を構成する4つの教導隊の第1教導隊の隊長に任命された。

北野営は鬱蒼《うっそう》とした樹林の真ん中にあった。

地面に穴を掘り、丸木で屋根をふいた一般兵舎に加え、会議室や軍官用宿舎として丸太小屋が作られた。日成一家は丸太小屋で過ごした。

子持ちの部隊員は、金正淑だけではなかった。女性隊員の中で一番若かった李敏（中国ハルビン在住で元黒竜江省政治協商会議副主席）は「野営地の中には結婚した女性隊員が数人いた。皆、子供がいたので大変だったのよ。正淑もそうだった」と話す。

中国人旅団長の周保中や副旅団長の李兆麟の子供もいた。子供たちはそろってロシア語の愛称で呼ばれた。周保中の娘はカリーナ、李兆麟の娘はチョーア。正日はユーラだ。母の正淑もガーリャという愛称を持っていたという。

「正日が生まれると、正淑は、私と自分の軍服を小さく繕って正日に着せた。訓練基地にいるときも同じだった」。金日成は当時をこう振り返る。「おくるみも敷布団もなかったので、女性隊員たちが布の切れ端で小さな敷布団を作ってくれた。正日は祖国が解放されるまでその布団を使っていた」

ソ連軍の監督下、訓練を施されていたことは、北朝鮮の「正史」にとって不都合なためか、「訓練基地」がどこだったかについては一切、触れていない。

訓練は午前6時に始まり、午後10時まで続いた。小部隊に分かれ射撃や行軍、パラシュート降下訓練などを行い、毎日、少なくとも1時間半は渡江演習をした。女性隊員も例外ではなく、子供は施設の中に設けた託児所に預けられた。

金正日に母乳を与えたという元隊員の李在徳は「子供たちは、昼間は野営地の託児所で集団生活をした。子供たちは皆で育てた。私は母乳がよく出たので他の子にも与えた」と語る。女性隊員らは訓練途中、託児所に走っていき、急いで乳を与えては、走って戻り、訓練を続けたという。

「そのとき、正日はとてもかわいかった。ふっくらとした丸い顔をしていて、人形のようだった。私たちが訓練に行こうとすると、短い足で、私たちの後を付いて回った。その姿がとてもおかしかったのよ」。李敏はこう回想する。そこに将来の「独裁者」の面影はみじんもなかった。

正日はごっこ遊びをよくしていたという。どこかでひもを見つけてきては、軍服のベルトのように腰に巻き、ぶかぶかの父の軍帽をかぶった。

「小さな腕を振りながら、軍人歩きをしたわ」と李敏は語り、続けた。

「私たちが置いていこうとすると、『ナド　ガー（僕も行く）、ナド　ガー』とねだったりした」。朝鮮語をほぼ忘れている彼女も「ナド　ガー」という朝鮮語だけは鮮明に覚えていた。

軍人の叔父たち世代との「絆」

金正日が母に連れられ「帰国」の途に就いたのは4歳のときだ。父の伝令兵で後の護衛総局長、全文燮《チョンムンソプ》や後の朝鮮人民軍総政治局長、趙明禄《チヨミヨンロク》におぶられ、1歳になったばかりの弟、金万一（ロシア名・シューラ）は母、金正淑が抱いていた。

一行は、旧ソ連極東のハバロフスクから汽車に揺られ、約600キロ南下し、ウラジオストクに着く。ソ連軍が提供した帰国船で、ソ連の地を後にしたのは、1945年11月26日だった。

一行はひとまず、朝鮮北東部、咸鏡北道の雄基港（現・羅先《ラソン》の羅津港）に降り立った。肌を刺すような冷たい風が吹く港には、新たな指導者の家族を歓迎する人波もなく、父、金日成の姿さえなかった。

一足早く帰国していた金日成は、ソ連軍の支援を取り付けることに躍起になっていた。10月14日、平壌で開催された「祖国解放祝賀集会」の演説でデビューを果たした日成は、平壌西郊の万景台を訪れる。秘書兼通訳や写真記者、ソ連軍政当局が遣わしたロシア人記者のほか、「平壌民報」編集長として、専ら日成を取材していた韓載徳《ハンジエドク》が同行した。

平壌の集会でも、若すぎる新リーダーに対して「金日成は偽者ではないか」と疑う声がくすぶり、疑惑を払拭する〝演出〟として、ソ連軍政当局が「故郷凱旋《がいせん》」をセッティングしたのだ。

万景台に向かう車内の様子について、59年に韓国に亡命する韓は、著書『金日成を告発する』の中でこう振り返っている。「私は後部座席に座り、金日成から故郷や家族、少年時代のこと、遊撃隊（抗日パルチザン）時代の話を聞いた。彼は上機嫌だった」

万景台は20世帯ほどの小さな村だった。日成一行が現れると、村の入り口で待ち受けていた村人らがどっと走ってきた。一番前には、小柄な祖母、李宝益《リボイク》の姿があった。

李宝益は、孫の胸に顔を埋め、「成柱《ソンジュ》（日成の旧名）よ、やっと戻ってくれたのね」と言いながら泣き崩れた。日成の両親の金亨稷《キムヒョンジク》と康盤石《カンバンソク》は、既に帰らぬ人となっていた。李宝益は、故郷に錦を飾った孫に感無量だったのだろう。

韓は、日成と祖母のやり取りを次のように記している。

祖母「嫁はいるのかい？」
日成「いるとも。子供も2人います」
祖母「いま、どこなの？」
日成「ソ連にいます」
祖母「では、ソ連の女なの？」
日成「いいえ、咸鏡道の女です」

金正淑、正日母子は、李宝益ら日成の故郷の親族の顔さえ見ていなかった。

数日後の夜、日本料亭「歌扇」で「金日成一家慰安会」が開かれた。終戦当初は平壌にも日本料亭が残っていた。

各界の有名人ら70～80人が、宴席がしつらえられた畳部屋にずらりと並んだ。「妓生（キーセン）がかなり残っており、一、二流級の妓生のほぼ全員が呼ばれた」（韓載徳）

金日成は笑顔を絶やさず、皆に応え、酒興を添えようと一生懸命だったという。「祖母

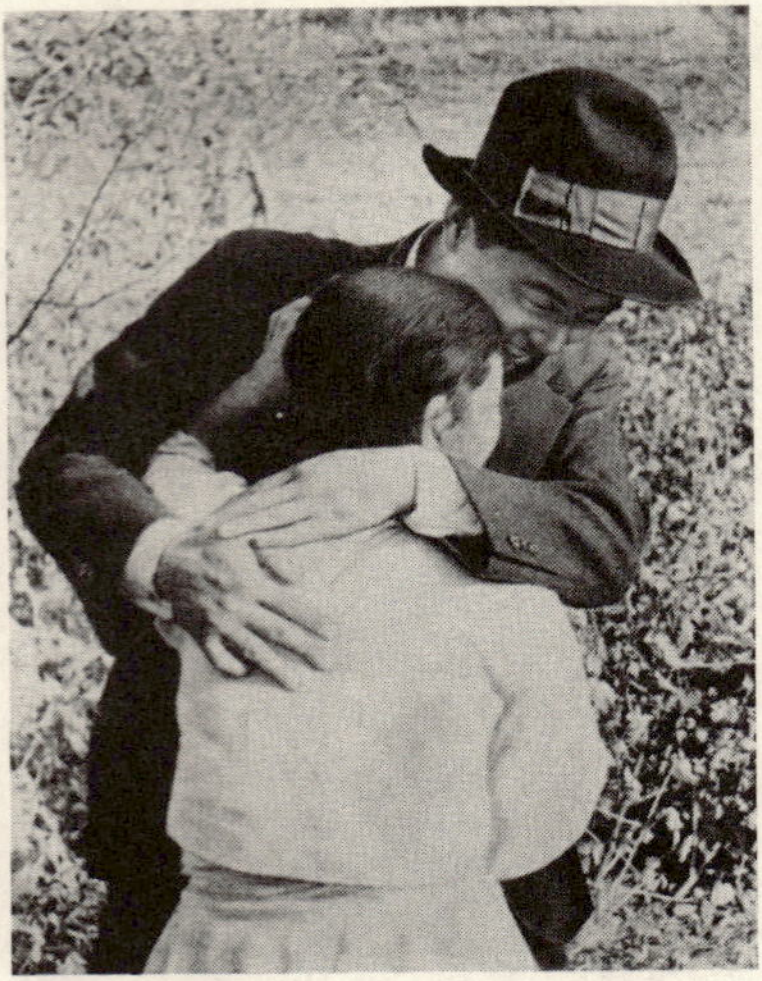
再会した祖母の李宝益と抱き合う金日成。1945年10月、故郷の平壌・万景台で撮られたとみられる（『偉大な首領　金日成同志伝記』より）

（李宝益）が妓生らの鼓の拍子にあまりそぐわない踊りを披露したが、金日成は楽しそうな表情をつくって拍手していた」（同）

「日成一家慰安会」と銘打ちながら、金正日母子は平壌に入ってもいなかった。しばらく北東部、清津のソ連軍衛戍《えいじゅ》司令部で生活しながら、父からの知らせを指折り数えて待っていたのだ。

その間、日成はソ連軍の支援を得て、12月17日、朝鮮共産党北朝鮮分局第3次拡大執行委員会で、責任書記に選出される。正日母子が平壌入りを許されたのは、その直後だった。正日と弟の金万一は、母に寄り添い、日本軍が軍馬を運ぶのに使っていた列車の貨車に乗り、平壌を目指した。

平壌生活が始まったものの、父と一緒の時間は限られていた。幼い正日は、ソ連時代同様、パルチザン部隊員らと多くの時間を過ごした。

ソ連時代の習慣も引きずっていた。「その時、正日はロシア語しかしゃべらなかった。私ともロシア語で遊んだ」と、幼少時代を共にしたセルゲイ・リー（カザフスタン在住）は振り返る。

韓載徳もこう記している。「私は2度ほど、金日成に招かれ、自宅を訪ねたことがあった。奥さんは30歳前後の小柄で、素朴な主婦に見えた。体に合わないソ連式の服を着ていたので、余計に小柄に見えた」

金正日は、ソ連時代から共に過ごした「軍人の叔父さんたち」に親しみを覚え、彼らを慕った。金日成の警護兼秘書役の副官を務め、後に軍元帥まで上り詰める李乙雪《ウルソル》もその一人だ。

乙雪は、早朝に起床して日成邸の警備状況を点検した後、正日一家と朝食も共に取った。「私が現地指導に出かけるとき、李乙雪は正日を連れて歩いた。彼は正日のよき理解者で、いつもよく面倒をみてくれた」。日成は回顧録にこう記す。

「正日同志がなぜ、いまだに李乙雪を信頼し、彼に感謝しているのか。それは母親が亡くなった後も、副官長として温かく自分を見守ってきたからだ」

さらに続ける。「この世を去った母を懐かしみながら幼い時代を過ごした正日に対し、父母や親戚の代わりに心を砕いて面倒をみてくれたのは、李乙雪のような私の戦友たちだ」

帰国後、正日には姜吉福《カンギルボク》という専属の保母が付いたが、専ら幼い正日の相手をするのは、乙雪のほか、金日成の伝令・護衛兵の全文燮や趙明禄、後に人民武力部副部長となる白鶴林《ペクハクリム》たちだった。彼らも心底、正日をかわいがった。

日成は「(正日は)幼いときから軍人を慕い、軍人の世界に憧れていた。戦友たちも正日に会うと、軍帽をかぶらせたりした」とも書き残している。

ソ連極東を指す「遠東」という言葉を使い、その地にいるとき、「休日になると、部隊員たちが、わが家を訪ねてきて正日を抱っこしたり、あんよさせたりして遊んだ」とも回想する。

「正日はパルチザンの子として生まれ、軍営（キャンプ）のめしを食って育った」

そのとき、正日と、抗日パルチザンに日成とともに身を投じた「軍人の叔父たち」世代との間に結ばれた家族のような〝絆〟は、何十年も先になって正日が後継者指名される際、さらには指導者として国家運営に乗り出す際、足場を支える大きな力となる。

生涯続いた異母弟への嫉妬

1950年6月25日、韓国への先制攻撃で、金日成が朝鮮戦争を引き起こした。開戦初期、朝鮮人民軍は破竹の勢いで南へと進撃するが、米軍の介入で戦況は一変、日成は逆に、窮地に追い込まれる。

戦争が始まると、金正日と妹の金敬姫は叔父の金英柱に連れられ、疎開を始めた。中朝国境近くにしばらくとどまり、10月に中国吉林市にたどり着いた。疎開地で正日兄妹の面倒を見たのは、日成のいとこで、小学校の担任でもあった康延絲と副首相、洪命熹《ホンミョンヒ》の娘で一家の世話役を任された洪佳艶《ガヨン》、保母の姜吉福だった。警護担当者らも同行した。『吉林市誌』によると、正日兄妹の疎開先は、同市船営区西大街10号大院内、朝鮮系の住民が多く住む地域だった。正日は地元の朝鮮族の小学校に通う。母を亡くして間もない兄妹は、不慣れな異郷で寄り添いながら3年近くを過ごした。

朝鮮戦争停戦直後の53年8月、金正日と金敬姫は平壌に呼び戻された。だが、そのとき既に父、金日成は新しい妻、金聖愛と新婚生活を始めていた。

日成と聖愛が結婚したのは51年12月。聖愛が日成の子を身ごもっていたために挙式を急いだという。崔庸健や副主席となる金一《キムイル》、崔賢ら親しい戦友らと朝鮮労働党や軍の限られた幹部だけが参席し、内々に婚礼が執り行われたとされる。

正日兄妹が平壌に戻ったのは、日成と聖愛の間に娘の金敬進が誕生し、新しい家庭生活が始まったまさにその時期だった。行き場を失った兄妹は、金英柱の家で過ごしながら学校に通った。ときには、後に国防副委員長となる呉克烈や元人民武力部長の呉振宇の家で寝泊まりすることもあった。

54年8月には、聖愛が長男を出産する。後に正日から血統の「余計な枝」として切り捨てられ、外国を転々とすることになる現駐チェコ大使の金平一だ。

抗日ゲリラ戦から指導者就任、朝鮮戦争と目まぐるしい日常をへてきた日成にとって初めて落ち着ける家庭的雰囲気だったに違いない。平一が生まれたとき、日成は「わが家に将軍が生まれた」と喜んだという。

逆に正日と敬姫のことは、抗日パルチザン時代の戦友らに任せきりだった。13歳の正日が父からの疎外感を抱き、継母や異母弟に憎しみを持ったとしても仕方がない状況だった。

金聖愛は24年、西部、平安南道江西《ピョンアンナムドカンソ》郡の農家の長女として生まれた。本名は聖八《ソンパル》。解放後に平壌女子師範学校を中退して軍に入隊した。ソ連時代の金日成の通訳官で、人民武力部の前身、民族保衛省の安全部長も経験した兪成哲《ユソンチョル》は、聖愛の最初の印象をこう語る。

「聖愛は安全部副部長、金成国《ソングク》のタイピストとして働いていた。ずば抜けた美人とはいえなかったが、かわいらしく、愛嬌《あいきよう》があった」

日成が成国の事務所を不意に訪れた際の聖愛との出会いについて、兪は次のように証言する。

「金日成が金成国と話しているうち、そばでタイプライターを打っていた金聖愛が目に留まり、しばらくじっと見つめていた。金日成が帰った後、副官（秘書）から金成国に電話があり、『首相同志（日成）がタイピストを探しているのだが……』と告げた」

成国は、旧満州にいた時代から行動を共にした日成直属の部下だった。目ざとく日成の意図を読み取った成国は、すぐさま聖愛を秘書として送り出したという。

日成の元秘書室長、洪淳寛はこう語る。「聖愛はスラリと背が高く、頭もよく、優しい女性だった。頑固で気性の激しい金正淑とは対照的な人だった」

金正日と金敬姫を生んだ金正淑は、学校に通ったことがなく、読み書きもできなかったといわれる。小柄で肌黒く、美人とはいえず、「日成とは釣り合わない」と陰口をたたかれた。日成との出会いは35年3月、正淑18歳のときだった。「あの方に出会った日の夜、眠れなかったわ」と正淑は友人に告白する。正淑の一目ぼれだった。

正淑は、抗日ゲリラ戦の最中も日成を献身的に支え続けた。真冬に洗いたての日成の服を正淑が身に着け、「体温で乾かしてくれた」という逸話が日成の回顧録に記されている。日本40年11月にソ連への逃避行中、日成が高熱を出し寝込んでしまったことがある。日本軍軍の包囲網が狭まり、水さえくみに行けない窮地にあって「正淑が自分の指をかみ切って血を日成の口に含ませ、一命を取り留めさせた」と元部隊員の徐順玉は証言する。

ただ、日成側がその愛情を全面的に受けとめたわけではなかったようだ。淳寛に「正淑と結婚したのは、部隊に女がいなかったからだ」と酒に酔って漏らしたことすらあった。

結婚後、2人の溝は深まる。「金日成は容姿の悪い金正淑に生涯冷たくした」と北朝鮮から亡命した主要人物らをインタビューしてきた米中央情報局（CIA）元要員のマイケル・リーは語る。

「金正日は周りから父より母似と言われた。彼と違い、金平一は風貌も日成に似ていた。金正日は生涯、平一ら異母きょうだいに嫉妬し、憎んだ」

洪淳寛によると、金日成と金聖愛は、金正淑が49年9月に死亡する1年以上前から不倫関係にあったという。淳寛が鮮明に覚えているのは48年5月9日、ソ連の戦勝記念日の出来事だ。日成が側近を引き連れ、「野外で酒を浴びるほど飲んだ」。淳寛は一眠りしようと、道の脇に止めてあった車に向かった。そこでガラス窓越しに車内で抱き合う男女を目撃した。「慌てたが、好奇心からのぞいてみると、金日成と金聖八（聖愛の本名）だった」

難産で死亡したとされる正淑も、医師の治療を拒否した末の「憤死」だったといわれている。あからさまに不倫をする夫への抗議の意思表示として、死を甘受した可能性まであるのだ。

そうして「母」の座を奪った聖愛を正日兄妹は受け入れようとしなかった。金敬姫は、継母がテーブルに並べた食事に手を付けず、自分で運んできた料理を口にするありさまだった。敬姫は継母から生まれた6歳違いの金敬進と8歳違いの金平一とも仲が悪かった。『傍らで見た金正日』の著者、申敬完によると、正日兄妹は「継母に不満があるときは、金英柱や（世話をしていた）金玉順の家にやってきて、愚痴をこぼした」という。

聖愛は、幼くして母を亡くし、父の愛も行き届かない正日兄妹に優しく接したが、正日と敬姫はそのようには受けとめなかったようだ。正日は長い間、聖愛を「お母さん」とも呼ぼうとはしなかった。

お前が生まれた場所はここだ

旧ソ連極東地域で生まれたはずの金正日の生誕地をめぐって、北朝鮮編纂の伝記『人民の指導者　金正日書記』に、母、金正淑とのこんなやり取りが描かれている。

父の故郷、平壌郊外の万景台に向かう支度をしている母親に、正日少年はこう尋ねたという。

「お母さん、僕の故郷はどこ？」

思いがけない質問にしばらく黙っていた正淑は「あなたの故郷が白頭山ではなく、どこだと思っているの」と真顔で聞き返した。

「あなたの故郷は朝鮮で一番高い白頭山ですよ。白頭山には、天池《チョンジ》があって、お父さんが、日本軍を散々な目にあわせたところです。あなたも大きくなったら行ってみなさい」

前後の文脈からすると、金正日が小学校低学年の会話とみられる。白頭山は朝鮮民族の始祖に位置付けられる檀君が生まれた地とされ、神聖視されてきた。伝記はこう続ける。

《幼い正日はこのときから白頭山を懐かしみ、学習帳には決まって「白頭山」という3文字を書き込み、いつも白頭山にそびえる将軍峰と天池を描いた》

正日少年が描いたとする将軍峰の高さは２１６メートル、その麓から42メートル離れた場所には丸太小屋があった。「１９４２年2月16日」、正日はこの丸太小屋で生を受けたと北朝鮮は主張する。後の最高指導者は、幼少時の思い出さえ、やすやすと書き換えられたのだ。

97年に韓国に亡命した元朝鮮労働党書記の黄長燁によると、正日の「生誕地」を〝探し当てた〟のは、金日成だった。

日成は、抗日パルチザン出身者を呼び付け、息子が生まれた白頭山密営（キャンプ）を探し出せと指示した。彼らは、もとから存在などしない密営地を探すことができなかった。「日成は『私が探す』と直接、出向き、景色も適当で、位置もそれらしい場所に着いてここだと指摘した」（『黄長燁回顧録　金正日への宣戦布告』）

その場に丸太小屋を〝復元〟したのは87年。翌年には、将軍峰の名称を「正日峰」と変え、216トンの巨大な花崗岩《かこう》に「正日峰」と刻み、山肌にはめ込んだ。

ただ、80年代初めごろまで、北朝鮮の公式文献は、「（正日は）硝煙けむる抗日の戦場で誕生した」と記し、どこかについては触れていない。

「白頭山で誕生した」という〝神話〟を唱え出したのは、83年以降だ。正日による実権掌握の過程で用意されたストーリーだった。

金正日の生誕地については、あからさまな改竄が行われたが、先祖に関しては、それなりに客観的といえる資料も残されている。

正日の先祖は、いまの韓国南西部、全羅北道《チヨルラプクト》・全州《チヨンジユ》で暮らした。一族の歴史は約800年前までさかのぼることができる。始祖とされる金台瑞《キムデソ》は、高麗の高宗19年（1232年）に科挙に合格し、枢密院府使（軍政を統括する官僚）や上将軍を歴任した後に全州に居を構えた。

つまり、先祖の出自は朝鮮半島南部であり、北朝鮮が散々強調する「白頭血統」とは、何ら関係がないのだ。

金一族が平壌近郊の万景台に移り住んだのは1860年、金日成の曽祖父、金膺禹《ウンウ》の代だ。66年に大同江をさかのぼって平壌付近に侵入した米国商船「ジェネラル・シャーマン号」を撃沈させたのは、膺禹だったとも伝えられるが、証拠は残っていない。

日成の回顧録によれば、膺禹は金持ちの墓守をしていた。「万景台は、山河が美しかった。遠くないところに南山があったが、大同江の方角を見下ろすと、まさに一幅の絵画を鑑賞するようだった」(『世紀とともに』)

金日成の父、金亨稷(金日成の回顧録『世紀とともに』より)

一族は子孫の少ない家系だったらしく、日成の祖父、金輔鉉《ボヒョン》の代まで3代続けて一人息子しか生まれなかった。輔鉉は3男3女を授かる。94年に長男の金亨稷が生まれる。後に北朝鮮で「熱烈な独立運動家であり、教育者」として語り継がれることになる人物だ。

亨稷は1908年、14歳のとき、程近い平安南道江東郡古平《コピョン》面七谷《チルゴル》に暮らす敬虔《けいけん》なキリスト教信者の娘で2歳年上の康盤石と結婚。4年後の12年4月15日に長男、日成が生まれた。亨稷一家は19年冬、日成7歳のときに旧満州に移住する。

亨稷は漢方医として生計を立てながら、独立運動に関わった。24年には、アヘン約1キロを所持して朝鮮に入ろうとして税関で逮捕された。運動資金の調達のためだったとみられるが、この前歴から「金日成の父は、麻薬密売人だった」といわれたこともあった。

亨稷は護送途中に逃げ出すが、日本の軍警に追われる身となり、逃走中に凍傷にかかって病み、26年6月に31歳の若さで他界した。


北朝鮮の教育資料のほとんどに登場する有名な逸話がある。金亨稷が亡くなった後、金日成は、母の康盤石から、赤い布で包んだ2丁の拳銃を手渡されながら、こう告げられた。

「この拳銃は父の形見なのよ。父は生前こうおっしゃった。『ナイフを持っているやつとは、ナイフで戦わないと勝てない』と」

拳銃を渡された日成は「父の教えを肝に銘じ、武装闘争を通して民族の独立を回復する」と誓ったと強調され、「朝鮮の革命」はこの2丁の銃から始まったと意義付けられている。

金正日も死の間際の母、金正淑から「父を守り抜くのよ」という遺言とともに、小さな拳銃を渡されたと、北朝鮮刊行の伝記に描かれている。

祖父や父は、銃をもって祖国の独立を勝ち取り、祖国を銃で守り抜いたのは、正日だ——という物語が紡ぎ出され、約10万人を動員した「アリラン祭」でもこのストーリーをなぞったマスゲームが繰り返し披露される。

日成が母から2丁の拳銃を渡されたという逸話が事実なら、日成が中国・吉林の毓文《いくぶん》中学校にたつ前のことになる。

27年2月、日成少年は毓文中を目指した。同校は当時、中国でひそかにはやっていたマルクス主義思想の影響を強く受けていた。日成に国語（中国語）を教えた謝潘（本名・尚鉞）という教師も中国共産党員だった。

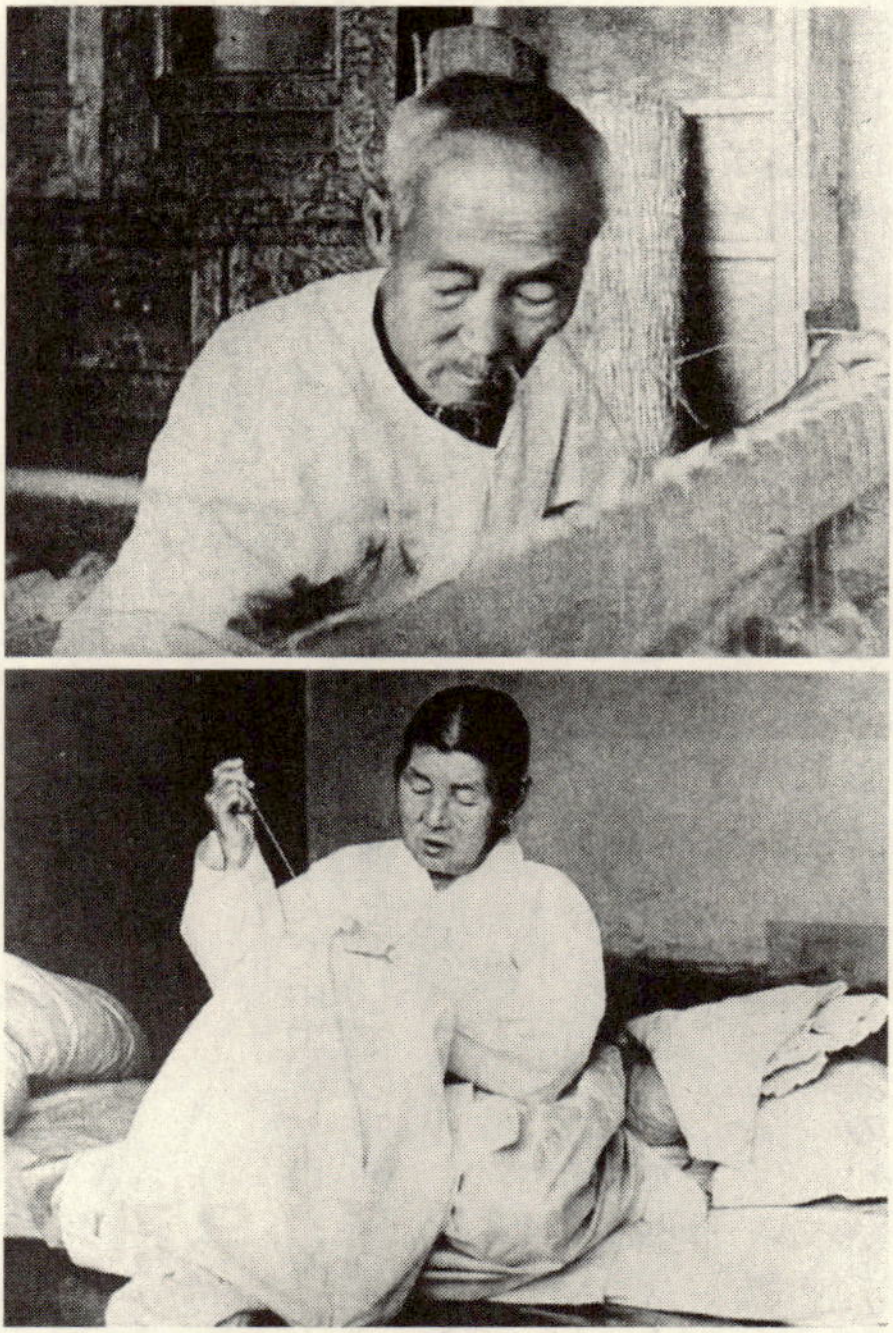
金日成の祖父、金輔鉉(上)と祖母、李宝益(いずれも『世紀とともに』より)

謝は後年、「朝鮮革命博物館」に寄せた一文に、中学時代の日成についてこう記している。

「丸い顔に大きな目、口数は少なかった。彼は級友たちとわが家によく来ていた。15、16歳にすぎなかったが、心の奥深くに祖国を失った重い傷を秘めていたと私は感じ取った」
毓文中時代に日成は一大転機を迎える。

日成の「犠牲者1人」の戦い

金正日は2010年8月、父、金日成が学んだ中国吉林市の毓文中学校を訪れた。2年前に脳卒中で倒れてからは体調が優れず、無理を押しての外遊だった。三男、金正恩への権力移譲という難題を抱えてもいた。3代世襲に向かって総仕上げを行う時期だからこそ、わざわざ足を運んだ「革命の発祥地」ともいえた。

1927年2月、日成は父、金亨稷の知り合いを頼りに毓文中を訪ね、中学2年に編入した。旧満州で漢方医をし、独立運動にも携わった亨稷は、地元朝鮮人社会でそれなりに名の知られた存在だったようだ。

日成は回顧録『世紀とともに』で、こう振り返る。
「吉林にいる名士らは、ほとんど父と面識があった。父の親友らの家を頻繁に出入りし、そこで独立運動指導者たちに出会った」

毓文中時代、金日成は中国の文豪、魯迅やロシアのゴーリキーの作品を読み、マルクスの『資本論』にも接したと記す。共産主義活動家として一歩を踏みだし、小さな独立運動組織の会合にも顔を出した。だが、それが原因で29年5月に逮捕され、半年ほどを監獄で過ごす。

釈放後は満州の抗日部隊を訪ね歩き、32年4月、15人ほどで、中国人抗日部隊「中国救国軍」指揮下の別動隊を結成する。20歳のときだ。以来、40年まで中国人主体の「東北抗日聯軍」の朝鮮人部隊長などとして抗日ゲリラ活動を続けるが、日成を一躍有名にした戦いがあった。

「最大の戦果」を挙げた抗日戦として、北朝鮮の歴史に刻まれることになる「普天堡《ポチヨンボ》戦闘」だ。

普天堡は、鴨緑江に流れ込む佳林川《カリムチヨン》に面した朝鮮側の小さな町だった。37年6月4日午前0時、日成は抗日聯軍第1路軍6師団員約90人を率いて鴨緑江を渡る。午後9時、他の抗日メンバーと合流し、普天堡を急襲した。

真っ先に駐在所を襲撃するが、警官の姿はなく、もぬけの殻。武器庫から銃などを奪う。この「戦闘」での犠牲者は、母親に背負われたまま、日成部隊の銃弾に当たって死亡した幼児1人だった。

ところが、当時、京城（現・ソウル）で発行されていた東亜日報は「交戦3時間で双方死傷者67、銃器など多数武器奪取」と大々的に報じた。朝鮮住民にも衝撃を与える。全滅したと思われていた抗日部隊が朝鮮内に姿を現したからだ。

東亜日報の報道は、部隊が撤退する途中、追撃した日本の軍警との交戦と普天堡での「戦闘」を混同したらしい。だが、報道で金日成が脚光を浴びたのは確かだ。同紙に「国境の匪賊首魁金日成会見記」と題した記事が掲載されたのだ。

ただ、日成自身にインタビューしたわけではなく、一時、部隊に連れて行かれた農民2人から取材した記事だった。2人は部隊長の印象を次のように語った。

「すらっとした体つきと荒くれた口調から平安道出身に見えた。想像したより若い30代未満の青年で、中国語に精通していた」

こうも話した。「隊長を示す肩章は着けていなかった。服装や食事まで兵卒らと一緒にし、感化力や包容力があるように見えた」

証言は当時の実態に近い日成像とみていいだろう。日成はこの戦闘で名をはせはしたが、日本の関東軍が血眼になって追跡する標的となり、結局、40年11月にソ連領へ逃げ込むはめになる。終戦まで再び朝鮮の地を踏むことはなかった。

その日成になぜ、ソ連軍が目を付け、解放後の朝鮮のリーダーに仕立てることにしたのか。ソ連の訓練キャンプで日成と一緒だった女性部隊員の李敏は「朝鮮人将校の中では、日成だけ、直属の部下が多かった」からだと説明する。

日成より地位が高かった崔庸健は、抗日聯軍第2路軍の中国人総司令、周保中の参謀であり、直属の部下はいなかった。日成より階級が上の金策にしても、ソ連側への合流が43年末と大きく遅れたという。

当時、ソ連に渡った部隊には、抗日聯軍第2路軍に加え、中国人の李兆麟率いる3路軍と1路軍があったが、1路軍の指揮官級はほとんど戦死し、日成だけが生き残った。いわば

〝消去法〟で、ソ連に逃れた朝鮮人部隊員の中で重要な位置を占めることになった。

李敏はこうも言う。「周（保中）総司令は、重要な問題は李兆麟や崔庸健、金日成と相談した。部隊には朝鮮人が多かったから、中国人隊員とのいざこざは日成に相談した」。抗日部隊内で頭角を現すのに、毓文中などで培った中国語力が大きな武器となったのだ。

北朝鮮制作の映画には、45年、金日成が「朝鮮人民軍」に朝鮮半島への進撃を命じるシーンが登場する。山場ともいえるが、実際には、朝鮮人民軍は存在すらしなかった。

ソ連軍第88特別旅団で、日成に戦闘指揮や戦術を教えたワシーリー・イワノフは「旅団から戦闘参加の要請はあったが、参加させなかった」と証言する。日本軍と矛を交えないまま、終戦を迎えることとなる。

一方で、日成の回顧録によると、複数回、モスクワを訪れ、ソ連軍各戦線司令部の責任者らと親交を深めていった。

最高指導者、スターリンの側近でソ連共産党政治局員のジダーノフは、日成との会見時、「想像したより、若いのでうれしい」と述べ、「スターリンも（日成らの）活動には特別な関心を持っている」と告げたという。ソ連側は、中国共産党に染まっていなかった若き日成に利用価値を見いだしたようだ。

45年8月、日本が降伏すると、国外で抗日運動をしていた朝鮮人組織のリーダーらが一斉に朝鮮に戻る。88旅団の大尉だった日成は、ソ連が仕立てた「朝鮮工作団」団長の身分で平壌入りすることになる。

第一陣として、ソ連提供の帰国船に乗ったのは金策や崔賢、金一ら六十余人。9月19日、朝鮮半島東海岸の元山《ウオンサン》港に降り立つ。旧暦では8月15日、朝鮮最大の名節、秋夕《チユソク》の日だった。「同志たち、今日は秋夕だが、気を付けてほしい。酒も飲んではならないし、乱れてもいけない」。日成は部隊員らにこう厳命し、付け加えた。

「万が一、誰かに『金日成に会ったか』と尋ねられたら『われわれは先遣隊だから見ていないが、その方は、後から帰ってくる』と言え。年齢を聞かれても『会ってもいないのに分かるはずがない』と言え」

日成は「金日成」という名が「祖国」でどう伝わり、実年齢がどのような反響を呼ぶかを熟知していた。それを利用しようとしたソ連の思惑をも逆手に取って瞬く間に権力を手中にする。

「米帝打倒」をあおった高校時代

高校1年まで、金正日は平壌第1高等中学校（高校）に通い、1958年9月、平壌市内の南山高等中学校2年に転入した。南山中は朝鮮労働党中央の部長や国務大臣クラス以上の幹部の子女が通う学校だった。

「不世出の天才」。北朝鮮はいまも正日をこうたたえるが、高校時代は意外にロシア語科目に苦しんだ。旧ソ連極東で出生し、平壌に戻ってからも、ソ連時代の友達とはロシア語で遊んでいたにもかかわらずだ。

生活面では放置しているに等しい父、金日成だったが、教育面では非常に熱心だったと伝えられる。首相の長男であることを鼻にかけ、教師を見くびることを警戒し、わざわざ正日の担任を官邸に呼び、丁重に接する姿を息子に見せつけたこともあったという。

教育のためと称して、外遊に同行させもした。57年、高1の正日は、モスクワでの「ロシア10月革命40周年」記念行事に参加し、59年、高3のときにもモスクワを訪問する。

訪露がきっかけだったのか、息子のロシア語の成績がよくないことに気付いた日成は、ロシア語教授法で有名な平壌師範大学（後の金亨稷師範大）教授の金賢植《キムヒョンシク》に正日の学習の「検閲」を命じた。92年に韓国に亡命した賢植によると、日成は「息子は（ロシア語）単語の変化が得意だ」と自慢しつつも、「文法はできるが、会話は全くだめだ」と漏らしたという。

金賢植は、さっそくロシア語授業を参観後に金正日を校長室に呼んだ。

正日は緊張した面持ちで質問に一つずつ慎重に答えた。飛び抜けた実力ではなかったが、ロシア語読解と翻訳は間違えることなくこなした。しかし、朝鮮語をロシア語訳する課題でつまずき始めた。賢植はこんな訳文を出題した。

「私は父を一番愛し、尊敬しています」「私はスポーツより映画が好きです」

解答は想像よりひどかった。ロシア語会話は、さらにひどく、しどろもどろに答えた。名前と生年月日を尋ね、日にちや曜日、天気といった簡単な質問をしたが、緊張のあまり、上気して頬を赤らめ、冷や汗まで噴き出させた。

賢植は「そのとき、正日はとても幼く、純真だと感じた。首領の息子だからといって生意気なところもなく、長時間かしこまった様子で試験を受けていた」と手記に書いている。

正日は、賢植の設問に「名前はユーラ」と答えている。高校の卒業アルバムの写真にも「金ユーラ」と記した。国のトップの長男が、高校卒業まで当たり前のようにロシア語の愛称を通していたのだ。当時の北朝鮮におけるソ連の影響力の大きさがうかがえる。

その後、賢植から会話中心の個人レッスンを受ける。数カ月後、南山中で「ロシア語教員協議会」が開かれた。正日は、全校生とロシア語教員の前で、ロシア人が愛する詩人、プーシキンの人気作「冬の道」を暗唱した。

《さゞ波の如　揺らめく霧の中／月のあかりがかすかに見ゆる／寂寞《せきばく》たる平原に月かげがさし……》

こう始まる詩は、ロシア語で歌うといっそう甘美に響く。

《あゝ、物悲し、わがニーナ！　この道にはもううんざり／馭者《ぎよしや》の歌は消えまどろみはじむ／聞こゆるはただ鈴の音ひとつ／見ゆるはおぼろげな月かげのみ……》（上原文也訳詩集「プーシキン　愛の詩」から）

暗唱が終わると、場内からは「ウラー」という喊声《かんせい》が上がった。首相の御曹司に恥をかかせるわけにはいかず、皆、固唾をのんで見守っていたのだろう。難関を脱した〝はれ物〟への安堵《あんど》の歓声といえた。

「産毛がたった頬を赤く染めて恥ずかしそうにはにかんでいた」。教授の金賢植は、ロシア語試験のときに限らず、金正日から受けた印象をこう語っている。

それは教師の前だからだったようで、ロシア在住の元同級生らが証言する高校時代の印象は大きく違う。高校当時から既に政治に目覚め、政治的な話題になると、熱を帯び、闘争心をむき出しにした言葉を口にした。同級生らの前では、いつも父をたたえ、擁護する発言が目立ったという。

「もし仮に、朴憲永《パクホニョン》一派を放置していたなら、われわれは社会主義革命の初期段階で大きな挫折を味わっていただろう」。こう熱弁を振るったことがある。

金日成最大の政治的ライバルと目された朴憲永は「米国のスパイ」というぬれぎぬを着せられ、56年夏に処刑された。これを断行した父の正当性を年端もいかない友人らに主張したのだ。

「（朴は）南朝鮮（現・韓国）にいるときから、宗派主義に染まっていた。彼は宗派的立場からパルチザン精神を批判したので、（金日成）首相同志が崔庸健（副首相）に調査を指示し、除去した」。正日はきっぱり言い放った。

正日が高校生になる50年代後半まで、日成の権力は盤石とはいえなかった。日本統治時代から朝鮮半島内にとどまって共産主義運動を続けてきた朴ら「国内派」に加え、中国共産党と抗日戦を共にし、終戦後に帰国した崔昌益《チェチャンイク》ら「延安派」や、スターリンが送り込んだ

400人余りのソ連から帰国した朝鮮人エリートらが健在だったからだ。

抗日パルチザン時代の両親の戦友らに影響されて育った金正日は、権力内部のドロドロした人間関係や権力闘争の残酷さを目の当たりにしていた。

高校時代から学業よりも政治への関心の高さは顕著だった。転入先の南山中で校内の「民主青年同盟副委員長」(委員長は教員)に選ばれ、生徒らの政治活動を指導する立場も得た。

ちょうど卒業を控えた60年春に韓国では、李承晩《イスンマン》政権の「不正選挙」を糾弾する大規模デモが起きた。

「ついに南朝鮮の学生たちが立ち上がった。李承晩は米国へ追い払われたから統一は目の前だ」。ソウル発のAP通信の記事と写真を級友らに見せながら、こう興奮気味に語った正日を、モスクワに住む元同級生らは鮮明に覚えている。

李は退陣し、5月に米ハワイへ亡命した。

元級友らによると、正日は普段から「われわれは李承晩と米帝(米国)を打倒しなければならない」と生徒らをあおり立てていた。

「われわれも南北統一の戦線に出て、戦わなければならない」。クラスメート相手にこうもまくし立てた。高校卒業を機に、正日は〝本物〟の政治闘争に乗り出していく。

第3章

後継者への階段

人妻に魅せられ、忠告者は失踪

南山高等中学校（高校）を卒業した金正日は1960年9月、金日成総合大学に進学する。当時、高級幹部の子弟のほとんどがソ連に留学したが、正日はきっぱりと拒否した。

正日は高校在学中の59年1月、ソ連共産党第21次大会に参加する父に連れられ、モスクワを訪問した。朝鮮労働党中央書記室の理論書記として同行した黄長燁によれば、モスクワ大学を訪れた際、留学を薦めるソ連側朝鮮担当課長に、正日はこう憤然と告げたという。

「平壌にも金日成総合大学という立派な大学があります。私は金日成総合大学で勉強するつもりです」

このときの訪露で初めて正日に接した黄は、会話を交わすうち、「若年ながら、既に政権欲が強く、父親に仕えることにとりわけ大きな関心を寄せていた」と感じたという。

大学で金正日は、高校時代の先輩、李鐘赫《リジョンヒョク》や高校からの友人、李洙墉《スヨン》のほか、崔庸健の娘ら高級幹部の子女との交友関係を保った。

鐘赫は、忠清南道《チュンチョンナムド》（現韓国）出身の著名作家、李箕永《ギヨン》の息子で、後の朝鮮アジア太平洋平和委副委員長。洙墉は「金正日の金庫番」と呼ばれる側近となり、金正恩政権でも外交を統括するポストを得る。

鐘赫には、李平《ピョン》という兄がいた。李平には、ソウル出身の美しい若妻がいた。後に正日と同居し、長男の金正男《キムジョンナム》を生むことになる成蕙琳《ソンヘリム》だ。

正日は、高校時代から鐘赫の家に出入りした。しばしばオートバイにまたがり、けたたましく、李箕永家のある通りに入ってきた。そこで、正日は親友の兄嫁である4歳年上の人妻を驚きの目で眺めた。

蕙琳や母とともにソウルから来た姉の成蕙琅《ヘラン》は『北朝鮮はるかなり　金正日官邸で暮らした20年』で、妹の容姿を「すらりとした背丈、なだらかな肩、ととのった鼻筋は柔らかく端正な唇」と描き、「北朝鮮ではどこにも見当たらない非社会主義的な優雅な若妻」だったと記す。

「伏し目がちな表情。正日が盗み見した襟足の無造作に束ねた自然な髪、その下の素肌はなんと豊かな若さと女性の可能性をたたえていたことだろう」

食卓の片隅で妹に見とれる正日の姿を、蕙琅は何度か目撃する。妹は「眉間には影がさしたかのようにかすかに哀愁が漂い、貞淑さと優しさは穏やかな気品をたたえていた」ともいう。

粗野なことが革命的でよしとされる北朝鮮社会では、蕙琳のような魅力は軽蔑もされたが、自由奔放に育ち、外国映画の薫陶を受けた正日は、その魅力が分かっていた。また、4歳年上の蕙琳の女性としての豊かさに、忘れかけていた母性への郷愁を覚えたのかもしれない。

正日は大人の女性に目覚めた。ロシア在住の元同窓生によると、大学に入ってから正日は、高校時代の同級生の女性2人と付き合ったこともあったが、長続きはしなかったとされる。

金日成総合大のロシア語教授を60～62年に務め、現在はハバロフスクに暮らす宋熙淵《ソンヒヨン》は、こう振り返る。

「金正日は1年のときから友人らを伴って、うちの娘（当時ロシア語科1年）のもとを訪ねてきては、ウオツカを飲み、ディスコ調のダンスを教えてもらっていた」。大学では禁じられていたことだ。

当時、若者らは、新しい祖国建設に燃えていた。50年代に大学に通った成蕙琅によると、朝鮮戦争後の復旧建設は大学生らが〝主戦力〟を担った。蕙琅在学中の金日成総合大生は、西平壌競技場建設を任された。建設現場にクレーンや運搬機材はなく、ほとんど手作業で工事が進められた。

「私は体重40キロほどの貧弱な体だった。60キロもあるセメント袋を背中に載せると足がブルブルと震えた」（蕙琅）

重労働を強いられながら、「思想闘争」では、互いを攻撃し合った。蕙琅のように「南朝鮮」出身者は格好のいじめの標的となった。

会議の場で、皆の前に立たされ、「あのトンム（同志）はヤンキー式生活にあこがれている。牛乳をのみ、間食が多い」「過去の裕福階層の生活習慣がのこっており、小ブルジョア的なソウル女性の標本だ」と批判された。

一方で、〝ブルジョア〟的奔放生活を送る金正日が非難されることはなかった。

大学2年のとき、同期生の1人に「君は、君の父の靴底にもなれないよ。君は父の七光のおかげで存在しているという事実を肝に銘じたまえ」と忠告されたことがある。

自由な気風を残す大学にあっても、学内で「首相のご子息さま」と呼ばれた存在を罵倒することは、起きてはならない「一大事件」だった。

同期生は、正日と同じ経済学部で学生らを統率する「朝鮮民主青年同盟」の学生書記だったが、即、退学処分となり、その後、行方が知れることはなかった。

北朝鮮編纂の『金正日伝記』に、金正日は大学時代「模範的な学生」だったと書かれている。父と叔父の金英柱の厳しい監視下で、表向きは、真面目な学生を演じていたようだ。

大学1年のときには「1万ページ読書運動」を提唱する。ある日、正日は『金日成選集』などをぎっしり詰めた段ボールをいくつも車に積み込み、寄宿舎を訪ねた。学生らと向かい合って座ると、こう主張した。

「(金日成) 首相の著作を基本に年間1万ページの本を読む目標で、読書運動を強力に展開するのがよいと思います。大学在学中に首相の革命思想を体系的に深く体得できるはずです」

父の〝絶対視〟化をキャンパスに持ち込んだのだ。

読書運動は全校へ波及していく。正日は「首領（日成）の革命思想胸に刻み」という歌い出しで始まる「1万ページ読書運動の歌」の創作まで提案し、自ら指揮したともいわれる。

こうした積極姿勢が認められたのか、1年修了時の61年7月22日、党に加入する。

北朝鮮では、出世の第一関門は党員資格を得ることだ。一般に長い観察期間を経て予備党員になり、さらに1年以上の観察期間後に正式党員になるが、「首相のご子息さま」が党の規約に拘束される必要はなかった。

当時、党側大学トップの責任書記だった朴寿東《パクスドン》は、大学経営より、正日の扱いに全神経を注いだ。姉も官邸の料理長として正日に接する機会が多く、姉弟で尽くした。そのかいあって、朴は後に、英柱が部長を務め、党人事を握る組織指導部副部長に抜擢される。

軍事訓練をサボって映画三昧

金正日は、金日成総合大学の寮を利用せずに首相官邸から直接、大学に通った。在学生は全員、寮で生活するのが校則だったが、正日は特別扱いだった。

大学では、正日の生活と勉学を専門に担う教授を指定し、正日が学ぶ主要科目には、その分野の最高権威を選び、官邸に出向いて個別授業を行うことにした。「党闘争史」は張成沢の兄、張成燁《チャンソンヨプ》、経済学は科学院（後の国家科学院）傘下の経済学研究所所長の金洸鎮《キムグァンジン》、「朝鮮革命史」は同大歴史学部長の朴時亨《パクシヒョン》、語学は科学院傘下の語文学研究所所長の金秉済《ビョンジェ》がそれぞれ受け持った。

私生活では、金正日は自由奔放そのものだった。大学でロシア語を教えた宋熙淵は「正日は父からもらったホー・チ・ミンの顔が文字盤に描かれたロレックスの腕時計をはめ、オートバイで平壌市内を疾走し、酒を浴びるほど飲むなど、青春を満喫していた」と振り返る。腕時計はベトナム建国の父、ホー・チ・ミンが金日成に贈ったものだ。

誰も制御できない息子の振る舞いを気にしてか、日成は弟の金英柱に息子の生活を監視するように頼んだ。総理になる姜成山の娘婿でその後、韓国に亡命する康明道によると、監視役の叔父の前で、正日は「猫の前のネズミのようだった」という。

正日が大学進学する1960年9月、英柱は朝鮮労働党幹部の人事や生殺与奪権を一手に握る組織指導部長に就任した。権力内部では、英柱が後継者になるのではないかと、ささやかれもした。

男子一般が平均10年以上、軍隊で服役しなければならない北朝鮮にあって、正日には軍歴といえるものがない。大学2年が終わる62年8月下旬から10月初旬の短期間、平壌北東部、竜城《リョンソン》区域の御恩《オウン》洞《ドン》で軍事訓練を受ける。訓練は大学生の必須科目だった。

ある日、英柱は「正日がほとんど訓練所にいない」という報告を受けた。日成の耳に入ったら大変なことになると危惧した英柱は、周囲の者に急いで居場所を突き止めるよう命じた。

当の金正日は「中央映画普及所」に入り浸り、映画三昧の時間を過ごしていた。普及所に行けば、いくらでも海外映画を堪能することができたのだ。

当時の普及所職員の娘でモスクワ在住のキム・ニリアは「母は家に戻ると、『今日も首相の息子がきたのよ』と言っていたわ。彼は、ほぼ毎日、普及所に来ていた」と語る。最初、普及所の職員らは「何本か見たら飽きるだろう」と高をくくっていたが、昼も夜も関係なく、映写室に閉じこもるようになったため、正日専用に特別映写室をしつらえたほどだったという。

正日は北朝鮮の現実とは全く違う銀幕の世界にのめり込んだ。

金英柱は訓練をサボったおいを探しだし、自分の事務室に連れてきて殴り付けた。「訓練を全うする」との約束を取り付けてから訓練所に引き戻した。

北朝鮮の文献によれば、御恩洞で正日は「軍事知識と指揮能力を身に付けられるように（同級生らを）指導された」とされ、「若いときの苦労は金で買ってでもするようにいわれるが、金にも勝る青春時代をささげ求めるべきものが兵士の生活だ」とうそぶいたという。

御恩洞には、正日の「軍経歴」を証明する事跡館まで建てられたが、実際には、40日間程度の訓練すら務まらなかったのだ。

脱北した元高官、申敬完の手記『傍らで見た金正日』によると、政権指導部の党中央政治局メンバーらが正日の大学教育について話し合うため、定期的に会合を持ったという。下馬評で後継者の有力候補といわれた英柱自身を含め、いつかは正日が後継者になると考えていた証左でもある。

北朝鮮編纂の『人民の指導者　金正日書記』には、「大学時代、金正日書記はしばしば、現地指導に赴く金日成主席に随行して全国津々浦々を訪ねた」と記されている。父のかつての戦友らも党・政・軍の主要会議に正日を連れ回した。大学2年のときから、日成は党中央政治局会議にオブザーバーとして正日を参席させ、政策討論の現場を実体験させることもあった。

金正日が大学に入った頃の北朝鮮は、国家建設の熱気に包まれていた。表面上、全てがうまくいっているように見えたが、社会は少しずつ硬直し始める。

金日成は社会全体を改造しようとした。58年に始まった「千里馬《チョンリマ》作業班運動」は、国民に1日千里（朝鮮半島では約400キロ）を走る馬の勢いで働き、思想を改造することを要求した。

正日本人も周囲の期待を気にしていたようだ。この「千里馬運動」で頭角を現そうとした。『人民の指導者　金正日書記』は、こんな逸話も挙げている。

ある日の夜、日成は息子に、難所とされた蓮池洞《ヨンジ》―竜城間の道路拡張工事をどの機関に任すべきかと尋ねた。すると、正日は「青春時代を悔いなく過ごしたいので、その困難な課題は、私たちの大学に任せてほしい」と答えた。

正日の張り切った姿については、こう記された。

《上衣を脱ぎ捨て一日中ハンマーを振るい、天秤棒《てんびん》がたわむほどに土を盛ったモッコを担いだ。それでも気が済まず、作業3日目からは3人2組のモッコ担ぎを提案した》

3人でモッコ2つを担ぎ、4人分の仕事をこなそうというのだ。能率が上がるはずもないが、正日は「天秤棒を一度も肩から下ろそうとしなかった」と描かれた。

正日は、はれ上がった肩の痛さに寝付けず、明け方、うとうとしたところ、枕元に立つ父を見て起き上がり、次のような会話を交わしたという。

日成「どうだ、骨が折れるだろう」

正日「大丈夫です」

日成「若い頃の苦労は黄金にも替え難いものだ。今度の機会に思い切って体験してみるのも悪くないだろう」

逸話は誇張もあるだろうが、父には全く頭が上がらない息子の様子がにじむ。

「首相のご子息さま」と呼ばれた正日は、大学総長の人事を左右することもあった。大学には、総長をトップとする行政組織と、党責任書記の朴寿東をトップとする党委員会があった。党組織としては、教員党委員会と学生党委員会があったが、正日は学生組織だけでなく、党委員会全般の運営にも口を挟んだ。

正日の一挙手一投足を日成に報告する当時の総長を正日は毛嫌いしていた。そこで、日成の書記室から新総長に送り込まれたのが黄長燁だ。後になって「この人事は、学生だった正日の推薦によるものだと分かった」と黄は回顧録で明らかにした。

23歳で大臣を指導する立場に

大学卒業直後の1964年4月から5月にかけ、金正日は、黄海南道《ファンヘナムド》や黄海北《プク》道、平安南道、慈江道の各市・郡を訪ね歩き、6月19日、政権中枢である朝鮮労働党中央委員会に初出勤する。北朝鮮では、この日を正日の「党事業開始日」として記念する。

北朝鮮編纂の『金正日伝』は、事業開始日のやり取りをこう記している。

《ドアをノックして人民武力部門に務める革命闘士が執務室に入ってきた。彼は「正日トンム（同志）が党中央委員会で活動することになり、全ての抗日革命闘士が喜んでいる」と述べた》

正日はこう答えた。

「（朝鮮）人民軍が担っている重大な使命を忘れず、ひたすら党と呼吸をともにし、党に忠実に従ってほしい。党は常に人民軍を固く信じており、強力な軍隊があるがゆえに、党と人民は安心している」

出勤初日に本当にこんな会話が交わされたかは別にして、金日成と抗日戦をともにした戦友ら、つまり軍人グループが正日の党中央勤務を喜んだことを印象付ける逸話だ。

正日はまず、叔父の金英柱が部長を務める党中央の組織指導部で働くことになった。『傍らで見た金正日』で、申敬完は「彼は最初、内閣部門を担当する指導員に就いた。23歳の正日は一躍、内閣傘下機構の党委員会書記や大臣、副大臣クラスを相手に、彼らを指導する立場になった」と指摘する。

指導員は、課長より下の職級だが、国家指導者の息子である正日にとって問題ではなかった。正日は通常、党部長級が随行する日成の現地指導や長期出張にしばしば同行するようになり、指導員数人を引き連れて中央各部門を視察に訪れたりもした。

ときの首相は日成、第1副首相は金一だった。1年後、正日は金一の内閣参事室の仕事に就き、後継者修業を積み始める。まさにそのとき、党中央内部で後継者問題をめぐり、派閥闘争が巻き起こった。

66年に金日成は「経済と国防の並進路線」を打ち出すが、朴金喆《パククムチョル》を中心とした「甲山《カプサン》派」は「軍事優先の重工業政策よりも人民経済の優先」を要求し、反対の立場を表明した。

金喆は、北東部、咸鏡南道（現在は両江道）甲山郡出身。彼らのグループを「甲山派」と呼ぶのはここからきている。金喆は37年に中朝国境近くの駐在所などを襲撃した普天堡戦闘で案内役を派遣するなど、日成に協力した。翌年には、日本の警察に逮捕され、無期懲役刑に処されるが、終戦時に釈放され、日成の下で要職に就いた。

政権樹立後、甲山派は、中国共産党寄りの「延安派」や「ソ連派」に対する日成による粛清に手を貸した。このことからも、政権内での甲山派の力は、日成も無視できなかった。

66年10月、第2次党代表者会議の最終日に開かれた第4期14回会議で、日成は、甲山派を牽制するための組織改編を公表し、党中央委員会に新設される書記局の組織担当書記兼政治委員会候補委員に金英柱を指名した。日成の弟が名実共に日成に次ぐ権力者に浮上したのだ。

甲山派は、これに強く反発した。英柱が文字通り党組織を統べる組織担当書記に就けば、組織担当の副首相である金喆の職責が、看板だけの存在として骨抜きにされかねないからだ。「われわれが吹雪の中で、凍り付いたジャガイモをかじりながら、抗日闘争を繰り広げていたとき、金英柱は何をしたのだ」と甲山派は不満をあらわにした。「経歴に疑わしい点の多い金英柱を後継者として認めるわけにはいかない」とも主張し、露骨に弟を重用しようとする日成に反対を示した。

金正日の存在は当時、甲山派の眼中にはなかった。正日を後継者にしようとする表立った動きは、まだない時期だったからだ。

金英柱は、3人兄弟の末っ子だった。16年生まれの次男、金哲柱《キムチョルジュ》は10代半ばに抗日パルチザン部隊に参加し、35年に戦死した。20年生まれの英柱は、両親を早くに亡くし、万景台の祖父母の家で少年時代を過ごした。

抗日武装闘争に身を投じていた長兄の金日成には、弟の面倒をみる余裕などなかった。

英柱は38年秋に日本の官憲に逮捕される。前年に起きた普天堡駐在所襲撃事件の首謀者が「金日成」を名乗り、英柱の兄であることを警察がつかんだからだ。

日成の秘書室長を務めた高鳳基《コボンギ》の証言によれば、逮捕後、英柱は、警察の脅しと懐柔に耐え切れず、転向を表明する文章を新聞に発表したともいう。

41年には、旧ソ連に渡る。ソ連の訓練キャンプに身を寄せていた兄の斡旋《あっせん》によるものだったのだろう。英柱は、モスクワ大学の政治経済学部に通い、ソ連共産党高級党学校で学んだ後、53年末に帰国した。

同時期にモスクワ大に留学した黄長燁は、こう回顧する。「当時、(ソ連への)留学生の党組織は、英柱が責任者だった。英柱は人もよかったが、経験豊富で、私は彼を尊敬していた」

朝鮮戦争勃発直後には、金正日兄妹が中国吉林に疎開するのを見届けたが、一時帰国時のことだったとみられる。

帰国後は、組織指導部の指導員として政治の世界に足を踏み入れ、57年には同部課長、60年には部長と、瞬く間に権力の階段を駆け上がる。当時、「周りは皆、金英柱が日成の権力を受け継ぐものと思っていた」(黄)という。

一方、金正日は66年10月、組織指導部中央機関指導課の責任指導員に昇進していた。金日成を除く、中央機関のいかなる幹部も任意に取り調べることができるポジションだ。

当時の権力序列は、日成、朴金喆、崔庸健、金一の順だったが、甲山派は、金喆を次世代の指導者に擁立しようと画策した。

この動きに同調したのは、対南担当書記の李孝淳《リヒョスン》▽宣伝担当書記兼宣伝扇動部長、金道満《ドマン》▽副首相、高赫《ヒョク》▽国際部長、朴容国《ヨングク》▽科学教育部長、許錫宣《ホソクホン》――たちだ。宣伝部門を統括する道満は、金喆を美化した「一片丹心」と題する映画を制作し、指導者の一角として金喆を押し立てようとした。

金喆の主張に賛同する動きに、日成はすぐさま反応した。67年5月、党中央委員会第4期15回会議を招集する。会議は外部に公開せず、秘密裏に行われた。金喆一派を粛清するため、入念に準備を整えたうえで開かれた場だった。

先頭に立ったのは、金英柱と正日だ。甲山派との権力闘争を号砲に、後継者の地位をめぐって、2人は日成への忠誠競争を始めることとなる。

「正日流」文化大革命の嵐

「甲山派」粛清を決定した1967年5月の朝鮮労働党中央委員会4期15回全体会議は、北朝鮮体制が金日成「唯一体系」へ変質していく出発点となる。「唯一体系」という言葉が初めて登場し、日成を「首領」と呼ぶようになる。

粛清で中心を担ったのは体系上、党組織指導部だったが、実質的に指揮したのは26歳の金正日だった。同部中央指導課中央機関担当責任指導員の立場から標的を絞って任意で調査し、結果を日成に直接報告する。最高位幹部の誰を取り調べ、どう処理するかを決める権限を握っていた。

「おべっかの基本は、へつらうべき相手の『敵』を人為的にでも創り出し、『敵』を攻撃することから始まる。正日はその方法を使った」。理論書記として日成の演説文を書いた黄長燁はこう説明する。

自分が一番忠実だと見せ付けるため、正日は、日成の側近らの中で目を付けておいた人物に「忠実でない」とのレッテルを貼り、思想や無能さを口実に容赦なく攻撃し、排除していったという。

「正日は既に政治的影響力を行使していた。叔父の金英柱を含め、除去しようとしているかのような印象を受けた」(黄)

金正日は、父に忠実な呉振宇に、朴金喆を筆頭にした甲山派を打倒する先鋒に立つよう頼んだ。全体会議で司会を務めたのは、最高人民会議常任委員会委員長の崔庸健だった。崔はこう切り出した。

「これから朴金喆トンム(同志)に対する批判を始めたいと思います。討論したい同志はいませんか」

呉がすかさず立ち上がった。「党の唯一思想体系がしっかり確立されていないから、金日成同志の教示と政策が思うように執行できないでいます。朴金喆同志らが責任を負わなければなりません」

呉は朝鮮人民軍総政治局長に就いたばかりだった。

怒った金喆はこう言い返した。「君は、誰を頼りにそんなことをいうのか」

金日成が口を開いた。「呉振宇トンムは党を頼りにしています。呉トンムは抗日武装闘争に参加したパルチザン出身だ。批判する資格がないというのか」

金一や外相の朴成哲《パクソンチョル》、3月まで軍総政治局長だった許鳳学《ホボンハク》、金英柱らが続けざまに批判に立った。

「朴金喆トンムは、日本警察に逮捕され、同僚たちを密告した裏切り者です。裏切り者の彼を、党と首領さまは寛大にも抱きしめたのに、宗派をつくり、党内の団結を破壊しようとしました。彼の反党的な行動は到底、許せません」

故郷に豪邸を建て、映画で自分の妻を偉大な革命家と宣伝し、碑石まで建てた。地位を利用し、地方トップに自身の側近を据えた――と批判が途切れないなか、会場からは「朴金喆を引きずり出せ」「反党宗派分子、朴金喆を処断せよ」といった声が上がった。

「朴金喆トンムは（戦前ソウルにあった）西大門《ソデムン》刑務所にいたが、（無事に）歩いて出てきた」。日成はこう切り出し、決定打となる一言を言い放つ。

「（同じ罪で逮捕された）朴達《タル》トンムは拷問を受け、両脚で歩けなくなったではないか。金喆トンムが裏切り者であることに間違いない」

金喆と、彼を支持した党書記、李孝淳は地方の農機作業所に追いやられて労働者に転落し、その後すぐに収容所に送られた。同調者らも同じ運命に遭う。

甲山派に対する粛清は2年間続いた。摘発は地方の隅々までおよび、地方の中堅幹部職の3分の2が空席になるほど、範囲を広げていった。

当時、平壌の外国語革命学院に通い、外交官だった91年に韓国に亡命した高英煥《コヨンファン》は「学院時代一番印象に残ったのは67年の『反宗派闘争』(甲山派粛清)だった」と手記に書いている。

外交官を養成する同校には最高位幹部の子女が多く通っていた。彼らの多くも無事ではいられなかった。「授業中に先生が教室に来て学生を名指しし、連れ出すと、その日から、その学生は行方不明になった。ほぼ3カ月間続けてクラスメートが消えていった」

朴金喆事件の処理が一段落した後の9月、金正日は、党宣伝扇動部文化芸術指導課長に就任した。

連座して粛清された金道満に替わり、同部長に就いたのは、重鎮の金策の息子、金国泰だったが、健康がすぐれず、多くの時間を病院で過ごした。宣伝担当党書記の楊亨燮《ヤンヒョンソプ》も主に教育や科学部門に当たり、正日の顔色もうかがう小心者だったため、宣伝扇動部は事実上、課長の正日に牛耳られた。

北朝鮮政治は、車の両輪として組織指導部と宣伝扇動部が動かしているといえる。正日と組織指導部長の金英柱が宿命的にライバル関係になり、どちらが金日成への個人崇拝を徹底できるか競い合うようになる。

67年は北朝鮮が国家運営の方向を「左」へとかじを切った時期でもある。左派陣営の中、ソ連の「右傾修正主義」と、中国の「左傾冒険主義」に反対し、中立の立場を取るように見せかけながらも、金正日は多くの面で、中国の文化大革命を模倣し始める。

中国で流行していた毛沢東バッジにならうかのように「金日成バッジ」が登場したのはこの年だ。

６月20日、正日は宣伝扇動部幹部を集め、「反党反革命分子の思想的毒素を一掃し、党の唯一思想体系を確立することについて」と題した演説を行った。「首領以外に誰も知らないという確固たる信念で、思想や行動を統一しなければならない」と、金日成の思想以外を排除しようとする姿勢を示したのだ。

文革の嵐が吹き荒れ始めた中国では、「紅衛兵」と呼ばれる若者らが「全てを打倒せよ！」とのスローガンを掲げ、寺院や古美術品を壊し、古書を焼き払っていった。文革の影響は不明だが、正日指揮の下、北朝鮮も同様の大狂乱に包まれる。

当時14歳だった高英煥によると、８月ごろ、集合するよう指示され、校庭に集まると、本や音楽テープがうずたかく積まれていた。幹部が声を張り上げた。

「これらテープや本には修正主義、ブルジョア思想が記録されている。いまから燃やしてこの世からほうむってしまう！」。そう告げながら点火したという。海外で出版された辞典や絵画の本、小説などだった。

《その場で、何人かの女学生は泣いていた。数万冊にのぼる英・仏・スペイン語、アラブ語などの教科書や小説、録音テープは翌朝まで火に焼かれていた』（高英煥著『平壌25時―北朝鮮亡命高官の告白』）

各家庭が所蔵する文学や哲学、歴史書籍に加え、レコードなどもことごとく押収され、焼却された。「図書整理事業」と正日が称した焚書《ふんしょ》の〝狂乱の舞い〟は74年まで続く。

映画で父の世代に取り入る

朴金喆を中心にした甲山派粛清後も、粛清前に朝鮮労働党宣伝扇動部長だった金道満が、金喆の夫婦愛をテーマに作った映画「一片丹心」の影響はすぐには消えなかった。金喆に追従する勢力は、文化芸術分野に多く布陣していたからだ。１９６０年代の北朝鮮では、映画が絶大な人気を誇っていた。

67年9月、金日成は「金喆、道満の反党的余毒を清算するため」の党中央拡大政治委員会を平壌芸術映画撮影所で招集した。政治委員会を現場で開くのは異例だ。宣伝扇動部門の掌握を狙う金正日が仕組んだとみられる。

当時、宣伝扇動部にいた申敬完によると、日成は会議冒頭、「一片丹心」を痛烈に批判した後でこう問い立てた。「同志たち、映画を党の革命的芸術に発展させなければならないのだが、誰か対策はあるか」

正日がすっと手を挙げた。「私が責任を持ってやってみようと思います」

少年時代から映画に一家言を持つ正日の自薦に異議を唱える者はなかった。父に能力を認められたい正日にとって大きなチャンスでもあった。会議で、正日は宣伝扇動部文化芸術指導課長に正式に指名される。

金正日が最初に始めた仕事は「思想検閲」だった。約１カ月間、作家や演出家、俳優をはじめ、スタッフ全員に昼夜を問わず、「思想闘争」を行うよう指示した。それは皆の面前で一人一人が「自分の過ち」を反省すると同時に同僚らを批判することを指した。

思想的に問題があるとみなされ、皆の前に引き出されることを「批判台に立つ」と表現された。

当時の撮影所の雰囲気について、女優の成蕙琳の姉、成蕙琅が『北朝鮮はるかなり 金正日官邸で暮らした20年』に記している。

蕙琳は多くの映画で主役を務めた中堅の女優だが、父は現在の韓国の元地主で「出身成分がよくない」として、いつも「批判台」に立たされた。

「蕙琳と（母親が日本人の）崔部実《チェブシル》がいなければ、批判大会（思想闘争）が成立しないといわれるほどだった」（蕙琅）

しかし、ひとたび、正日が蕙琳に関心を持っていることを周囲が察知するや、蕙琳は「功勲俳優」の称号を受け、海外の映画祭にも派遣されるようになる。

正日は、得意な映画を使った父の偶像化に熱を上げた。金日成から党の要職を任された叔父の金英柱以上に父の信頼を得るため、一日も早く成果を出す必要があった。正日は芸術部門に「速度戦」を導入した。

正日は「作家や芸術家たちは、最短の時間に、党と首領（日成）が求める最高水準の作品をつくらなければならない」と要求した。「抗日遊撃隊の闘争と生活を内容にした作品のみ、革命的な大作になれる」と述べたとも伝えられる。

金正日は68年4月、抗日パルチザン部隊の苦難に満ちた時代を映画化する作業に着手する。最初に本腰を入れたのは「血の海」という作品だ。脚本作りから音楽、俳優の選定まで全てに関わった。

「血の海」は、30年代に金日成が抗日ゲリラ戦を繰り広げた旧東満州の山あいの村が舞台。パルチザン隊員をかくまい、日本人巡査に息子を殺されたある母親の村が日本軍に襲撃され、血の海に染められる。最終的に革命活動に身を投じる母親の姿を描いたものだ。

日成と戦友らにとって思い入れは深い。もともと、日成が30年代に抗日部隊への参加を募るために作った15分間程度の芝居だった。

北朝鮮編纂の『金正日伝』によれば、正日の母、金正淑も当時、一家の娘役を演じ、彼女の悲痛な歌声に「観客らが敵への憎悪を燃え立たせ、入隊を志願したことがいまも目に浮かぶ」と日成が正日に話して聞かせたとされる。それを正日が映画化した。

「血の海」が初上映されたのは69年12月。康明道の『北朝鮮の最高機密』には、当時の様子が次のように記されている。

「2千席規模の平壌大劇場に集まった金日成、金一、呉振宇、崔庸健ら革命第一世代は滂沱《ぼうだ》の涙を流した。困難を乗り越え、青春をささげて戦ったころを生々しく」描き出したからだ。日成は上映後に立ち上がると、独特のジェスチャーを交えながら息子に惜しみない拍手を送ったという。

映画の成功は、正日に対するパルチザン世代の信頼を高める結果をもたらした。正日は、「ある自衛団員の運命」「花を売る乙女」「密林よ語れ」といった映画作品を立て続けに制作した。

金正日の指導で制作され、北朝鮮が「五大名作」とする映画

制作年	タイトル	ストーリー
1968年	「遊撃隊の五兄弟」	5兄弟が抗日遊撃隊員へ成長する過程を描く
69年	「血の海」	夫と子供を日本軍警に殺された母が革命活動に目覚める
70年	「ある自衛団員の運命」	日本軍の手先だった青年が転向して抗日武装闘争に立ち上がる
72年	「花を売る乙女」	地主の搾取に苦しむ少女の運命を通して革命の必然性を訴える
72年	「密林よ語れ」	区長という身分から抗日部隊を助ける地下工作員の活躍を描く

それを裏で支えたのは、68年制作の「遊撃隊の五兄弟」のシナリオを手掛けた崔益奎《チェイクキュ》と、白仁俊《ペクインジュン》だった。北朝鮮が最高傑作とする「花を売る乙女」も原作は日成とされるが、シナリオは白が書いた。

「花を売る乙女」は、地主の搾取で苦しい生活を強いられる一家を中心に描かれる。主人公のコップニは、病気の母の薬代を稼ぐために花を売る少女だ。

金正日がこの映画にどれだけ入れ込んでいたかを物語る逸話が残る。コップニ役を探すため、撮影所の女優だけでなく、地方の芸術団体の女性らの写真ほぼ全てに目を通し、面接もしたが、満足のいく女性は見つからなかった。

白仁俊と地方のコンクールにも足を運び、北部、慈江道でようやく一人の少女に行き当たる。悲しい表情の裏に芯の強さを感じさせる顔立ち。純朴でありながら清楚《せいそ》な雰囲気は、正日がイメージした主人公そのものだった。当時14歳で、名前は洪英姫《ホンヨンヒ》。後に一ウォン紙幣の「顔」にもなる。

申敬完はこう語る。「全ての役は正日が決めた。主題歌の歌い手を選ぶため、歌劇団の代表歌手5、6人を呼んで順番に歌わせた。厳かな雰囲気から宗教行事を行っているようだった。歌を聴き、満足いかない部分も細かく指摘した」

在日本朝鮮人総連合会（朝鮮総連）の資金援助で、映画設備を大量購入し、撮影所も大幅に拡張。映画制作について学ばせるため、演出家や俳優をソ連に送る一方、彼らの待遇を改善した。文化芸術家たち専用の商店を設け、俳優や監督、音楽家らスタッフに外国製の時計やテレビ、海外ブランドの衣服や食品を贈った。

正日はプレゼント攻勢で側近らの忠誠心を買っていったが、撮影所スタッフらに対し、既にこの人心掌握術を駆使していたのだ。正日は、撮影所に常駐しながら、彼らの士気を高めるため、映画芸術人体育大会を開催し、「映画《ヨンファ》」という名のサッカーチームまで結成させた。

このころから、文化芸術部門の従事者らの間では、正日を「英明な指導者」「親愛なる指導者」と呼ぶようになる。

スター女優と「略奪愛」

　１９６７年に映画部門を担当するようになってから、金正日は美しい女優たちと過ごす時間が多くなった。平壌の「朝鮮芸術映画撮影所」には、北朝鮮全土からえりすぐりの美女が集まっていた。正日が高校時代に驚きの目で盗み見した親友の兄嫁、成蕙琳もその中にいた。蕙琳は当時、30歳。11歳の娘がいたが、飾り気のない彼女には、独特な雰囲気が漂っていたようだ。「髪の毛は後に束ね、頭の上に上げて大きなピンを刺し、雄鶏の尻尾のように毛の先がぴらぴらと揺れていた」（成蕙琅著『北朝鮮はるかなり　金正日官邸で過ごした20年』）

　ソウル生まれの蕙琳には、北朝鮮で好ましいとされる「荒々しい革命性」はみじんもなく、弱々しく見えた。姉の成蕙琅によれば、「いつも物陰にばかり隠れて、ものもいわなかった」。それでも周囲の目を引いた。定期的に相互批判し合う「思想総和会」では、必ず標的にされ、「批判台」に立たされた。

　成蕙琳がいじめのまっただ中に置かれていたまさにそのとき、芸術部門を統括する金正日が撮影所に現れた。高校時代に見とれた若妻に再会した瞬間の正日の反応を確かめる記録はないが、２人は急速に親しくなったという。

　成蕙琅は手記にこう記す。「もし彼らが市井のカップルだったら、仲むつまじく、面白く生きていったことだろう。彼らは同質の感性、芸術的なセンス、機知によって、手のひらを合わせたようにぴったりと息の合った共通の感覚で楽しく暮らせる友達のようだった」

2人がいつから同棲《どうせい》を始めたかは、蕙琅も知らなかったという。ただ、68年に入ってからは、周囲が察知するほどに深い仲になっていた。

正日より4歳年上の蕙琳は37年1月、現在のソウル市鍾路《チョンノ》区桂洞《ケドン》に生まれ、3歳で同城東《ソンドン》区の往十里《ワンシムニ》に移り住む。

父、成有慶《ソンユギョン》は、指折りの両班《ヤンバン》（特権階級）家系の末裔《まつえい》で元大地主。母、金源珠《キムウォンジュ》は、当時の女性としては珍しく、日本に留学したことのある知識人だったが、両親ともに結婚前から左翼思想に傾倒していた。2人は45年12月、後の南朝鮮労働党（南労党）組織に加入し、先祖代々受け継いできた広大な土地を全て小作人に分け与えた。

献身的な党員となり、自宅を南労党幹部の隠れ家としても提供した。北朝鮮に入り、副首相兼外相となる朴憲永や金日成総合大学総長になる許憲《ホホン》ら大物たちが自宅に出入りした。日本共産党第1書記となる野坂参三も終戦後に中国・延安から帰国する途中、泊まったことがあるという。

成蕙琳は朝鮮戦争勃発後の50年9月、母に連れられ、北朝鮮に渡る。ソウルの豊門《プンムン》女子中学校に在学していたが、北朝鮮では、平壌第3女子中学校に通うことになる。

中学時代、「蕙琳は道行く人が足を止めて振り返るほど、ずば抜けた美貌と、すらりとした体つきの少女だった」（成蕙琅）。

卒業後は、金日成総合大学予備科にしばらく通った後、新設の平壌芸術学校に転校。卒業と同時に、金正日の親友、李鐘赫の兄で、作家の李箕永を父に持つ李平と結婚した。まだ18歳のころだ。

蕙琳母娘と同じように南から北朝鮮に渡った箕永は「朝鮮のゴーリキー（社会主義リアリズムのロシア人創始者）」と称され、文壇の重鎮として広く知られていた。

結婚翌年に蕙琳は女児を出産する。その後、教育熱心な母、金源珠の後押しもあり58年、平壌演劇映画大学に進学する。北朝鮮で既婚女性が大学に通うことは珍しかったが、娘のために「革命幹部」とされた源珠が関係部門を説得して回ったたまものだった。

蕙琳は卒業を控えた62年に劇映画「分界線の村で」に主役で出演し、典型的朝鮮女性の姿を演じてみせた「模範」と絶賛された。一躍、スターに駆け上がる。それでも、正日に目をかけられるまで、親が元地主という「政治土台」の悪さから批判が付きまとった。

正日と同棲を始めたのは69年ごろとみられる。正日が前夫から奪い取る形で一緒に暮らし始めたことは、最大の「極秘事項」だった。撮影所内では「工作員に選ばれてどこかへ行った」と説明されたが、蕙琅によると、「指導者（正日）が彼女を略奪し、同棲しているという噂がひそかに広がった」という。

ただ、蕙琅はいう。「蕙琳は『打算で正日を受け入れたのか』と尋ねられたら、私は『そうではない』と答える。２人は相性のいいカップルだった」。さらには、「蕙琳は外では引っ込み思案だが、家では機知に富んだ会話をこなし、笑い声の絶えないユーモアある女性だった」とも記している。

金正日と成蕙琳の間に長男、金正男が生まれたのは71年5月10日。「赤ちゃんが生まれた」という知らせを受け、車で待っていた正日は未明にもかかわらず、「病院中が吹き飛ぶほど」大音響のクラクションを鳴らしたという。

正日が息子をいかに溺愛していたかは、子供時代の正男の教育係でもあった成蕙琅の手記の至るところにつづられている。「(正日は)母親のように、むずかる赤ん坊をねんねこにくるみ、帯で背負って寝かせ付けようとし、泣きやむまで持ち上げたりして、なだめるように話しかけながら」付き合った。

正日のこうした家族に見せる顔と、外で見せる顔はまるで違った。後に韓国に亡命する元外交官の高英煥は、在職中に何度か正日に会ったが、笑う顔を見たことはなく、常に厳しい表情をしていたという。

「正日が部屋に入ってくると、年配の政治局委員まで腰を90度かがめ、あいさつをする。彼は『分かった』というように、首だけ少しうなずかせて部屋中をくまなく見渡すのだが、その視線に気押されてしまう」。高は手記でこう描写し、続ける。

「(正日は)あいさつする人の顔を見もせず、冷ややかな表情で、手に力を込めないで、上の空で握手する。まるで前にいる人たちは人間ではないかのように扱うのだ」

せっかちな気質だったという証言も多い。担当者が現場から報告を聞く受話器を握ったまま電文を打ち込んでいる最中でも、正日は「このまま待つから早く報告しろ」とせかしたという。高によると、正日から電話がかかってくると、その部署は蜂の巣をついたように全員が追い立てられた。

「次世代に」と長老たちを籠絡

金正日が父、金日成の後継者への階段を着々と上っているとき、もう一人の後継者候補と目された叔父の金英柱は、持病治療のため、療養所を転々とし、旧ソ連やルーマニアでも治療を受ける機会が多くなった。『傍らで見た金正日』の著者、申敬完によれば、「(英柱は)普段、なんともないのに突然、昏睡《こんすい》状態に陥ることが多かった」。自律神経失調症を患っていたとされる。

性格に角がなく、知識人タイプの英柱は、周りからの受けはよかった半面、厳しい権力闘争に耐え切れるだけのずぶとさはなかった。兄、日成から「仕事に対する意欲がない」と言われただけで、病気を装い、家に閉じこもってしまう弱さがあった。

1970年夏、金英柱は治療のため、ルーマニアへたつ。11月に開催予定の朝鮮労働党第5次大会の準備は、党組織指導部長の彼の責務だったが、3カ月間も平壌を留守にした。その間、代わって党内の実務を処理したのは、同年9月に宣伝扇動部副部長職と兼務で、組織指導部副部長に就任した金正日だった。

正日は、組織指導部第1副部長の朴寿東とコンビを組む。金日成総合大学の党委員会書記から、正日の推薦で一躍、党内業務を統括する最重要ポストに昇格した朴は、正日には、絶対的な忠誠心を示す必要があった。

無学な抗日パルチザン出身者が多い党中央委員会の中で、若く、意欲的な正日の活躍は際立ってみえた。

中央委全体会議に提出する事業総括報告書の作成は、政治的な手腕を要する作業だ。通常、党総書記の金日成が草案を作成し、それを基に専門家チームが数カ月前から討議を重ねて完成させていく。

正日の下で、党5次大会の準備を手伝った申敬完は、「正日は全ての仕事を完璧にこなした。報告書を作成する過程では、専門家から討論内容を聴取して文案を修正、補完した」と振り返る。

この大会を契機に正日の党内における立場はより強固になる。正日をそれまで「副部長同志」と呼んでいた幹部らが「指導者同志」と呼ぶようになるのもこの時期だ。

党大会が終わった後から、大劇場や映画撮影所には「親愛なる指導者同志のお言葉を実践せよ」といったスローガンが張り出されるようになる。朝鮮芸術映画撮影所党委員会は「親愛なる指導者同志」を公式の呼称にすることを満場一致で議決した。

周囲が次世代の「指導者」と見る雰囲気が形作られる中にあっても、正日は幹部らの心をつかむ努力を惜しむことはなかった。

申敬完は「（金正日は）幹部の誰それの息子が外国語を学んでいると聞くと、テープレコーダーを贈ったりした」と証言する。

ほかでもない申もプレゼントを贈られた一人だ。「金正日が宣伝扇動部門を担当していた時代、映画や報道部門で、腕時計やテレビ、冷蔵庫などを受け取ったことのない幹部はいなかった」。正月には、部内の担当者のために宴会を開き、「帰りには、キジ３羽とイノシシの肉を土産に持たせてくれた」という。

1984年に北朝鮮で刊行された伝記『時代の星』に掲載された執筆中の金正日。「親愛なる指導者、金正日同志」と記されている

８歳で実母を亡くし、継母と厳しい父の下で少年時代を過ごした金正日は、周りの機嫌を取るのを得意とした。敵とみなす人間には、容赦ない罰を与える一方、必要とする人間や身内には、相手が恐縮するほど、プレゼント攻勢を掛けた。

父の戦友だったパルチザン世代の長老たち全員の誕生日を記録にとどめておいて贈り物を届け、盛大に祝った。パルチザン世代らは、気の利く〝演出〟を心憎く思いながら、正日に心を許していった。

党5次大会を前後して、第1副首相の金一や党中央委副委員長の崔庸健、民族保衛相の崔賢ら重鎮は公の場で、金日成を前に「金英柱同志が完治できない病気を患っているなら、彼の職責は次の世代に譲るべきだ」と口にするようになる。効果はてきめんだった。

71年4月、党第5期2次大会終了後に開かれた中央委政治委員会で、後継者問題が正式議題に挙がる。席上、金英柱が正日を組織・思想担当党書記に推薦したとされる。

英柱が政権内の空気を察して、正日を推すふりをして見せたのか、兄、日成の意中を試してみるつもりで、心にもない言葉を口にしたのかは不明だが、提案は「否決」される。支持を表明した金一や崔庸健、崔賢らに対し、朝鮮人民軍総参謀長の呉振宇が態度を保留した。日成自身が「もうちょっと様子を見よう」と発言する。この場では、正日を後継者として公式に推薦する前に、まず英柱が指揮すべき業務の一部を正式に任せることで合意を得た。

その後、しばらく後継者問題は封印されるが、71年9月、金日成に衝撃を与える事件が中国で起こる。

中国共産党中央委員会主席、毛沢東の「最も親密な戦友であり、後継者」として知られていた副主席、林彪《りんぴょう》が「毛沢東を暗殺しようとして失敗、ソ連へ逃亡途中に飛行機が墜落して死亡した」という発表があったのだ。

この事件を契機に、日成は後継者問題を真剣に考えざるを得なくなる。後継者をめぐって混乱が生じることを懸念したパルチザン出身者らも、この問題を当面の最重要課題と認識し、政治委員会で幾度となく後継問題を議論する。

日成は、まだ59歳と若かったが、首の後ろにできたこぶが徐々に大きくなっていたので、健康を心配する声も上がった。

しかし、パルチザングループの中には、態度をはっきり表明しない者もいた。軍部に絶大な影響力を持つ呉振宇は、金正日の継母、金聖愛の親族とも親しくしていた。呉は、聖愛が産んだ正日の異母弟、金平一に好感を持っていた。

72年4月、還暦の祝いを済ませた後のある日、日成はパルチザングループの元老らを一堂に集めた。金一や崔庸健、崔賢、呉振宇、金英柱ら最高幹部たちだ。

日成は「同志たち、解放を迎えたのが昨日のようだが、もう30年近くが過ぎようとしている。きょうは後継者問題について意見を聞きたい」と切り出した。

「ソ連や中国を見ても（後継者問題は）対岸の火事ではない。一日も早く、対策を練ろうではないか。誰を後継者にすればいいか」

崔賢が口を開いた。「首領さま、それは当然、長孫（一家の跡継ぎの長男）でしょう。皆さん、そう思いませんか」

正日を後継者とする提案に、表立って反対の声を上げる者はいなかった。同時にまた、積極的な呼応を得たわけでもなかった。

「後継者」を見誤った韓国

1970年代初めの北朝鮮権力内部の状況や各種証言を総合してみると、金日成は、先に弟の金英柱にバトンを渡してから、徐々に長男、金正日に権力を譲っていくという構想を描いていたようだ。だが、計画は軌道修正を余儀なくされる。英柱の健康問題が原因だった。

韓国の情報機関、中央情報部（現・国家情報院）の内部記録には、大統領、朴正熙《パクチョンヒ》の密命を受け、72年5月に平壌を訪問した中央情報部長、李厚洛《イフラク》と北朝鮮首相、日成との2回にわたる秘密会談の内容が一言漏らさず記されている。2回ともに英柱の健康状態に話題が及んでいた。

5月4日深夜0時15分から金日成の首相官邸で行われた1回目の会談で、李厚洛は、朝鮮労働党組織指導部長として、南北秘密接触でも北朝鮮側責任者を務めた金英柱のソウル答訪を強く求めた。

日成「いま、組織部長（英柱）は病気です。この度は、私が『お前（英柱）が会わないとダメだ』と言ったから会談に出ました。過労もあり、治療中です。半日しか仕事をできません。嘘ではありませんよ。緊張すると、仕事ができないのです」

会談には、英柱も同席していた。ただ、口を挟んだ形跡は見当たらない。

李「半日だけでも構いません」

日成「病名が自律神経失調症といったかな。病気中にもかかわらず、私が言ったから、党の命令だから、今回、李部長に会うことにしました。（ソウルに）行くのは、病気が治ってからにしましょう」

それでも、英柱を派遣してほしいと粘る李をよそに、日成は話題を変えてしまう。同じ日の午後1時から始まった2回目の会談でも李は、英柱をソウルに送ってほしいと詰め寄った。

李「1日でも構いませんので、金英柱部長を送ってください。朴大統領にも金英柱部長が来ると申し上げています」

日成「朴大統領も理解するでしょう。ほかならぬ『神経病』（精神疾患）ですから……」

李はなおも食い下がる。

李「来て何もおっしゃらなくても結構です。1日でも来てもらえば、行き来する習慣がつくられ……」

日成「他の理由は全くありません。ただ、病気だからです。医者たちも心配しています。だから、事業（仕事）をやらないのではなく、できないのです。今回は難しい」

真意を測りかねた李は、健康状態を探るつもりで、当日夜に北朝鮮側が催した宴会で、英柱に執拗に酒を勧めた。現場にいた韓国の赤十字社責任者、鄭洪鎮《チョンホンジン》によると、酒を口にした英柱はその場で卒倒し、昏睡状態に陥ったという。

会談を通じて韓国側は、金英柱の病状を知ることになるが、北朝鮮の政権内部で何が起こっているかを正確に理解できずにいた。１２００㌻に及ぶ会談記録に、金正日に関する言及は全くなかった。

会談で韓国側実務を担当した鄭洪鎮は、次のように証言する。

「われわれは、収集可能な情報を全て集め分析し、金日成に次ぐ実力者は、金英柱だとの結論に達した。われわれは、交渉相手として金英柱を出してほしいと要求し、北側もそれを受け入れた」

実力者を会談に引き出そうとして英柱を指名した韓国側には、北朝鮮の政策決定に影響力を行使していたのが英柱ではなく、正日だという事実を知るよしもなかった。

英柱が南北会談にわずらわされていた最中、正日は党組織の掌握に邁進《まいしん》していた。72年7月に南北共同声明が発表されるまでに進展した高官級会談を尻目に、正日は6月、北部、両江道恵山《ヘサン》市を訪れていた。

日本側を襲撃した「普天堡戦闘勝利35周年」記念行事を主催したのだ。わざわざ、平壌から遠く離れた恵山の行事に出席し、大々的に宣伝したのには理由があった。抗日パルチザン出身の長老らの郷愁に訴えかけ、革命伝統を重んじる「後継者」としての自分の姿を見せ付ける狙いがあったとみられる。

このとき、正日は、南北関係の推移よりも自分の将来に執着していた。

平壌では12月、党中央委員会第5期6次大会が開かれる。「社会主義憲法」最終案を審議し、党員証の再交付を決定する。正日は、新しい党員証を自らデザインし、製作を指揮した。新党員証には、金日成の写真をあしらい、カバーを水色から赤に変えた。

党員証再交付事業に傾注したのは、党組織を掌握するための絶好のチャンスととらえたからだ。党員証の再発行は単なる実務ではなかった。再交付のために党員らは厳しい審査をパスしなければならなかった。

日成が創唱したとする「主体《チュチェ》思想」に対する理解や、組織生活や私生活に問題はないかを細かく点検し、党員資格の可否を再判定した。中央委員会を含む中枢機関や地方組織、各企業所、協同農場の末端まで、全党員を対象にした「検閲」はその後、6年間続く。

正日は、気に入った幹部には自分のサインが入った党員証を手渡したが、審査で「問題あり」と判定された党員は、容赦なく党から追い出した。北朝鮮で党を追われることは、全てを失うことを意味した。

この時期、金正日は「主体思想」の解釈をめぐり、公然と叔父、金英柱を批判した。叔父の考えは「マルクス主義理論に教条的にしがみついている」と攻撃した。

権力中枢で正日と英柱に接する機会が多かった黄長燁によれば、「正日と英柱の権力闘争は深刻に展開されていった。金日成が弟よりも息子に軍配を上げたかのような印象を受けると、英柱は病気になり、寝込んでしまった」という。「そして、療養所に入る始末だった」英柱も正日も「主体思想」の原理よりは、日成が何を考えているかに関心を注いでいた。

黄は回顧録にこう記している。

《英柱が療養所に出かけて、しばらくして正日から電話があった。「叔父がしょっちゅう主体思想に反対するので、黄先生が行って説伏してください」》

黄は療養所へ英柱を訪ね、3日間をともにしながら、主体思想について説明するが、英柱の悩みは哲学にあるのではなかった。英柱は黄にこう告げた。

「わが家では、おそらく正日を後継者にすることに決めたようだ……」

英柱が意気消沈して療養所に閉じ籠もっている間、正日は着々と党内での基盤を固めていく。

立ちはだかった「継母」

1970年代初めごろまで、金正日の後継者としての地位は、確実なものとは到底いえなかった。叔父の金英柱に加えて、継母の金聖愛が立ちはだかっていた。生まれたばかりの長男、金正男をめぐり、正日と聖愛の険悪な関係を物語る逸話がある。

正男が生まれたのは、金一家や最高位幹部らだけが利用できる平壌の「烽火《ポンファ》診療所」だ。病院側は小児科に別のドアを取り付け、正男専用の「病棟」を設けた。

正日の妻で元女優の成蕙琳の姉、成蕙琅によると、人目をはばかったというより、「聖愛に知られるのが怖かった」からだ。蕙琅はこう記す。

《ある日、病院がにわかに騒がしくなった。金聖愛が小児科を視察に訪れるといって医師や看護婦が緊張して部屋を出ていった。母は密室に隠れて、子供（生後、大腸炎を患っていた正男）に治療を受けさせている最中だった》

蕙琅は「聖愛がなぜ突然小児科を視察するのだろうか」とし、「金日成に次ぐ権力者の彼女が、目に刺さったとげのように憎んでいる前妻の息子、正日の裏の生活を調べ、証拠をつかんで日成に密告するため」だった可能性を挙げた。

生後、正男の面倒は蕙琳の母の金源珠が見た。〝抜き打ち視察〟に彼女は、慌ててねんねこで正男を隠し、病院裏のポプラ林に身を潜めたという。

金正日は70年9月に朝鮮労働党宣伝扇動部副部長兼組織指導部副部長に昇進し、党の最重要部署の権力を手にしていた。それでも、金聖愛の影響力には及ばなかった。党中央女性同盟委員長という公職以上に彼女の権威を決定付けたのは、夫の金日成が絶対的な信頼を寄せていたことだ。

71年1月、日成は全国農業大会で「金聖愛は私と同じだ。だから、金聖愛の指示は私の指示と同じだ」と述べた。

日成の教示は「無条件」かつ「絶対的」原則で執行しなければならないというおきてを作ったのは正日だ。皮肉にもこのおきてゆえに父の一言に縛られることになる。

正日のそばで権力中枢の動きを見てきた申敬完は、「金聖愛は、最高権力を左右するほどになっていた。朝鮮時代の王妃のように親族を重用して分派をつくり、しだいに『眼中に人なし』のごとく振る舞った」と証言する。

しかし、聖愛は決定的なミスを犯した。特別配給といった抗日パルチザン世代に対する特典をなくそうとしたうえ、日成の母、「康盤石女史に学ぶ」運動を展開したのだ。

各職場に「金日成同志革命思想研究室」に加え、「オモニ（お母さん）教養室」を作り、「康盤石オモニに学ぼう」という小冊子を配布。全国民を対象に「小冊子を100回読む運動」を繰り広げた。

目的は、広がりをみせていた正日の実母、金正淑に対する崇拝運動をやめさせることにあった。正日に好意的なパルチザン世代を牽制する側面が強かった。パルチザン世代を敵に回したことを意味した。

申敬完によると、当時、北朝鮮はソ連と中国の権力動向を詳細に紹介する内部資料を発刊し、71年9月に起きた毛沢東に対する後継者候補の林彪による暗殺未遂事件が、権力中枢でも話題をさらっていた。金日成は、後継者問題を真剣に考え始めていた。

夫の心中を誰よりも熟知する金聖愛は、権力内部で勢力拡大に奔走する。日成との息子、金平一は高校生にすぎなかったが、大いに期待を掛けていた。その分、最大のライバルである金正日を憎んだ。

夫の威光を借りて、聖愛は軍を除く、党・政分野に影響力を行使した。指示に従おうとしないという理由で、地方の郡トップ格4人を含む多くの幹部を辞任に追い込み、政権中枢にも親族や自分に追随する幹部を送り込んだ。

弟の金聖甲《キムソンガプ》を、平壌市を統括する党書記に据え、下の弟、金聖浩《ソンホ》を組織指導部副部長に昇進させた。度々、日成の専用車を使って勝手に視察に出かけるなどし、護衛の現場が混乱をきたすこともあった。

このような聖愛の専横に反旗を翻したのが、金正淑を慕ったパルチザングループの少壮派だった。ソ連に逃れていた時代から正淑と親しくしていた、後の護衛総局長、全文燮や社会安全副相の白鶴林、万景台革命学院出身で空軍司令部総参謀長だった趙明禄らだ。彼らは「金聖愛の不正を暴いてほしい」と正日に乞《こ》うた。

正日は、組織指導部で仕事を習い始めた妹婿の張成沢に護衛局（後の護衛総局）や社会安全省と連携を取りつつ、聖愛の裏調査を徹底するように命じた。

そんな動きに気付かない聖愛は、公の場で「正日」と呼び捨てるなどして周囲を慌てさせていた。

一方で、金正日は継母を批判する言動は慎んでいたが、72年4月に催された父の還暦祝いの場で、継母への反感を露骨に表した。

還暦祝いに参席していた申敬完によると、正日は、父と継母にその日、実母、金正淑の写真を記念に差し出した。

妹の金敬姫は、朝鮮の習わしに従い、父に酒をついでから床に頭を伏せる拝礼を終えた後、突然、大声で「オモニ（お母さん）」と連呼しながら泣き出した。「お母さんが、今日ここにいればいいのに」とも絶叫した。

参席していた、ソ連時代の正淑の同僚の中高年女性らも口々に「正淑よーっ」と叫びながら泣き出す。崔庸健、金一ら政権重鎮の元パルチザン隊員らも、もらい泣きした。

正日兄妹の行動は、聖愛に対する無言の抗議だった。正日は既に政権内の最重要ポストの一角を占めてはいても、父の信頼をかさに着た継母の権力を引きはがすだけの力はなかった。もう一人の後継者候補で叔父の金英柱も立場は同じだった。権力の中核であるはずの組織指導部長でありながら、聖愛には手を出せなかった。その日、英柱は兄、金日成の袖をつかみ、すすり泣きしながら、こう言ったという。

「兄貴、この場に義姉さん（正淑）がいないのが悔しい」

英柱は、そもそも兄と聖愛との再婚に反対していた。中学しか出ていない聖愛は「兄の夫人になる資格などない」と言いふらしもした。兄にソ連留学帰りの女性を紹介したこともあると伝えられる。

聖愛は家族からも、周囲からも疎まれる存在になっていたが、それでも、正日が我慢せざるを得なかったのは、継母の問題を下手に持ち出せば、逆に父の信頼を失う恐れがあったからだ。

正日は、じっとチャンスを待っていた。その決定的な機会が訪れたのは73年夏のことだ。

父と継母の「溝」を突き排除

金日成の後妻、金聖愛は、そもそも自分が権力を横取りする意思はなかった。全ては息子、金平一のためだった。夫が還暦を迎える前まで、政権内の雰囲気は、聖愛が望む方向へと推移するかに思えた。

「当時の金聖愛の勢いはすさまじいものだった」と韓国に亡命した元外交官の高英煥は、手記『平壌25時―北朝鮮亡命高官の告白』に書いている。

「彼女の勢いが最高潮に達した１９７０年代初期には、金日成の活動消息より金聖愛の活動消息のほうがずっと大きく報道され、『金聖愛女史におかれましては』という修飾語が文章ごとにつけられた」

一般家庭に、日成の肖像画とともに聖愛の肖像画が掛けられたのもこの時期だ。聖愛の権威は不動のように見えた。だが、ささいないさかいをきっかけに、積み上げた努力が水泡に帰すことになる。

73年夏のある日、金日成は幹部らを従えて平壌市内の視察に出かけた。そこで偶然、自分が国立図書館に当たる「人民大学習堂」を建てるつもりで温存していた敷地に一軒家が建っているのを目にする。

「誰が勝手に家を建てたのか」と問い詰める日成に、随行員の一人が「金聖甲同志の邸宅です」と答えた。建築当時、平壌市トップの朝鮮労働党委員会責任書記だった姜成山が指示し、金聖愛の弟、聖甲のために建てられたものだ。日成の義母に当たる聖愛らの母も同居していたため、問題にはならないとみなされたようだ。70年代前半に聖甲の子供らの家庭教師を務め、92年に韓国に亡命した平壌師範大学（現・金亨稷師範大）元教授、金賢植は、この件で「日成の夫婦関係は疎遠になり始めた」と説明する。

日成は執務室に聖甲を呼び出し、幹部らの面前で怒鳴りつけた。賢植が聖愛の母から聞かされた話では、その日の夕方、日成夫婦の間で口論となった。

帰宅した日成は「昼は怒りに任せて少しやりすぎた」と娘の金敬進に話し掛けてごまかそうとしたが、聖愛は怒り心頭だった。

「きょう、姜成山は知らないふりをしたでしょ。彼の仕業なのよ。なのに、彼は責任を他人に押し付けたのよ。あなたは、そんなことも知らないで、聖甲だけをやり玉に挙げるなんて……」。さらに言い募る。

「あの子（聖甲）が自分だけがいい暮らしをするために家を建てたと思いますか。母のためですよ」。怒りを抑え切れず、言うべきではない一言まで口走った。

「あなたのご両親のお墓は派手に飾り立てたのに、私の母がいい家に住んではいけないのですか」

「何だと！」。我慢できなかった日成が妻の顔を拳で殴ろうとした瞬間、居合わせた息子の金平一が見かねて間に入った。

「お母さんも少し我慢してください。私が大学を卒業するまで、どうか我慢してくださ
い」
聖愛が感情的になったのには理由があった。還暦祝いを境に、夫は金正日の言葉をいっそう重んじるようになっていた。異母きょうだいに冷淡な正日に夫の信頼が移ってしまえば、自分の地位がたちまち揺らいでしまうことを何より恐れていた。

当時、金平一は大学2年。54年8月生まれで、金正日よりはるかに恵まれた環境で育った。若妻の金聖愛から生まれた平一を金日成は溺愛した。

正日より13歳も年下だったが、高校時代に既に身長約180センチの堂々たる体格をし、日成自慢の息子だった。「わが家に将軍が出た」と周囲に言いふらしてもいた。

米中央情報局（CIA）で北朝鮮情報の収集分析に当たってきたマイケル・リーの証言にあるように「正日は父親似の平一に嫉妬した。正日は母、金正淑に似ているといわれ、生涯、外見と身長のことでコンプレックスに悩まされた」。

党高級幹部の子弟が通う南山中学校在学中も、平一は人気を独り占めした。スポーツや音楽をはじめ、科目全般で最優秀成績を収めた。「当時、南山中学全体が振り回されるぐらい魅力的な学生だった」（金賢植）という。

中学時代に平一は、高級幹部だけに支給されるソ連製高級車で登校した。正日は、旧型のボルガに乗っていた。日成の意中をうかがい知らない幹部の多くは、当然、平一も後継者候

補の一人として扱った。

中学生だった66年5月、平一は父についてソ連を訪問する。同行した日成の元警護隊長、呉振宇は平一をつぶさに観察し、「軍の材木（人材）に育てたい」と日成に進言する。

呉の次男は平一の弟、金英一《ヨンイル》と仲がよく、呉は平一についても詳細に聞かされていた。こうした事情から、70年代初めごろまで呉は、正日より聖愛の肩を持ち、聖愛の権勢の支えの一つとなってきた。

金正日は、父と継母の間に亀裂が生じるのを虎視眈々《たんたん》と待ち構えていた。くだんの夫婦げんかが金聖愛の権勢を突く絶好のチャンスをもたらす。

金賢植によると、金聖甲の邸宅の一件で金日成夫妻が言い争った翌日、正日は、怒りが収まらない日成を訪ね、すかさず「首領さま、いまの状況は少しおかしいです」と切り出した。

「女性同盟が金聖愛委員長をたてまつって党組織の頭越しに『ああしろ』『こうしろ』と指図します。金聖愛委員長の活動研究室を首領さまの歴史研究室よりも華々しく飾り立てています」

正日は矛先を、平壌市党委員会書記から海軍を管轄する要職に転じていた聖愛の弟に向けた。「問題は金聖甲です。彼は毎日、麻薬注射を打って、麻薬なしではいられなくなってから、かなりたつといいます」

それを聞いた日成は「とんでもないやつだ。そんなやつが海軍司令部政治委員をやっていたとは。すぐに処分しろ」と言い放った。さらに正日に向かって告げた。「これからは、女性同盟や平壌市党（委員会）に関わる問題があれば、すぐわしに報告しろ」

最高指導者から言質を取った正日は聖愛に追従する勢力を一気に排除する動きに打って出る。党組織指導部と護衛局の幹部20人からなる査察チームを平壌市党委員会に派遣。５カ月間にわたって聖甲の同市党委書記在任時の不正行為を徹底的にあぶり出した。

調査は74年まで続き、その年6月、聖愛の一族と関係のある幹部は、一人余さず炭鉱や農村に追放された。聖甲は解任され、軟禁状態に置かれた。辛うじて女性同盟委員長のポストを維持した聖愛は、夫から、平壌近郊の慈母山《チャモサン》別荘で半年間、蟄居《ちっきょ》するよう命じられる。

北朝鮮にも「紅衛兵」がいた

１９７３年は、金正日にとって、公私ともに充実した年だった。映画女優出身の成蕙琳と同棲し、長男、金正男を授かりながら、他の女性とも結婚し「正式」に所帯を持つことになる。

《ある日、蕙琳が3歳（数え年）になった子供（正男）を背負って庭の桃の木の下にいると、正日の妹、金敬姫が兄を連れにやってきた》

新しい花嫁を迎える日の正日の様子を、蕙琳の姉、成蕙琅は手記『北朝鮮はるかなり　金正日官邸で暮らした20年』でこう記す。

《その日が「宴の日」とは知っていただろうに、正日は、妹に背を向けて寝てばかりいた。

「行こうよ、お兄さん。行こうよ」。姫君（敬姫）は返事もしない兄を揺さぶり起こして連れて行った。蕙琳は子供を背負って木の傍らでぼんやりとたたずんでいた》

別の女性を迎える正日と蕙琳の微妙な心境が垣間見える。

花嫁とは、金正日と法的な婚姻関係を結んだ金英淑だ。北東部の清津市生まれで、清津共産大学の副学長を務める朝鮮労働党のエリート幹部の娘だ。地元当局の電話交換手をしていたが、平壌で党中央委員会組織指導部幹部課に勤めていたときに正日と出会ったといわれる。

成蕙琅によると、73年10月の正日と英淑との結婚は「金日成の指示」によるものだった。後継者の地位を確実にするため、全力疾走していた時期と重なる。

正日は、党内の権威を揺るぎないものにした大掛かりなプロジェクトに打って出る。「三大革命小組（グループ）運動」だ。同年2月、「思想・技術・文化の3分野において大革命」を起こすと称して発動された運動を、権力掌握に最大限に活用する。

正日は、経済管理部門や大学、企業所の科学者や技術者から未婚の男女を選び出し、分野ごとに「小組」を編成。20~50人の「小組」を各機関や工場、協同農場に派遣し、現場を監督・指導するよう命じた。

「小組員」に選ばれた青年らは「金日成」の名が記された身分証を持ち、派遣先に常駐しながら、幹部や党員の私生活を含め、現場で起こっている問題について「資料」を作成し、毎月、「中央党三大革命小組本部」に報告した。

正日は、小組員から上がってくる報告書を党組織の再編にとことん利用した。中高年幹部の多くを「教条主義や経験主義に染まっている」として処分し、自分に追従する若い幹部と次々入れ替えていった。

平壌の万寿台の丘にある金日成の銅像前に立つ金正日（『時代の星』より）

「紅衛兵」と称する若者らが傍若無人に振る舞い、中国社会を混乱に陥れた文化大革命のように、北朝鮮でも、最高指導者の権威をかさに着た大胆不敵な「小組員」の派遣が、各地で騒動を引き起こした。

小組員の権限の大きさに関して、元外交官、高英煥の手記に以下のようなエピソードが紹介されている。

73年末、国際関係大学にも三大革命小組員が派遣された。小組の責任者は25歳の女性で、学長があまり相手にしなかったところ、小組員らが学長室に押し掛けてきた。

女性責任者が「学長は酒におぼれて職務を全うしていない」との報告を金正日に上げ、処分が下ったというのだ。事態の深刻さに気付いた学長から助けを求められた党書記の金永南が正日に直接、掛け合い、ようやく処罰を免れたという。

正日は73年7月の党中央政治委員会で、宣伝扇動部長就任が決まる。1カ月後の政治委員会拡大会議では、党中央委書記に推薦する案件が討議された。

9月に開かれ、ほぼ2週間続いた党中央委第5期7次会議で、組織指導部長兼組織・思想担当書記に選出された。宣伝扇動部と組織指導部のトップ、2つの党書記という党中枢の最重要4ポストを独占した。

ただ、討議内容はもとより、書記就任の事実も公表されることはなかった。32歳の正日に権力が集中しすぎることに反発が出るのを恐れたようだ。書記就任直後に金英淑との婚礼が執り行われる。対外的に「身を固め」、安定した姿を見せる必要があったのだろう。

後継者決定の発表に先立ち、党中央委員会は、全国規模の下地作りにも着手する。まず、全党員宛てに最重要事項を非公開で通知する通称「赤手紙」を送付する。めったに送られることのない通知書で、中央委名で「後継者を選出した意義」が記されていた。

その後、党員の各地の活動拠点である「細胞組織」に、正日を唯一の後継者に推戴《すいたい》することを支持する決議文を作成させ、党員一人一人も、後継者に忠誠を誓う手紙を書いて中央党に送るよう指示した。

ここまで入念かつ組織的な〝根回し〟が展開されたうえで、正日は、党中央委の政策決定メンバーである政治委員会委員就任という最終関門に臨んだ。

北朝鮮編纂の『金正日伝』は、金正日を党政治委員に推薦したのは、呉振宇や崔賢をはじめとした抗日パルチザン出身の長老幹部だったと記している。

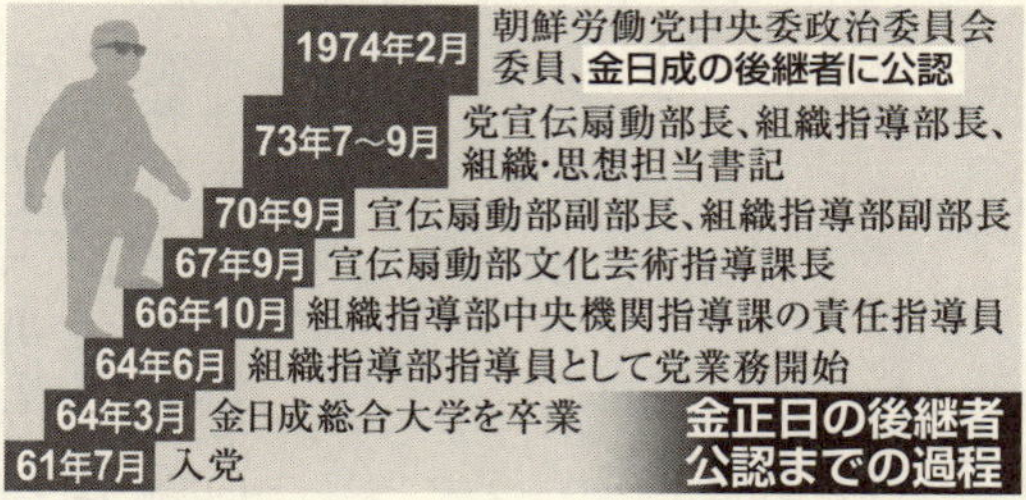

時期	内容
1974年2月	朝鮮労働党中央委員会政治委員会委員、金日成の後継者に公認
73年7～9月	党宣伝扇動部長、組織指導部長、組織・思想担当書記
70年9月	宣伝扇動部副部長、組織指導部副部長
67年9月	宣伝扇動部文化芸術指導課長
66年10月	組織指導部中央機関指導課の責任指導員
64年6月	組織指導部指導員として党業務開始
64年3月	金日成総合大学を卒業
61年7月	入党

正日は、パルチザン部隊をたたえる映画制作にとどまらず、日頃から長老らを引き立ててきた努力が実を結ぶ瞬間を迎える。

パルチザン出身の政務院（内閣）総理、金一は、金日成に「主席は10代にして革命の道に踏み出し、20代に抗日遊撃隊を創建、30代に祖国を解放し、党と人民を賢明に導きました」と述べ、正日の政治委員入りを進言したという。

「親愛なる金正日同志は、当時の主席と同じ30代です。提議するのは、この金一ですが、これは、われわれ抗日革命闘士と人民の総意にほかなりません」

74年2月、党中央委第5期8次会議が開催される。『金正日伝』によると、会議最終日の13日、呉振宇が立ち上がり発言した。

「金日成主席の志を立派に具現している金正日書記同志を、党中央委員会政治委員会委員に選出することを提議する」

出席していた黄長燁によれば、席上、日成は、弟で後継者候補の1人とされてきた金英柱を「活動意欲がなく、自分を十分に助けていない」と叱責した。

そのうえで、出席者に宣言するように告げた。

「これから、党活動における問題は、金正日同志に集中させて解決していくように」

英柱は何ら権限のない副総理に降格され、正日は父に次ぐ権力を手にした。政策決定者となった正日を指す「党中央」という特別な呼称が北朝鮮メディアに登場するのはこのときからだ。

第4章

工作機関の掌握と拉致

内妻に銃を突きつけ「殺すぞ」

父、金日成の信頼を勝ち取り、政権内での地位を確実にしながら、金正日は私生活で悩みを抱えていた。

　正妻の金英淑と結婚したとき、同棲中の成蕙琳との間に生まれた長男、金正男は2歳半、よちよち歩きをしていた。親の愛に飢えて育った正日は、長男に尋常ではないほどの愛情を注いだ。正男を食卓の上に座らせ、かわいらしいしぐさを眺めながら食事をした。

　蕙琳の姉、成蕙琅の息子で、正男の遊び相手となる李《イ》韓永《ハンヨン》（本名・李《リ》一男《イルナム》）は、亡命先のソウルで出版した『大同江ロイヤルファミリー・ソウル潜行14年』に「空き瓶で長男のおしっこを受け取る」正日の姿を映したホームビデオを見たことがあると書いている。

　長男が大きくなるにつれ、金正日は扱いに困った。金正男が5歳になるまで金日成は、成蕙琳母子の存在を知らずにいた。1973年ごろには、日成の目の届かないところで、正日は追従者を集め、深夜まで酒宴を開くようにもなる。

「正日を蕙琳はかわいそうな人だと思っていた」と成蕙琅は『北朝鮮はるかなり　金正日官邸で暮らした20年』に記す。幼くして母を亡くし、落ち着ける居場所もなく育ち、父の絶対的権力の下で孤独にさまよっていた夫を哀れな弟のように思っていたという。

正日は蕙琳と同棲後の70年ごろ、平壌市中区域《チュン》中城洞《チュンソンドン》に「15号官邸」と呼ぶようになる１００坪ほどの「小さな」家を建てた。それまで、平壌中心部の普通門《ポトンムン》近くの「５号官邸」で、妹の金敬姫らと暮らした。

戸建ての平屋だった15号官邸は、正男が誕生すると、73年と78年に２回にわたって建て増され、正男専用の娯楽室だけで約３００坪を占めた。

「（娯楽室の）中では電気自動車に乗って移動した。柱のない部屋だったから運動場のように広く感じた。ポケットボール台があり、電子娯楽機器が陣列されていた」（李韓永）

正日は毎年、世界各地に正男の「誕生日プレゼント購入団」を派遣して１００万ドル（現在のレートで約1億2千万円）分のおもちゃなどを調達。３歳の誕生日からは、ソ連に特注した子供用「将軍服」を着せ、官邸で働く警備兵や従業員を集め、閲兵式を行わせた。

外界と完全に隔離されて暮らす長男を、思い切り甘やかしたのだ。

一方で、成蕙琳母子が息抜きに〝外出〟できる場所も、平壌東部の「85号官邸」や「蒼光山官邸」などに限られていた。

85号官邸は、池や釣り場に加え、白頭山と金剛山《クムガンサン》から運んだ奇岩を配した人工の滝まであった。李韓永によると、巨大な庭では、白頭山で捕獲されたシカが跳びはねていたという。贅《ぜい》の限りを尽くした官邸ではあったが、どこも4メートルを超える塀と、その上に張り巡らされた高圧電線に囲まれ、塀の外は15メートル間隔で、内側は30メートル間隔で警備兵が配置されていた。

蕙琳母子が壁の外に出ることはめったになかった。外出時に乗るソ連製乗用車のジルも、フロントガラスを除く窓が濃紺のカーテンで遮られ、車窓の風景を楽しむことも許されなかった。

息子の成長に伴い、蕙琳は「こんな生活は嫌だ。正男を早く、お父さま（金日成）に会わせてちょうだい」と、夫にいらだちをぶつけるようになる。「少しだけ待ってくれ。いまは時期が悪い」。なだめようとする金正日に、蕙琳が「ダメなら、私からお父さまに言いに行くわよ」と子供を連れて家を出ようとすることも度々だった。

李が母の成蕙琅から聞いた話によると、正日は、慰めようとしても聞かない蕙琳に向かってピストルを取り出し、「撃ち殺すぞ」と脅し付けたこともあった。

後継者に公認されたばかりの正日にとって、女優で人妻だった女性と同棲している後ろ暗い事実が、父や政権中枢の元老たちに知れることは是が非でも避けたかった。朝鮮労働党エリートを父に持つ金英淑と結婚したのも、日成らの追及をかわす計算が働いたのかもしれない。

金正日と他の女性との結婚を境に、成蕙琳の神経は、いっそう過敏になっていった。正日一家と暮らすようになってから聞いた話を、李韓永は以下のように記している。

蕙琳を訪ねてきた金敬姫が、気持ちを逆なでするようにこう告げた。

「義姉さんは兄より年上だし、一度結婚して子供までいる女でしょ。正男は私が育てるから出ていってちょうだい。老後は保証してあげるから」

敬姫に息子を奪われるのではないかとおびえた蕙琳は「正男は母親の私が育てる。正男をあげるわけにはいかない。このままの生活は嫌だ」と言い残し、息子を連れて一時、家を出た。

蕙琳は「いつ追い出されるかもしれない。いつ正男を奪われるか分からない」という強迫観念にとらわれ、不安で夜、眠れないとも言った。精神疾患から急速に健康を害し、病気治療のため、モスクワに長期滞在するようにもなる。

内妻が孤独に病と闘っていた74年ごろ、一方の正日は、党内の地位固めに邁進していた。後継者に指名された後の74年10月に開かれた党第5期9次会議で、「全ての問題を私に集中させ、私の決定に従い執行される一糸乱れぬ指導体系と、無条件に服従する規律を打ち立てなければなりません」と語り、こう強調した。

「全てを私に集中させるのは、（金日成）首領さまに集中させることと同じです。私の結論と決定、批准（許可）は、すなわち首領さまのそれなのです」

父の絶対化が進めば、自らの権力も強まることをいち早く見抜いた正日は、日成の偶像化に情熱を注ぐ。

北朝鮮編纂の『人民の指導者　金正日書記』によると、75年の元日に正日は、幹部らを前にこう話した。

「金日成同志が年をめされるほど、私たちは金日成同志の権威をさらに徹底して擁護すべきであり、その権威を損ねることは0・001％もしてはなりません。金日成同志は全く偉大な人間、偉大な英雄、偉大な指導者です」

「(金日成)主席のためには0・001％の虚偽も許されない」とも述べたというが、初孫さえ隠し通すほど、私生活では、完全に父をだましていたのだ。

妹と張成沢の熱愛に助け舟

金正日が後継者としての地位固めに必死だった時期に裏で支えたのは、妹婿の張成沢だ。成沢が正日の妹、金敬姫と結婚したのは1972年。金日成総合大学在学中に2人は出会った。男女混声合唱の芸術サークルで一緒に活動。所属もともに経済学部政治経済学科で、授業も一緒に受けた。

同い年の2人は65年に大学に進学した。ソ連の影響を強く受けていた北朝鮮では、ロシアの歌や踊りがはやった。学生らは校庭や野外活動で、軽快なアコーディオンのリズムに合わせて気軽にロシア舞踊に興じるなど、若者が自然な情熱を発露する時代といえた。

成沢はアコーディオンの名手で歌もうまく、踊りも上手。いまでいう〝イケメン〟でも

張成沢の親族たち

関　係	名　前	主な肩書	その後
叔父	張正煥（チャン・ジョンファン）	人民武力部副部長	死亡
長兄	張成熚（ソンヨプ）	金日成高級党学校第1副校長	死亡
次兄	張成禹（ソンウ）	護衛総局長、軍次帥	死亡
三兄	張成吉（ソンギル）	第2軍団副司令官、中将	死亡
姉	張桂順（ゲスン）	声楽俳優	処刑
義兄（桂順の夫）	全英鎮（チョン・ヨンジン）	駐キューバ大使	処刑
おい（成禹の次男）	張勇哲（ヨンチョル）	駐マレーシア大使	処刑

あった。整った顔立ちにスラッとした体つき。酒にも強く、遊び上手な彼は、女子学生たちの憧れの的だった。

講義時間になると、金敬姫は、張成沢の後ろに座り、休み時間に採ってきた柳の枝で耳をくすぐったりして関心を引こうとした。２人の在学中に金日成総合大総長の職にいた黄長燁によると、「張成沢は勉強が特別できるほうではなかった」が、「なによりも物事の道理に明るく怜悧《れいり》であった」（『黄長燁回顧録　金正日への宣戦布告』）。

いつから２人が恋仲になったかは、黄も知らなかったというが、先に恋心を抱いて接近したのは、敬姫の方だった。敬姫はふっくらとした顔に肌が白く、活発な学生。黄は当時の印象を「とてもたくましく、しっかりしていると感じた」と振り返る。

娘が成沢と付き合っているという噂は、金日成の耳にも入った。結婚相手を選ぶとき、北朝鮮では「出身成分」、すなわち血統を最も重んじる。日成はすぐに、成沢の家族関係を調べるように命じた。

成沢は46年１月、中東部江原道川内《チョンネ》郡で、５人きょうだいの末子に生まれた。父親は、地元で「インテリ」と呼ばれるちょっとした

「知識人」で、日本統治時代には、事務職で生計を立てていたとされる。こうした出身はよい出身には分類されない。

一方で、叔父の張正煥《チャンジョンファン》が中国東北部で抗日闘争に参加した経歴を持つ。終戦後は朝鮮人民軍将校となり、60年代半ばには、中央の人民武力部に勤めていた。

おいが最高学府の金日成総合大に入学できたのは、叔父のおかげだった。

それでも、叔父が所属した部隊は、日成の抗日部隊とは系譜が異なっていたうえ、実父の出身成分がよくなく、日成は娘に、直ちに関係を断つよう命じた。黄によると、「金日成は自分の系列とは違う活動家たちを排斥していた」こともあって、娘の恋人が気にくわなかったのだ。

金日成は、朝鮮労働党中枢の組織指導部長職にいた弟、金英柱を大学に送り、娘と張成沢を無理やり引き離そうとした。

英柱は総長の黄長燁を訪ね、事情を説明した後、半ば命令調でこう告げた。「2人が会えないように計らってほしい」

黄は振り返る。「私は恋愛中の男女を強制的に引き離した場合、いっそう熱を上げるのを見てきたため、金英柱の指示を適当に執行するふりをした」

英柱からは何度も細かい指示が下った。「張成沢を捕まえておけ」と連絡があれば、大学の仕事を中断し、成沢の姉の家に行って捜すふりをした。それを知った金敬姫が総長室を訪ね、「総長がなぜ愛情問題に干渉するのですか」と抗議することもあった。

別れるどころか、2人はこっそり会っていた。報告を受けた日成は、英柱に成沢を平壌から追い出すよう命じる。英柱は仕方なく、成沢を江原道の元山経済大学（当時）に送った。それで諦めるはずがないことは、英柱にも分かっていた。

恋心に火がついたのは、むしろ離ればなれになってからだ。敬姫は、父の公用車を〝盗んで〟はるばる元山まで恋人に会いにいった。たまった洗濯物を洗い、部屋の掃除を終えてから戻る始末だった。

平壌から朝鮮半島の反対側の元山に向かう途中には、近年、最高指導者に就任した金正恩の号令で、大型スキー場が整備された馬息嶺《マシクリヨン》がそびえる。馬も休むといわれる険路を越えての〝遠距離恋愛〟を続けた。

46年5月生まれの金敬姫は、性格も生母の金正淑にそっくりといわれた。金英柱は、黄長燁に「敬姫の性格があまりにもきついので、兄の金正日も手に負えない」と漏らした。

敬姫はとうとう寝込んでしまう。娘のわがままは最高指導者の手にも余った。そこに助け舟を出したのが正日だ。小さいときから、無条件で妹の味方をしてきた兄は、父にこう進言したと伝えられる。

「敬姫をほっておいて事故でも起こしたら大変です。彼（張成沢）の出身成分が問題なら、身分をよくしてあげれば済む話です」

正日の助言が奏功して、金日成も交際を認める。卒業を控えた69年、2人はそろってモスクワ留学にたつ。成沢の姉の張桂順《ゲスン》も一緒だった。桂順は、駐キューバ大使の全英鎮《チョンヨンジン》の夫人となり、2013年末の成沢粛清後に夫妻ともに処刑されたと伝えられる。

大学卒業後、成沢は党の経済担当部署の補助指導員に配属されるが、すぐに組織指導部に抜擢された。正日の計らいだったことは言うまでもない。

2人の結婚後、正日は成沢を組織指導部に据え置き、〝手足〟として使った。護衛総局長となる全文燮や社会安全省の白鶴林、軍部内の追従者らとの秘匿を要する連絡を一任した。後継者レースで立ちはだかった継母、金聖愛の不正を裏で調査したのも成沢だ。

遊び上手の義弟を酒席にも連れ歩いた。宴席で幹部に無理やり酒を飲ませ、誰が何回、酒を注ぎに来たかをチェックするのも彼の役目だった。

専属料理人として宴会を間近で見てきた藤本健二は、『核と女を愛した将軍様 金正日の料理人「最後の極秘メモ」』で義兄のたいこ持ちに徹する成沢の様子をこう描いている。

《張は、宴会の途中で立ち上がって、大声でこう叫ぶのだ。「偉大なる将軍様の前に、整列!」。その号令に合わせてわれわれが将軍の前に並んで立つと、「将軍様に乾杯!」「将軍様、バンザイ!」と、ブランデーやワイン、ウオッカを飲み干す。これを何度も何度も繰り返させられるのだ》

正日は身内に〝懐刀《へんりん》〟を得た。義兄の権威を代弁する義弟の姿からは、義理のおいの代に処刑される末路は片鱗もうかがえなかった。

自身のため父を「現人神」に

１９７４年2月の朝鮮労働党中央委第5期8次全体会議で、「敬愛する領導者、金正日同志を偉大な首領さまの後継者に推戴する決定」が下され、金正日に「共和国英雄」称号が授けられた。金日成の弟、金英柱は、党組織担当書記の座を追われ、後継者候補から完全に脱落する。

正式に正日を後継者に指名したこの会議を皮切りに北朝鮮は大きく揺れ動く。

会議終了後、正日は直ちに、自ら率いる党宣伝扇動部門の副部長から課長、指導員まで全幹部が出席する講習会を招集した。正日は中央委政治委員や組織・思想担当書記、組織指導部長、宣伝扇動部長と党の最重要ポスト5つを独占していた。

「金英柱同志は、病気を口実にわが党の組織指導事業を怠り、組織をむちゃくちゃにしてしまいました。われわれは、金英柱同志が党に及ぼした害毒を除去しなければなりません」

74年2月19日から延々20日間続いた講習会で、金正日は、叔父を「反党分子」呼ばわりし、こう痛烈に批判した。そして、北朝鮮社会を後々まで縛ることになる指針を打ち出した。

「党の唯一思想体系を確立し、10大原則を新たにつくって思想を再武装する。末端から中央に至る全ての組織に新しい党事業気風を確立するため、思想闘争を無慈悲に展開しなければなりません」

その後、英柱の「害毒を除去する」と称した思想闘争は1年間続く。一方で、正日は自分を中心とした指導体制づくりを急いだ。

最初に打った手が「金日成主義」の宣布だ。講習会初日に、正日は「全世界を金日成主義化するための党思想事業の、当面のいくつかの課題について」と題する演説を行う。

党の理論形成に深く関わった黄長燁は、亡命先の韓国で出版した回顧録で、「金日成主義を提唱するとは、笑止千万な話」だったと振り返る。

「金正日が金日成の思想を『金日成主義』と宣布し、金日成がこれを指示したというのは、彼らが常識からかけ離れた主観主義に陥っていたことを露呈するものだ」

黄は、権力を長男に分け与えるようになってから、金日成の思考方式にも大きな変化が起きたと証言する。それまでは、日成の思想に関し新しい論文を発表しようと提案すると、ためらいながらこう言ったという。

「私がマルクスやレーニンよりも優れているといえるのか」

しかし、正日は、父の権威を高め、その威光を借りて指導体制を固めようとしていた。そのためには、何としても父を、北朝鮮の〝現人神《あらひとがみ》〟に仕立て上げる必要があった。

全国至る所に、金日成の銅像を建て、日成が足を運んだ場所には、事跡碑や事跡館を、小さな農村にも、金日成歴史研究室を次々つくっていった。

平壌中心の万寿台の丘に高さ26メートルの日成の銅像を建てたのは、金正日が後継者指名を控えていた72年。党や行政部門のさまざまな権力を手にした74年以降は、あからさまに父の偶像化事業がエスカレートする。全国約14万カ所に銅像や事跡館などが設置された。日成の65歳の誕生日に献上すると称して、約８億９千万ドル（現在のレートで約１千億円）の巨費を投じ、父の執務室専用に贅の限りを尽くした「錦繡山議事堂」（現在、日成と正日の遺体を安置する錦繡山太陽宮殿）を建設したのも、後継体制固めに突き進んでいた時期と重なる。

主体思想塔とみられる模型を前に金日成の事跡地建設を指示する金正日（『時代の星』より）

そうまでして持ち上げられるうち、日成の気持ちも次第に解かされていく。黄長燁によると、70年代に入り、両親や祖父母の墓を豪華に造りかえ始め、幹部らに墓参りを強いた。機会あるごとに、抗日パルチザン闘争の経歴を自慢し、その昔、ソ連の著名な元帥や将軍と親しかったかのように吹聴するようになる。

父が賛美一色のムードに酔

いしれている間に、正日は「唯一思想体系」構築に力を注ぐ。一言でいって狙いは、党と国家の実権全てを自分に集中させることにあった。

正日は、金英柱が中心になって作成し、67年に採択された「党の唯一思想体系確立の10大原則」の刷新に着手する。10大原則は、正日の手で約6千字、10条65項目に上る詳細な「戒律」に様変わりする。国民は、法律を超越する「原則」全文を暗記し、厳守しなければならないとの〝おきて〟を定めたのも正日だ。

党の唯一思想体系確立の10大原則

1. **金日成**の革命思想で全**社会を一色化**するため、身をささげて闘わなければならない
2. **金日成**を忠誠を持って**仰ぎ奉じ**なければならない
3. **金日成**の権威を**絶対化**しなければならない
4. **金日成**の革命思想を信念とし、**教示を信条化**しなければならない
5. **金日成**の教示の執行は、**無条件**性の原則を徹底しなければならない
6. **金日成**中心の**意思統一**と団結を強化しなければならない
7. **金日成に学び**、共産主義的風貌や革命的活動法を持たなければならない
8. **金日成**から授かった**政治的生命**を守り、その配慮に高い政治的自覚と忠誠で報いなければならない
9. **金日成の唯一領導**の下、全党・国家・軍が一つとなって動く組織規律を打ち立てなければならない
10. **金日成**が開拓した革命偉業を、**代を継いで**最後まで継承し完成しなければならない

※金日成の呼称はいずれも「偉大な首領金日成同志」と表記

北朝鮮が、今日のような疲弊した社会になったのも、逆に、いまだに統制が行き渡り、かろうじて崩壊を免れているのも、10大原則を全国民にたたき込んだからだといえるだろう。

金正日は、自分の考えや言葉を文章化する党「216号室」を従え、次から次に現実離れした「理論」を編み出した。「10大原則」では、その目的について、序文で「全党と全社会

を偉大な金日成同志の革命思想で一色化する」ことだと宣言した。「金日成の権威を絶対化しなければならない」（第3条）▽「金日成の教示を信条化」（4条）▽「金日成の教示は無条件に徹底」（5条）▽「金日成が開拓した偉業を代を継いで継承」（10条）など、徹頭徹尾、金日成絶対化がうたわれた。

当時、正日の下で働いた申敬完は『傍らで見た金正日』でこう証言する。

「74年末ごろから75年半ばまで、金正日は稲妻のようにあちこちに現れ、唯一体系確立に拍車をかけた。その間、彼は（移動の）汽車の中で睡眠を取ることが多かった」

そんな激務のなかでも、正日は、政権内で自分に追従する幹部らとの酒席を頻繁に設け、忠誠心を買っていく。正日の指導体系づくりに関わった黄長燁も酒席に呼ばれたことがあった。

「金正日が繰り広げる酒席の光景は、想像を超えたらんちき騒ぎだった。その場で一人を指して『今日からお前は党中央委員会の委員だ』と宣言してしまえば、その通りになり、『誰それはクビだ』と言っても、その通り執行された」

そんな現実を知らされずにいた日成は、幹部らを前にこう述べたという。

「正日がわしの息子だからこんなことを言うのではない。彼は私の革命思想と主体思想を最も高い水準で体現しているのだ」

後継者にしたのは、息子だからではなく、自分の思想を一番よく理解しているからだと強弁した言葉だ。ただ、正日によって酒席の幹部ら以上に最も〝骨抜き〟にされていったのもまた、ほかでもない日成自身だった。

「王国」建設で外貨が枯渇

金正日の後継者指名は、北朝鮮全土で熱気をもって支持された。1974年2月以降、全国で「金正日同志に最後まで忠誠を尽くそう」といった決議文や誓約書が先を争うように採択されていった。全国に発した根回しの通知が効き、地方組織も敏感に応じたのだ。

朝鮮労働党の最重要5ポストを手にした正日がまず着手したのは、党機構の改編と拡大だった。正日の権力掌握過程をつぶさに見てきた黄長燁は「(正日が)実権を握るようになってから、おびただしい数の職員を増やした」と指摘する。

太っ腹な後継者だと見せ付けるため、一気に中央庁舎を10棟新築し、対南工作部署だけが入る立派な「3号庁舎」も別途設けた。それまで主要部署が入居していた本庁舎は自分と側近だけが使うことにし、内部を豪華に改装した。

「執務室は3階建ての建物だ。3階全体が金正日専用施設。2階は側近の副部長二十余人の執務室で、1人1部屋が割り当てられた」

金正日の案内で、長男の金正男と一緒に執務室を見物した義理のおい、李韓永は、『大同江ロイヤルファミリー・ソウル潜行14年』にこう記す。「1階には秘書室があり、専属のタイピスト10人ほどが働いていた。報告書を、金正日が疲れないように大きな文字でタイプし直した」

この執務棟は、内妻の成蕙琳や正男と暮らす「15号官邸」と地下トンネルでつながっていた。15号官邸からエレベーターで地下に約100メートル下りると、幅4〜5メートル、高さ約3メートルのトンネルが広がる。正日が好む米映画が描く「秘密基地」のような様相だ。歩いて6分ほどの距離のトンネルを正日は毎日、運動を兼ねて歩くか、自転車で往復したといわれる。

正日は父、金日成の別荘には寄りつかず、執務室以外にも自分だけが使う招待所（別荘）や狩猟場、特閣（別荘内の執務棟）などを次々増築していった。

そうした〝金正日王国〟づくりを推し進めたのが、妹婿の張成沢を中心とした側近らだ。なかでも、張の指揮の下、70年代半ばに始まった正日専用の豪華保養施設「疲労回復館」建設は、北朝鮮が国家ぐるみで不法取引に手を染める契機をもたらすことになる。平壌市普通江《ポトンガン》区域に広大な土地を確保し、セメントや鋼材を除く、全ての資材を外国から輸入して建てる計画だったため、多額の外貨を必要とした。だが、70年代に入って北朝鮮経済に陰りが見え始め、正日が後継者に指名されたころには、外貨不足にあえいでいた。

そこで考え出されたのが、「忠誠の資金稼ぎ」だ。黄長燁は「（正日は）各級党組織を母体として忠誠の外貨稼ぎ組織をつくり、道・市・郡の党組織に外貨稼ぎの任務を与え、稼いだ外貨を党に差し出す体制をつくった」と回顧録で述べている。

外貨稼ぎの先頭に立ったのは外交部（外務省）だ。外交官だった高英煥は、『平壌25時―北朝鮮亡命高官の告白』で、「金正日の特別指示を受けた外交部は、各大使館に1年間の外貨稼ぎで、金正日にささげなければならないドルを割り当てた」と証言する。

外交部が在外公館に課したノルマは、発展途上国の小さな大使館の場合は数万ドル。「中進国」以上の大使館は20万～50万ドルだった。

「主な業務が外交である外交官が1年以内に、徒手空拳でそれほど多くの外貨を稼ぐことは無理な話。外交官たちの外貨稼ぎは、はかばかしくなかった」

そこで、外交部が外交官らに支給したのがコカインなどの麻薬だったと高は打ち明ける。税関検査が免除される外交特権を悪用し、外交官らが手荷物として麻薬を外国に持ち出し、「周辺国に売って相当なうまみを味わった」という。

北朝鮮外交の堕落の始まりでもあった。金正日の側近で麻薬密売に深く関わった当時のスウェーデン大使、吉在京《キルジェギョン》が麻薬取引でスウェーデン当局から国外退去を命じられたのは、まさに「忠誠資金稼ぎ」が盛んだった76年。吉のバックで在外公館による外貨稼ぎを指揮したのは、党中央委員会の外交部担当課長を務めた張成沢だった。

正日は、党機構改編を盾に幹部ポストも大幅に増やし、追従する若い幹部を次々要職に就けた。部長を務める党組織指導部に自分を補佐する第1副部長5人、副部長十数人を置き始めたのもこの時期だ。正日が党事業を手掛けるようになってから、党機構は際限なく肥大化していく。

黄長燁によると、金日成総合大学でも、大学党委員長や宣伝指導員ら3人だった専任の党活動家が、学部ごとに党書記を置くようになり、50人を超えた。警察機構の社会安全部（後の人民保安部）や秘密警察の国家政治保衛部（現・国家安全保衛部）も大学に常駐するようになる。

金正日による実権掌握時から、経済は下降線をたどる兆候が随所に現れた。食糧配給券制が導入され、せっけんや食用油といった自由に手にできる生活必需品も一つ、また一つと町から消えた。

しかし、正日の関心は経済にはなかった。いち早く自分中心の体制を固めるため、党と行政部門への締め付けを強化する。自ら「講習会」を主催し、中央や地方の幹部らを、休む間も与えずに叱責し続けた。

「いま、道党幹部たちの水準は低い状況です。トンム（同志）らの知識と経験は全てヨモギ畑で得た古いものです。文書を満足に書ける人もいません」

74年6月に行った演説では、地方の道幹部らの能力をこう根本からこき下ろした。「幹部らは報告書などを道党宣伝扇動部幹部や新聞記者らに書かせているが、政治家の資質を備えていないことを物語るものです」

全てを否定し、やり直させることで、指導者としての存在感を誇示した。

それまで5日間程度だった講習会は、正日主催となれば15～20日間続き、1カ月間に及ぶこともあった。後継者公認直後の74年2月28日、全党宣伝講習会で語った「党活動で古い枠を壊し、新たな転換をもたらすことについて」と題した演説ではこうも強調した。

「これから、首領さま（金日成）と私の承認なしには、いかなる文書も下部組織に出せないようにしなければなりません」

組織指導部に、軍や行政部門ごとに幹部人事を統括する幹部課を8つも設け、各部門を任意で査察する7つの検閲課を新設。党・行政・秘密警察の3つのラインから3日に1度、必ず報告を上げさせる「3線3日通報体系」をつくり上げたのもこの時期だ。

こうして党組織全体に精密な指揮命令経路と監視網を張り巡らせていく。

「世襲はあり得ず」と謎の死

金正日が手にした権力は、実務レベルでは父、金日成をしのぐものだった。一方で、権力掌握過程を間近で見てきた黄長燁が「金正日が党機構を即興で動かすようになると、思い付きの政治を誹謗《ひぼう》する声が高まった」と回顧録に記すように、独断・専横に対する不満が朝鮮労働党内にくすぶっていた。

そんな反感に対し、正日は「秘密警察の数を増やし、自分を中傷している疑いがあるとの密告を受けると、容赦なく逮捕して処断し」（黄）、力でねじ伏せていった。そうした重苦しい空気にあっても反対の声を上げる幹部がいた。

代表格が、副総理兼軽工業委員会委員長の南日《ナムイル》と副主席の金東奎《キムドンギュ》、対南工作担当の党書記、

た。

なかでも、朝鮮戦争時に世界的に名が知られた政権重鎮の南日は「共和国と称する北朝鮮で、封建王朝のように世襲とはあり得ないことだ」と、正日後継体制に公然と反対を表明した。

柳章植《リュジャンシク》だ。

かつてソ連が派遣し、ソ連国籍を持つうえ、政権内でも人望の厚い南日は、幹部の生殺与奪権を握る党組織指導部長の金正日もおいそれと排除できなかった。金日成が、ソ連とつながりを持つ「ソ連派」を粛清していく中でも決して手を出さなかった人物だ。

本名は南廷旭《ジョンウク》。1913年6月、現在の韓国南西部、全羅南道《チョルラナムド》康津《カンジン》郡に生まれた。

小学校まで故郷で暮らした後、ソ連に渡り、現ウズベキスタンのタシケント師範大学を卒業。ソ連軍に入隊して対ドイツ戦に参加、大尉に昇進した。スターリンが46年に日成を支援するため派遣した朝鮮半島出身者の一人として北朝鮮に戻り、翌年には、ソ連軍大尉の身分で、暫定政府樹立について協議する米ソ共同委員会の一員となる。

その名が知れ渡ったのは、朝鮮戦争の停戦会談で、北朝鮮側首席代表を務めるようになってからだ。

51年7月8日、停戦について話し合う予備会談に登場した南日の姿を内外の新聞が特筆大書した。

大将の肩章が付き、パリッとのりの利いた軍服を着こなし、2本線の鮮やかな金色の刺《し》繍《しゅう》が施されたズボンと真っ白いブーツが独特の存在感を醸し出していた。象牙製のパイプを手に、180センチ以上の身長を自慢するようにのっしのっしと会談場に現れた。ブーツとパイプは日成が贈ったものだと後日分かる。肩書は朝鮮人民軍総参謀長だった。

韓国紙が「敵の首席代表は一応、美男子であった。弾力ある筋肉、日に焼けた顔、洞察力を物語る目、強い意志を表すような真一文字に固く閉ざした口が印象的だった」(7月10日付「東亜日報」)と伝えたように、あろうことか、韓国民が敵方の〝英雄〟にくぎ付けになる。

南日は休戦協定が締結される53年7月まで120回以上も韓国紙に登場する。粗暴に見えながら、粘り強い交渉術に国連軍側は大いに翻弄された。

金日成は南日の才能を買っていたらしく、休戦協定締結後、外国向けの顔となる外相に抜擢する。

しかし、中国帰りの「延安派」や「ソ連派」粛清の契機となった56年の宗派事件で粛清は免れたものの、59年に実権のない副首相に追いやられた。66年には鉄道相、72年には政務院の6人の副総理の1人に「格下げ」される。

「紳士」と称された南日は、政権内のごたごたには関心がなかったようだ。それでも、金正日の恨みを買ったのは、正日の異母弟で後継者レースのライバルと目された金平一を支持したとみなされたからだ。軍重鎮の呉振宇がそうだったように、70年代半ばまで軍部内には、正日と敵対した金聖愛の息子に好感を持つ者が少なくなかった。

機を見るに敏な正日は、後継体制に公然と歯向かう南日を放っておけば、政権中枢にも反対ムードがはびこると判断し、重鎮の排除を決意する。

南日の「事故死」が突如、公表されるのは、彼が後継体制に反対を表明した後の76年3月。車の往来がほとんどない大通りで、「乗車したベンツがトラックと衝突し、死亡した」という発表を人々は信じようとしなかった。

香港紙、サウスチャイナ・モーニング・ポストは《金日成、南日を殺害》という見出しで、「金日成が窓から突き落とした」「車ではね、死亡させた」といった謀殺疑惑を伝えた。だが、「金正日」の名前に言及した報道はなかった。

南日の死への金正日の関与をうかがわせる証言は、最近になって浮上する。2000年代に脱北した元高官が語った「真相」は以下のような内容だった。

副総理から西部、平安南道安州《アンジュ》にある南興《ナムフン》青年化学工場の支配人に左遷された南日は1976年2月、正日からの呼び出しで、夜間にもかかわらず、平壌に戻ることにした。乗車した官用のベンツが平壌近郊の順安《スナン》空港付近を通過したとき、軍用トラックと衝突、南日は即死だったという。

「事故現場に行った社会安全部交通調査課副課長の報告を読んだが、疑惑だらけだった」

事故を起こしたトラックは「91」で始まるナンバープレートを付けていた。「91」は正日の警護を担当する護衛2局（当時）所属の車両だけが付ける番号だ。事故現場を規制していた護衛2局の将校らは、質問しようとした副課長にこう告げたという。

「静かにうせろ。騒いだら君も私も終わりだ」

南日が消えたといっても、世襲体制に反対したのは彼1人ではなかった。南日が死亡した年の6月初め、金日成主催の党中央政治委員会会議で、金東奎が正日への批判を展開する。

「金正日同志が党事業を始めて以来、南（韓国）に親戚のいる者や南出身者が疎外されている。党の団結のためには、階級政策を改善しなければなりません」

こうも指摘した。「金正日同志は、老幹部たちに『老衰』というレッテルを貼り、一線から退かせた後、自分を支持する青年幹部を大挙任用しています」

正日の権力固めのための幹部刷新を、核心を突いて批判したのだ。「金正日体制づくりをこんなに急ぐ必要はありません。金正日同志の推挙は、人民が納得できるよう時間をかけて進める必要がある」

抗日パルチザン出身の東奎は、戦闘中に片腕を損傷する重傷を負った「英雄」だ。さらには、日成と別の副主席、金一に次ぐ3番目の実力者で、実直な性格から精神的な支柱として慕う幹部も多かった。それだけに、「英雄」からの表立った批判は、正日にとってこの上ない痛手となった。

米国のやつらを懲らしめてやれ

副主席の金東奎による金正日後継体制批判が噴出した１９７６年６月の朝鮮労働党中央政治委員会会議の翌月、金日成は、政治委会議を再招集する。危機にあっても常に日成サイドに立ってきた抗日パルチザン出身の政権重鎮、崔賢や金一、崔庸健の支持の下、これ以上、批判が尾を引くのを断ち切ろうとした。

ところが、崔賢は人民武力部長のポストを呉振宇に譲ったばかり。東奎より上席の副主席、金一は老いて往時の力を失っており、庸健は病欠した。崔賢と金一は、東奎に「自己批判」を促し、事態の収拾を図ろうとするが、東奎はこう言ってかたくなに拒んだ。

「私は金正日トンム（同志）に反対するのではありません。工作（仕事）方法上、見直すべき点があると言っているのです」

総理に起用され間もない朴成哲ら他の政治委員はそろってだんまりを決め込む。揚げ句は、党組織指導部副部長で、対外工作を担う連絡部（後の対外連絡部）長の柳章植まで東奎に同調し、正日非難を始める逆効果を生んだ。

柳章植は、南北分断後初めて発表された72年7月の南北共同声明の陰の立役者で、金日成からも絶大な信任を得ていた。その豪胆ぶりを物語る証言を、73年5月の南北高官級接触で韓国側スポークスマンを務めた李東馥《イドンボク》が残している。

「(組織指導部の)金英柱部長はお元気ですか」と尋ねた東馥に、柳はこう言い放ったという。

「知らんよ。病気とか何かで引っ込んでいる。寝転がっているんじゃないか」

日成の実弟で上司でもある金英柱をないがしろにした発言に、東馥は仰天した。

2度目の政治委会議に出席した柳は、候補委員資格にすぎなかったが、工作機関を牛耳っており、軽々に無視もできなかった。

柳は、金正日の「階級政策」を問題に挙げた。自分中心の指導体制を固めるため、正日は住民の身分調査を徹底。全住民を、信じられる者や信じられない者(動揺階層)、敵対分子などに再分類する「住民了解事業」は既に4年間続き、終わる気配もなかった。

「金正日同志の階級政策は改善すべきです」と述べ、柳は断言した。「南朝鮮(現・韓国)出身者を疎外し、幹部職から外すのは党の団結に不利です」

議場の空気が正日批判へ傾きつつあるなか、日成が口を開く。「正日トンムの事業作風(仕事の進め方)には確かに問題がある」と前置きし、一同に告げた。

「しかし、問題があるなら、そのとき、その場で指摘しなければなりません。なぜ、その場では口をつぐみ、いまさら騒ぐのか」

日成は、後継者の資質について蒸し返す柳らへの怒りが収まらなかった。かといって、政権内に決定的な亀裂を生じさせるわけにはいかず、結論を先送りする。だが、これを黙って見過ごす正日ではなかった。その後に訪れた最大級の危機をチャンスと捉える。

76年8月18日、南北軍事境界線の板門店で世界を震撼《しんかん》させる事件が起きた。ポプラの木を切ろうとした米軍将校2人を北朝鮮兵がおので殺害したのだ。

共同警備区域内の「帰らざる橋」近くに植わるポプラ並木について、監視所の視界を遮るとして、米韓兵を中心にした国連軍が剪定《せんてい》を始めた。

そばで見ていた北朝鮮兵側は突然、作業中断を要求。国連軍側が無視すると、一時撤収し、しばらくして約30人の集団で押し寄せた。「殺せ」との号令の下、襲いかかる。

約3分間に作業を指揮していた将校1人をおので斬殺し、もう1人を棍棒《こんぼう》で撲殺した。

「おの蛮行」とも呼ばれた事件の引き金となった命令は誰が下したのか——。金正日の部下だった申敬完の証言による経緯はこうだ。

「米軍がポプラの木を切っている」と中央に報告が上げられたのは事件直前。正日は「朝鮮サラム（人）の気概を見せてやれ」「銃は使わないこと。米国のやつらを懲らしめてやれ」と命じたとされる。

党・軍・秘密警察の「3線通報体系」によって、監視と指示の網を全国に張り巡らせていた正日の許可なしに、現場判断でこれだけの事件を強行するとは考えられなかった。

事件後、韓国では、高度な防衛準備態勢に入る「デフコン（DEFCON）3」が朝鮮戦争後初めて発令される。

3日後の8月21日、米韓軍は、メンツを懸けたポプラ伐採「作戦」に着手する。おのを持った米工兵隊16人と護衛小隊30人、韓国軍特殊部隊64人が共同警備区域に乗り込んだ。上空にはヘリコプター27機にB－52戦略爆撃機や戦闘機が飛び、朝鮮半島沖には空母ミッドウェイを中心にした機動部隊まで展開した。第2次朝鮮戦争にもつながりかねない一触即発の緊張が走るなか、ポプラの木は伐採された。

韓国兵は即座に撤退せず、北朝鮮軍の歩哨所をたたき壊し始めた。北朝鮮軍は、されるがままに推移を座視した。

同じ時刻、金日成は金正日に怒りをぶつけていた。

日成「誰の命令だ」

正日「米国のやつらがわざとやったことです。戦争を起こすために挑発したのでしょう」

米軍が〝本気〟を見せつけた臨戦態勢に肝を冷やした日成は、ポプラ伐採作戦が終了して1時間もしないうちに「遺憾の意」を表す親書を国連軍に届ける。

3日間で事態は収束するが、正日はこの危機をむしろ好機と踏んで、政敵の排除に動く。全土に準戦時体制を敷き、総動員令を発布、軍部隊に戦闘態勢の維持を命じる。そのうえで、半島南部の出身者や知識人を含む「不純分子」約20万人を平壌から強制退去させる。「疎開事業」と称したこの追放策は、妹婿の張成沢指揮の下、秘密警察の国家政治保衛部（後の国家安全保衛部）が遂行した。

準戦時体制は翌年夏まで続き、正日は、それに乗じて金東奎と柳章植の追い落としに成功する。

77年10月の党政治局会議で、東奎は民心を乱した罪に加え、裏切り者と名指しされた。柳はスパイ罪に問われ、ともに北部の山奥に監禁された。正日主導ででっち上げられた調査資料が証拠とされ、疎開事業での混乱の責任までなすり付けた。

2人に同調した軍幹部の多くも粛清される。人民武力部副部長の池炳学《チビョンハク》や、同副部長で成沢の叔父の張正煥、党検閲委員長の池京洙《ギョンス》は保衛部に連行された。苛烈な追及が続くなか、京洙と炳学は相次ぎ死亡。成沢をかつては庇護《ひご》した正煥までも職を解かれ、北部、慈江道に放逐される。

見破られた盗聴、軍掌握に失敗

軍経歴のない金正日に軍部はすんなりと従おうとしなかった。その代表格が人民武力部長を務めた呉振宇だ。軍部にも自らの指示を貫徹させる「唯一体制」を築くため、正日はまず、軍の中にある朝鮮労働党組織の掌握に動いた。

軍部内で正日指導体制の積極支持を打ち出したのが、金日成のいとこの夫の李《リ》勇武《ヨンム》だ。李は、抗日パルチザン出身ではなく、振宇のようなカリスマ性もなかった。目立った軍功さえないにもかかわらず、スピード出世する。周囲から日成が目をかけているとみなされたからだ。

李の縁戚に当たる康明道の『北朝鮮の最高機密』によれば、部隊視察に訪れた日成が、李にこう声を掛けたという。
「君はいまだに政治委員あたりでくすぶっているのか」
第2中央政治学校を卒業した李が師団の政治委員をしていた１９６４年ごろのことだとみられる。この発言が軍内に知れ渡り、同年6月に朝鮮人民軍総政治局第１副局長に昇進する。

党組織指導部の影響下にある総政治局は、軍部人事を握っているうえ、「組織生活」と称した定期会議などを通じて軍幹部をいつでも査問できる査察機関でもある。金正日はまず、軍の中で党系統下にあるこの権力機関に手を回した。

組織指導部長就任を翌月に控えた73年8月、正日は、目玉人事として、李勇武を総政治局長に起用。軍内の思想教育を受け持つ人民武力部宣伝部長に側近の朴重国《パクチュングク》を据えた。

李は派手な遊びを好み、嗜好《しこう》が正日に似通っていた。総政治局長に就くと、正日に取り入るため、平壌中心の蒼光山の麓にある人民武力部所有の広壮な招待所（別荘）に軍協奏団から20歳前後の若い女性を連れ出し、接待させた。

「2人とも女には目がないという共通点があった。当時、新しく出たベンツ３００を5台とリンカーン・コンチネンタルなどを代わる代わる乗りまわし、全国各地の別荘で放蕩の限りを尽くした」（康明道）

李は、招待所で側近らを集めて頻繁に酒宴を開き、職権を乱用して躊躇なく、軍傘下の芸術団から若い女性を呼び付けた。

宴席を盛り上げた女性には、褒美として入党を許可し、金日成の名前を刻んだスイス製の「金日成時計」を握らせた。金日成時計は本来、師団長以上や特別な軍功を立てた者に授与され、対象者は年金と特別配給が死ぬまで保証される。

そんな彼女らについて、康明道は、酒席で幹部らに尽くす後の「喜び組」の「嚆矢《こうし》」だと指摘している。

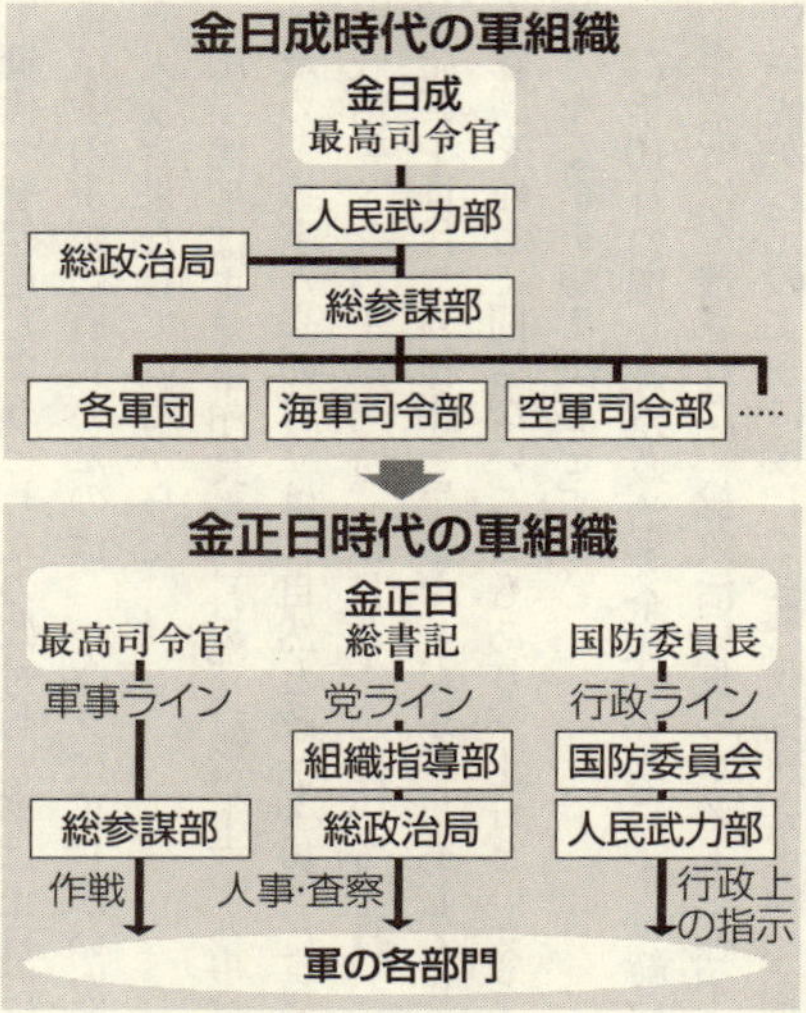

「おい、お前」

李勇武は、13歳年下の金正日を私的な席でこう呼ぶほど増長していく。正日が鷹揚《おうよう》にも、そばに置き続けた理由は、呉振宇らたたき上げの軍幹部を牽制するためにほかならなかった。

しかし、振宇が76年5月、防衛相に相当する人民武力部長に就任すると、対立は決定的となる。

東部前線に展開する江原道の第1軍団長人事をめぐって、同軍団司令官出身の振宇がパルチザン出身の「革命第

1世代」を起用しようとしたのに対し、李は正日に追従する人物を推した。正面切って軍の重鎮中の重鎮に盾突いたのは、バックに正日がいたうえ、その年6月に政権中枢の政治委員会入りを果たしていたからだ。

70年代半ばまで軍団長を含む部長級以上の人事は政治委の決議を経る必要があった。このため、振宇と李の対立は、自然と政治委員会に持ち込まれ、金日成も知ることとなる。

政治委メンバーは当時、正日と李を除いて全員パルチザン出身だった。対立は「正日派VS.革命第1世代」の様相を呈した。だが、折あしく正日が元老らを「老衰」呼ばわりした発言が物議を醸して間もないこともあり、正日といえども、李の肩を持つわけにもいかなかった。仕方なく李を切る決心をする。

77年10月に開かれた政治委全体会議で、李は総政治局長を解任され、北部、慈江道の林業事業所に左遷された。総政治局長のポストを振宇に差し出すのと引き換えに、正日は、少年時代から兄のように接してきた呉克烈を軍副総参謀長に、側近の朴重国を人民武力部副部長に送り込んだ。

朴は、人民武力部宣伝部長時代に正日の個人崇拝を推し進めた人物だ。「金正日のお言葉集」を作成して軍部隊に配布し、他の政府機関に先んじて軍部隊の兵営や学習室に正日の肖像画を掲げさせた。

この前後、南北軍事境界線の板門店で米軍将校2人が殺害された「ポプラ事件」(76年8

月）が起き、軍部隊に待機命令が出されていた最中に、呉振宇の執務室に盗聴器が仕掛けられていた事実が発覚する。

金正日か、その義弟の張成沢の仕業とにらんだ振宇は、ひそかに調査させ、すぐに人民武力部副部長の朴重国の「犯行」だと判明する。朴が正日や張の酒席に頻繁に招かれていたことを振宇はつかんでいた。

正日の直属の部下だった申敬完の『傍らで見た金正日』によると、怒りを抑え切れなかった振宇は金日成の下に駆け込み、「首領さま、私はこれ以上、人民武力部長をやっていられません」と訴えた。

「私が反動だとでもいうのですか。南朝鮮（韓国）のスパイですか。私の部屋に盗聴器を仕掛けた者がいます」

「それは本当か」と驚き、聞き返した日成に「この呉振宇が首領さまに嘘をついたことが一度でもありますか。副部長の朴重国がやったようです」と告げ、たたみかけた。

「この呉振宇を武力部長から追いやるか、朴重国を追い出すか、首領さまにお任せします」

結局、朴が軍を追われることになるが、正日の計らいでキューバ大使に栄転する。李勇武や朴が軍を去った後も、総政治局長を兼務した振宇に対し、正日は、総参謀長に昇格する呉克烈を通じて監視し続ける。専用のファクスを使って軍内部のささいな出来事まで毎日2回ずつ報告させた。

それを知りながら表沙汰にはしなかった振宇だが、ある日、将校らの集まりで怒りをぶちまけた。克烈をこう面罵したとされる。

「こら！　君、人民武力部に主が何人いると思っているのか」

日成からの絶大な信頼と、軍での圧倒的な人望を得ていた振宇を排除する手立てを正日は持っていなかった。一気に軍を掌握することは諦め、最重鎮との対決を避けて、振宇を抱き込む方向に戦略を転換する。

好きな「スパイ映画」を現実に

1976年後半までに、金正日は、朝鮮人民軍を除くほぼ全ての権力機関を自分の影響下に置くことに成功する。それを可能にしたのは、手足となった国家政治保衛部（現・国家安全保衛部）という特殊機関の存在だった。

映画を通して父、金日成や元老らの心をつかみ、権力を手にしたが、「芸術」だけで地位を維持できないことも誰より分かっていた。そこで目をつけたのが工作・情報部門だ。正日にとって工作活動は映画の世界そのものだった。

「北朝鮮が拉致や暗殺、爆破テロを繰り返したのは、金正日の猟奇的な映画趣味と無関係ではない」と、米中央情報局（CIA）で対北情報活動を担ったマイケル・リーは証言する。

「彼はスパイ映画が特に好きだった」

金日成を中心にした「唯一体制」を守るには、ソ連の国家保安委員会（KGB）のような特務機関が不可欠だと、金正日は父に秘密警察創設を強く訴えた。

73年2月15日、警察機構の社会安全部（後の人民保安部）の一部門にすぎなかった政治保衛部を独立させる形で、国家政治保衛部が発足する。初代部長には、金炳河《キムビョンハ》が就任した。

炳河は護衛副局長だった65年4月、正日が警護責任者として日成のインドネシア訪問に同行した際、実務を担当した。一行がジャカルタの大統領宮殿を訪れる直前、大統領のスカルノを狙った爆弾テロが起きた。炳河が宮殿入りする時刻を遅らせたため、日成らは間髪の差で命拾いする。

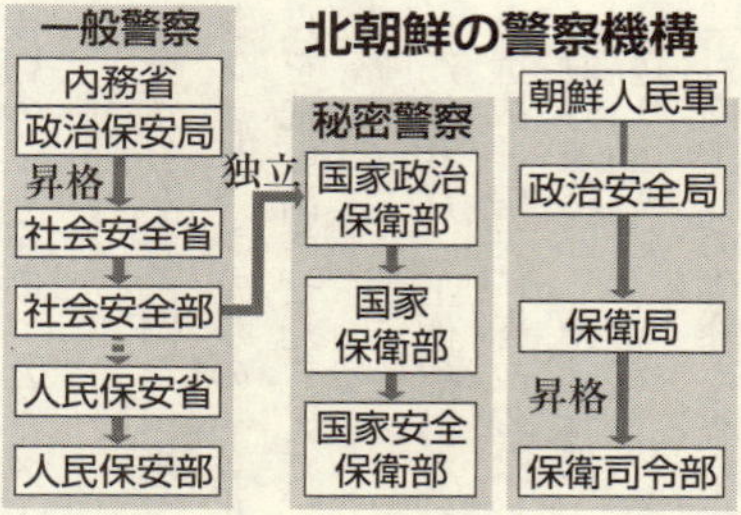

炳河は、正日らから絶大な信頼を得て社会安全相に躍進。その後は、初代保衛部長と、とんとん拍子に出世し、正日にべったりの態度を保ち続けた。正日が「唯一体制を阻害する」と名指しした者は、地位の高さにかかわらず、容赦なく処罰した。

保衛部から韓国に亡命した白明奎《ペクミョンギュ》（仮名）によれば、保衛部は、日成絶対化のために正日が制定した「10大原則」に反するとみなせば、ささいな行為でも次々摘発していった。

「うっかり口を滑らせた人や、『労働新聞』の紙でたばこを巻いて吸った人でも、政治犯収容所に連行した」（白）

正日は、炳河を使って保衛部以外の社会安全部や軍の秘密警察部門の保衛局（現・保衛司令部）も牛耳っていく。そうして後顧の憂いを断ったうえで、工作機関の掌握に乗り出す。

金正日が各部門を〝乗っ取る〟手法はいつも同じだった。朝鮮労働党中央委員会で仕えたシン・ピョンギルの『金正日と対南工作』によると、最初に大掛かりな査察を仕掛け、問題点を洗い出させたうえで、人事を刷新し、「最後に自分中心の指揮体系をつくるという手順を踏んだ」。

75年6月、工作部門を対象にした集中査察が始まる。党組織指導部の査察部門から32人を選抜。中央に縁故のない地方幹部だった徐允錫《ソユンソク》をトップとした検閲チームを、連絡部（後の対外連絡部）や調査部（後の対外情報調査部）といった党の工作機関や傘下の研究所などに送り込んだ。

「対南工作の実務を査察するのが目的ではなく、一人一人の政治態度や思想問題を追及した」（シン）

査察は毎日ほぼ20時間、しかも5カ月間も続いた。正日は、進捗《しんちょく》状況を逐一チェックした。必要に応じて現場を視察し、その場で幹部の処分を決めることもあったという。

党内には動揺が広がり、シンによれば、精神に支障をきたす幹部もいた。在日本朝鮮人総連合会（朝鮮総連）で活動後に本国入りした幹部の一人は「単純ミスを政治・思想的な問題として厳しく追及されたため、耐えきれずに自殺した」。

過酷な追及はそれだけにとどまらなかった。査察作業終了後の同年10月25日から11月3日、検閲内容を総括する「総和会」が開かれ、正日自身が4日間にわたって同席する。

初日に徐が5時間半に及ぶ報告を行う。それまでの工作活動を全否定するものだった。対南工作関連の70余りの課から約130人が参加し、朝から午前0時まで「自己批判」と「相互批判」を繰り返させられた。

1974年5月に北朝鮮北東部の咸鏡北道を視察する金正日
（1994年に北朝鮮で刊行された『金正日指導者』より）

最終日には、対南事業を統括する党の担当書記、金仲麟《ジュンリン》が工作資金を無駄にした「過ち」について自己批判に立つ。

貿易業者を装って北朝鮮を出入りしていたソウルのマスコミ出身者に、仲麟は独断で40万ドル（現在のレートで約5千万円）の工作資金を手渡した。この人物は「韓国軍部や政・官界の人脈を利用してクーデターを引き起こす」と豪語していたが、全くのでたらめだったと判明したのだ。

「ベトナムで人民軍が勝利する時期が近づいていた。祖国統一事業でも決定的転機をつくるために焦ってやってしまったことだ」

こう言い逃れようとする金仲麟に対し、会場から「連れ出せ！」と罵声が浴びせられた。シン・ピョンギルは「金仲麟は、過酷な批判に涙を流しながら、3回も討論（自己批判）をやり直さなければならなかった」と振り返る。仲麟はこうも言い募った。

「（金日成）首領さまをお喜びさせるためにやったことです」

「子供の遊びとでもいうのか！」。黙って聴いていた金正日が口を開いた。

正日は、韓国に根付いた「20万人の党員」が朝鮮戦争勃発と同時にストライキや暴動に決起し、「一気に革命を起こす」と述べたという朴憲永の言動を挙げ、「結局、何も起こらなかった。それと金仲麟トンム（同志）の虚偽報告は同じではないか」と叱責した。

朴は元抗日独立活動家で副首相兼外相も務めたが、朝鮮戦争後に金日成に粛清される。その朴と同じと名指しされた仲麟の命運は決した。

「50年代以来の対南工作は一言で言えば、0点です」。その後に行った3時間に及ぶ演説で、正日は、それまでの対南戦略を徹底的にこき下ろした。

「これは私の見解ではなく、首領さまが下した結論です」と強調したうえで、こう締めくくった。

「過去の工作活動は全て白紙に戻すべきです。新しい戦略・戦術的な方針をもって、新たな覚悟で始めなければなりません」

総和会が終了しても「自己批判」は翌年4月まで継続される。結果、対南工作を所管する「対南事業総局」は廃止、対南担当書記を中心に工作関連各部の幹部らが工作戦略を話し合う会議体の「組織委員会」も解体された。

仲麟は、傘下団体の一つである「南朝鮮研究所」所長に左遷される。正日が対南担当書記をも兼務し、工作機関の指揮権をその手に握る。

美貌のスパイをトップに抜擢

朝鮮労働党の対南工作を統べる担当書記を兼務することになった金正日は、工作部門の人事に手を付ける。党内人事を統括し、各部署を任意で査察できる組織指導部長と組織担当書記のポストを一手に握っていた正日は、独断で人事を決めることができた。

対韓国工作の中核をなす連絡部（後の対外連絡部）のトップには、対南担当書記を解任された金仲麟に代わり、女性工作員として暗躍した鄭慶姫《チョンギョンヒ》を抜擢。海外での拉致や暗殺、テロ工作を指揮する調査部（後の対外情報調査部）長には、側近の李完基《リワンギ》を据えた。

韓国情報当局も素性をほとんどつかんでいなかった鄭慶姫だが、北朝鮮の工作員の間では、「英雄」として知られていた。

近年、脱北した元工作員の一人は「一言でいうと、伝説的な女性スパイだった。（工作員を養成する）金正日政治軍事大学出身者で、鄭慶姫を知らない人間はいなかった」と振り返る。

同大副学長だった申《シン》ドヒョンから、韓国潜入時に、老女に見せかけるため、自分の歯を全部抜いてしまったといったさまざまな「伝説」を聞かされたという。ドヒョンは１９６０年代終わりごろ、韓国へ潜入中に重傷を負った鄭を救出した経験の持ち主だった。

28年、現在の韓国慶尚北道《キョンサンプクト》に生まれた鄭は、朝鮮共産党員として活動中に逮捕され、ソウルの西大門刑務所で服役。朝鮮戦争中に朝鮮人民軍によって解放され、北朝鮮に渡る。その後、工作員を養成する金剛政治学院（後の金正日政治軍事大学）で教育を受け、連絡部の課長を経て75年に同部部長に上り詰めた。

調査部長に起用された李完基は、本名を李昌善《チャンソン》といい、文化芸術部長という表の顔を持っていた。

鄭同様に出身は現在の韓国で、終戦後に北に移って金日成の護衛兵となった。日成の信頼を勝ち取り、早くから工作部門で対南テロの専門家として数々の謀略活動を画策したとされる。

人事とともに工作機関の指示系統も一変する。金正日に仕えたシン・ピョンギルは『金正日と対南工作』で、「対南事業に関する全ての事柄は、漏れなく金正日に報告しなければならないシステムに変わった」と証言する。

工作活動資金は1ドル単位まで正日のサインが必要となり、工作員の潜入経路に至るまで報告し、正日の判断を仰がなければならなくなったという。

こうして工作部門に「金正日唯一指導体系」が確立した後も、韓国を含む西側情報当局は、金正日が持つ権力や人物像をほとんど把握していなかった。

正日は78年1月、拉致してきたばかりの韓国人女優、崔銀姫のために宴会を催した際、崔にこう話しかけた。「南朝鮮（韓国）のガキどもは、私が植物状態だと騒いでいるそうですね。どうですか。崔先生がみて？」

韓国では、動静が伝わらない北朝鮮最高指導者の長男について「病床で植物状態だ」といった噂が流れていた。だが、実際は当時、既に「偉大な指導者」として振る舞っていたのだ。

妻の崔と同時期に拉致された映画監督の申相玉《サンオク》は、崔と共同の手記『金正日王国』に以下のようなエピソードを記している。

朝鮮労働党工作機関の変遷

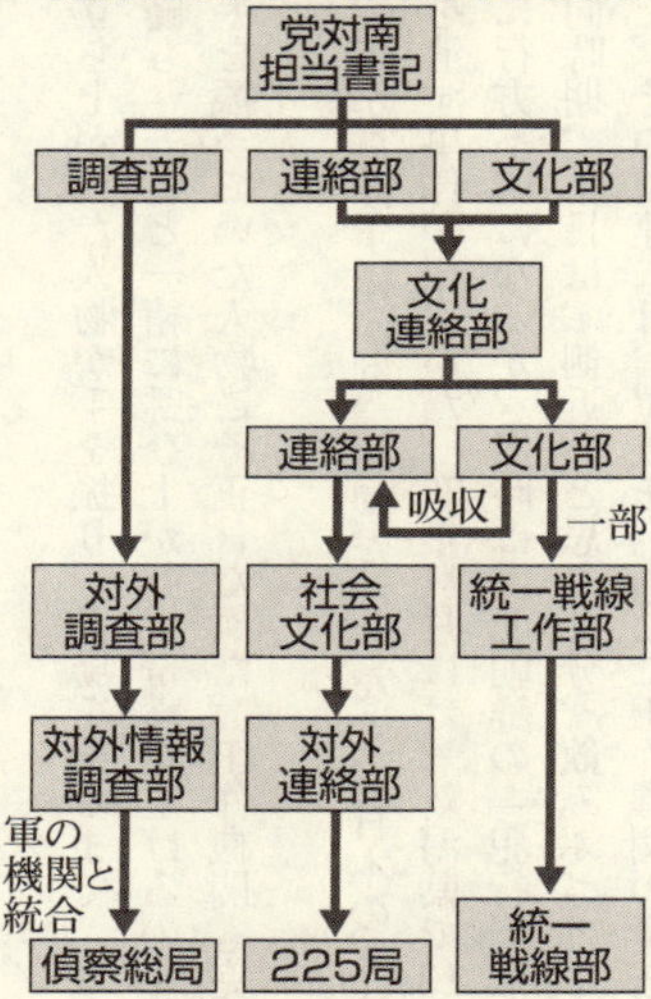

78年7月に拉致され、北朝鮮に着いて3日目、万寿台芸術劇場に連れて行かれた。公演後、巨大スクリーンに金日成と正日が映しだされ、客席の「一番前に座っていた人」が立ち上がると、俳優らが「ウサギのようにピョンピョン跳びながら、『親愛なる指導者バンザイ！　バンザイ！』と奇声を上げ始めた」とい

う。

立ち上がった人物が手を振り、会場を出るまで「ピョンピョン」は続く。上品そうな高齢俳優も「若者と一緒に跳び上がり、奇声を上げるのを見ていると、醜く、悲しくなった」。手を振っていた人物こそ正日だった。工作機関も完全掌握し、公私ともに絶頂期を迎えていた。

77年から78年にかけ、韓国だけでなく、日本の北陸や九州の海岸でアベックらが忽然《こつぜん》と姿を消す事件が相次いだ。77年11月には、新潟県で13歳の中学生だった横田めぐみが下校途中に行方不明になるが、当時は、北朝鮮の「犯行」だと知るよしもなかった。

同時期、正日は、側近らと思う存分、飲みふざける秘密パーティーを毎週金曜日に開いていた。その常連には、拉致を企画した工作機関の責任者らがいた。

『金正日王国』によると、崔が出席したパーティーには、正日の妹婿の張成沢らに加え、連絡部長の鄭慶姫や調査部長の李完基、同副部長の金ジュヨンら10人ほどが顔をそろえた。その中には、別の調査部副部長、姜海竜《カンヘリョン》の姿もあった。大阪市の中華料理店に勤めていた原敕晁《ただあき》ら複数の日本人拉致を指揮したとされる人物だ。

崔銀姫は、「不毛の地」に連れてきて軟禁しておきながら、自分を呼び出しては、放蕩ぶりを見せつけた金正日の酒宴についても詳細に書き残している。

拉致されて間もない78年2月、宴会場で、「崔先生、紹介しましょう」という正日の言葉に振り向くと、見知らぬ女性が立っていた。正日は「連絡部長の鄭慶姫だ」と紹介した。ソウルで「鄭慶姫」という女性スパイが登場する実話に基づく劇を目にしたことのある崔は、ドキッとしたという。「チマ・チョゴリをまとい眼鏡を掛けていたが、スレンダーできれいな顔だった。年は40代後半だっただろうか」（崔）

「お会いできてうれしい」とあいさつした崔に、鄭は「よくいらしてくれました。革命のために努力しましょう」と応じた。

崔の手を軽く握り、柔らかい口調で話す鄭は「女の鋭い触覚をとがらせ、自分を観察していると感じた」と崔は振り返る。立て続けに酒を一気飲みしたりもしたが、最後まで隙を見せることはなかったという。

米中央情報局（CIA）在職中に、崔と夫の申相玉が北朝鮮から脱出するのを裏で支援したマイケル・リーは、夫妻の拉致を正日が企てる動機となったのは、相玉が制作した「離れの客とお母さん」という映画だったと指摘する。

「純粋で切ない韓国的な愛情物語を映画で初めて見て、正日は気持ちを動かされたのでしょう。特にお母さん役の崔銀姫にほれたと思います」。リーはこう分析したうえで、拉致の内幕について語った。

「この映画を見て、連絡部副部長のイム・ホグンに『崔銀姫を連れてこい』と拉致を指示したと聞いています」

イムは、香港で崔の拉致を実行した人物だ。その「実行犯」が平然と正日主催のパーティーに顔を出していた。

日本人を拉致し完璧に変身せよ

工作機関を掌握した金正日は、工作員の待遇を改善する措置を取る。工作員の生活費を大幅に引き上げ、一般社会と隔離した「村」に工作員らを住まわせた。

彼らの生活必需品の一部には、外国製を支給。「915病院」と呼ぶ専用の医療施設も整備し、工作員一人一人に主治医まで付け、士気を高めようとした。

「915病院」は、1987年11月に大韓航空機爆破を実行した元工作員の金賢姫《キムヒョンヒ》が、日本人拉致被害者の田口八重子と「面会した」と証言した病院だ。

日本の警察関係者に、自分に日本語を教えたという「李恩恵《リウネ》先生」のことを追及され、示された15人の日本人の顔写真の中から、賢姫は、迷わず田口の写真を言い当てた。

「写真は、平素から知っていた彼女より、すこし太っていた。だが、彼女が腰を痛めて915病院に入院していたときにまるまるとして見えた、彼女そのままだった」(『いま、女として—金賢姫全告白』)。賢姫は81年7月から83年3月にかけて、田口と生活をともにした。

70年代後半、オーストリアの首都ウィーンに勤務したという米中央情報局(CIA)の元要員、マイケル・リーは「70年代まで北朝鮮はまだ元気があり、工作員の士気も高かった」と説明しながらこう振り返る。

「彼らはウィーンを中心とした欧州や香港、シンガポール、日本の主要都市にクモの巣のような組織網を構築して猛烈な工作活動を繰り広げていた」。そのうえで、欧州で暗躍した〝著名〟工作員として「キム・デソン、キム・ユーチョル」ら数人の名前を挙げた。

この時期、北朝鮮の工作活動は、韓国に「暴力革命」や「体制転覆」を引き起こすことに主眼があったが、金正日個人の趣味を満たすための活動にも大量の人員が投入された。

2009年３月、韓国・釜山で田口八重子の長男、飯塚耕一郎（手前）と初対面し、抱き合う金賢姫

ウィーンを中心に軍需物資の調達を担当した元工作員の金正律《ジョンリュル》は、94年に現地で亡命するまで20年間、正日のために世界最高級の贅沢品や高級車、電子機器の買い付けに奔走した。

正日の別荘を飾る高級絨毯《じゅうたん》やシルクの壁紙、チェコ製シャンデリア、イタリア産家具をカネに糸目を付けずに購入した。水道管さえ、さびの出ない特殊加工品をオーストリアのメーカーから取り寄せ、50コンテナ分送ったこともあった。

「買い付けの80%は、金正日とその周りの人間のためのもの」で、「整備工４人とメルセデス・ベンツ社で研修を受けたこともあった」（金正律著『独裁者を告発する』）という。正日が乗り回すベンツの整備に必要なタイヤ圧やバッテリー測定器、スパナ1本まで全てドイツで購入した。

「100号物資」と呼ぶ映画フィルムの調達も在外公館にいる工作員の大事な任務とされた。

各種工作を展開するのに、西側当局からマークされる北朝鮮パスポートは「不便」この上なく、「障害」でさえあった。

80年6月、宮崎市の海岸から中華料理店店員だった原敕晁を拉致した工作員の辛光洙《シングアンス》は、潜入先の韓国で85年に逮捕され、韓国の情報機関、国家安全企画部の取り調べに、拉致の目的は「日本人になりすますため」だったと供述する。

安企部の捜査資料などによると、辛は、対南工作を指揮する「3号庁舎」に呼び付けられ、こう命じられたという。

「日本人を拉致して北へ連れてこい。その人物の身上記録を完全に暗記し、完璧な日本人に変身した後、対南工作の任務を引き続き遂行せよ」

その場で、暗号解読用の冊子2冊と、消した文字を浮かび上がらせる試薬一式、現金1万ドル（現在のレートで約120万円）を手渡された。辛に直接、指令を下したのは、金正日自身だったとの見方もある。

70年代後半、南北朝鮮の体制競争は熾烈《しれつ》を極めていた。韓国では、経済発展に伴い民主化要求が高揚。学生デモが激しさを増すなか、戒厳令が敷かれ、政情は混沌《こんとん》としていた。

米軍が撤退したベトナムに76年7月、社会主義共和国が樹立されるなど、国際情勢は北朝鮮に有利に動いているようにもみえた。正日はこれを好機と捉え、韓国の「瓦解工作」にハッパを掛ける。

政府認定の日本人拉致被害者（◉は2002年に帰国）

拉致の時期		氏名（敬称略）	当時の年齢	場所
1977年	9月19日	久米裕	52	石川県能登町
	10月21日	松本京子	29	鳥取県米子市
	11月15日	横田めぐみ	13	新潟市
78年	6月ごろ	田中実	28	欧州出国後
		田口八重子	22	不明
	7月7日	◉地村保志	23	福井県小浜市
		◉地村（旧姓・浜本）富貴恵	23	
	7月31日	◉蓮池薫	20	新潟県柏崎市
		◉蓮池（同・奥土）祐木子	22	
	8月12日	市川修一	23	鹿児島県日置市
		増元るみ子	24	
		◉曽我ひとみ	19	新潟県佐渡市
		曽我ミヨシ	46	
80年	5月ごろ	石岡亨	22	欧州
		松木薫	26	
	6月中旬	原敕晁	43	宮崎市
83年	7月ごろ	有本恵子	23	欧州

76年1月、対南工作部門幹部会議で、正日は「工作員の現地化教育を徹底的に行え。そのために現地人を連れてきて教育に当たらせよ」と指示したとされる。

工作部門の全権を握る最終段階を迎えていた指導者自ら、工作対象地域の人間になりきれ、そのためには、手段を選ぶなと命じたことを意味した。世界各地で北朝鮮によるとみられる拉致事件が頻発するのは、その後からだ。

同年7月、「モンゴルを旅したい」と出国した当時24歳の福留貴美子の消息が途絶え、北朝鮮にいたことが判明する。

現・クロアチアの首都ザグレブでは翌年7月、北朝鮮工作員による韓国人女優、尹静姫《ユンジョンヒ》夫妻の拉致未遂事件が起きた。

77年9月には、石川県の能登半島から警備員だった久米裕《ゆたか》が拉致される。北朝鮮に永住帰国した肉親を人質として在日朝鮮人を抱き込み、協力させる手口が常套《じょうとう》手段に使われた。

拉致実行犯として2003年に国際手配される工作員、金世鎬《セホ》は、日本に不法入国した後、東京都内で建設会社と金融会社を営んでいた在日朝鮮人経営者に接近。北朝鮮で暮らす妹の写真と肉声テープを突き付け、「協力しないと身のためにならないぞ」と脅した。

工作員に仕立てられた経営者は1977年8月、世鎬を通じて「日本人を北朝鮮に拉致せよ」という指令を受ける。「能力は問わない。45歳から50歳ぐらいの日本人で、独身男性を対象にしろ」との内容。その人物の身分を乗っ取り、なりすます「背乗り《はいのり》」目的であることは明らかだった。

経営者は、金を貸し付けた客の中から久米をターゲットに選び、9月19日、石川県能登町の宇出津《うしつ》海岸へ連れ出した。

旅館での夕食中、2人は一言も会話を交わさなかった。食事後、海岸に向かう2人を不審に思った旅館の主人が警察に通報するが、久米は、断崖に囲まれた入り江で、男4人に担がれる形でゴムボートに乗せられ、闇に消えた。

北朝鮮は「金世鎬」の存在を否定している。だが、マイケル・リーは「工作員が本名を名乗らないのは常識だ」と指摘する。

その1カ月後の10月には、鳥取県米子市で、縫製工場の従業員だった松本京子が、さらに翌11月には、新潟市で、中学1年だった横田めぐみが北朝鮮の工作員に拉致された。

「007」を再現した拉致事件

1970年代後半から80年代初めにかけて北朝鮮によるとされる拉致事件が世界中で頻発した。多くは日本人を含む外国人を協力者に仕立てようとしたり、拉致被害者の身分になりすます「背乗り」を狙ったりしたとみられるが、「対南工作の遂行」という目的だけでは説明しきれない事件も少なくない。最たるものが、中学1年だった横田めぐみを拉致した事件だ。

北朝鮮による拉致は、工作を総指揮した金正日のパーソナリティーに迫ることなしには解き明かせない。

「金正日は、ジェームズ・ボンドの『007』シリーズの映画は漏れなく入手して繰り返し見ていた。彼は工作機関を私物のように動かした。自分の力を誇示するため、現実を映画のように演出しようとしたのではないか」

在韓米軍の情報部門や米中央情報局（CIA）で約40年間、450人以上の脱北した元高官や工作員らを尋問してきたマイケル・リーは、北朝鮮の工作に影響を与えた正日特有の嗜好についてこう分析した。

「彼は何より、スパイごっこが好きだった」

　金正日の映画好きは知られているが、彼が60年代終盤から80年代にかけ、８００本以上の映画を「制作」したと北朝鮮の公式メディアが伝えていることはあまり知られていないようだ。

　拉致事件が頻発する78年ごろ、正日が「北朝鮮版００７」といえるシリーズ映画「名もなき英雄たち」の制作の総指揮を執る。当時の正日の関心が何に向いていたかを物語っている。

　全20巻にわたって、北朝鮮工作員の活躍を描き、帰国した拉致被害者、曽我ひとみの夫で、元米脱走兵のチャールズ・ジェンキンスも出演する映画のストーリーはこうだ。

　朝鮮戦争勃発後、香港を拠点に工作活動していた主人公のユリムは、英新聞社の記者を装い、韓国に潜入するよう命じられる。有能で紳士的に振る舞う主人公は米政財界に影響を及ぼすほどの大物記者となり、韓国軍の将軍に接近して米軍の作戦計画を入手。戦争を勝利に導くという結末だ。

　ユリムと女性スパイ、スンヒとの愛憎劇を織り交ぜるなど、本家「００７」をまねたとみられるストーリー展開も目につく。

　ＣＩＡに勤めるスンヒの正体は北朝鮮工作員だとの設定で、そうとは知らずに敵対するユリムを、スンヒは何度も陰で助け、危機的瞬間にも身分を明かさない。美しく、機知に富んだ女性工作員は、北朝鮮だけでなく、社会主義圏の青年たちを魅了した。

映画は、70年代終わりに中国でもテレビ放映され、北京で大学に通っていた筆者も夢中になった。放映時間には、学生の大半が構内に数台しかないテレビの前に集まり、小さなブラウン管にくぎ付けになった。

西側の本家「００７」を目にしたことのない中国の学生らは、北朝鮮工作員の世界に吸い寄せられ、スンヒとユリムに憧れた。

1977年1月、母、早紀江さんの着物を着て新潟市の自宅前で写真に写る横田めぐみさん。この年秋に北朝鮮に拉致された（父、滋さん撮影）

映画からはこの時期、北朝鮮がいかに工作員の世界を美化し、それを自慢し、有能な工作員に国家の威信を懸けていたかという雰囲気が伝わる。「スパイ好き」な金正日の嗜好が反映していることなど、当時は知るよしもなかった。

正日は、シナリオやキャスティング、演技、音楽に至る全てを「総指揮」したといわれる。シナリオを書いた作家の李振雨《リジヌ》に工作機関の司令塔といえる「3号庁舎」の図書室を自由に使わせた。コレクションの外車を撮影に提供し、戦闘シーンに朝鮮人民軍の1個師団を動員させるなど、破格の扱いをした。

「革命戦士だからと大げさな演技はしなくていい。(工作員は)寡黙で控えめに演じる方がよい」と直接、主人公の演技指導に当たったとも伝えられる。

正日の内妻の姉、成蕙琅は手記で、当時の正日の印象をこう記している。

「もし金正日が権力のない家に生まれたなら、芸術家になっていただろう。政治に忙しかった父親(金日成)は息子を放任した。無制限な権力と豪奢《ごうしゃ》の中で、誰からの干渉もなしに本能ばかりが成長した」

「偉大」な父の影に覆われ、正日は、権力の裏側に回り、側近を相手に無制限の権力と豪奢さを見せつけることで自己満足を得ようとし、忠誠を勝ち取ろうとした。映画作りは、周囲に自分の全知全能ぶりを誇示する手段でもあったのだ。

しかし、映画という仮想の世界をつくるのは、普通の監督にもできることだ。正日が違ったのは「現実の世界」を「映画のように」見せるところにあった。

金正日に会った経験のある世界中の研究者や記者、亡命者をインタビューし、彼の精神構造を分析した米アリゾナ州立大学元教授のチョ・ヨンファンは『とても特別な人物、金正日』の中で、「金正日が大韓航空機爆破事件を起こしたのは、自分は映画のような世界を、現実世界でも再現できる能力があることを見せつけるためだった」との見方を示す。

「背も低く、体格も矮小《わいしょう》な金正日は、無意識に外見への劣等感を補うため、底上げした靴を履き、大きな奇声を上げて笑う。普通の人は仰天するほどの『太っ腹』を演じようとする傾向があった」

工作部門を掌握した正日は、それまでの工作機関ではできなかったことをやってのける必要があった。無差別な外国人拉致は、スパイのプロからみても、まさに〝非現実的〟だった。北朝鮮に拉致され、脱出する韓国人女優の崔銀姫は手記『金正日王国』で、常識では推し量れない正日の言動に触れている。

拉致から約1カ月過ぎた78年2月16日、正日は自分の誕生日に呼び出した崔に息子を紹介するなど鷹揚な態度を見せつつ、映画に話が及ぶとこう述べた。

「崔女史が出演した映画はみんな持っています。『あの雪原に鹿が』という映画があったでしょう。崔女史は本妻役、尹静姫はめかけ役でした。崔女史がどれほど気を病んだことか。はっはっは。尹静姫は実に、小憎らしいほどかわいかったな。はっはっは」

北朝鮮によるとされる各国の拉致被害者数

国籍	被害者数
韓国	517人（朝鮮戦争休戦後）
日本	17（日本政府認定）
マレーシア	4
レバノン	4
フランス	3
イタリア	3
中国（マカオ）	2
オランダ	2
タイ	1
シンガポール	1
ヨルダン	1
ルーマニア	1

救う会など調べ

尹は、崔を拉致する半年前に欧州で拉致しようとして失敗した韓国人女優だ。正日が「小憎らしい」という言葉を使ったのは、逃した悔しさをにじませたのだろう。崔に「同情的」だったのは、既に自分の手の中にあり、望めばいつでも目の前に連れてこられるという優越感を表したかったのだと考えられる。

マイケル・リーは、こう指摘する。

「金正日は、猟奇的趣味を満たすために工作員を動かした。外国から拉致した人も、彼にとっては〝調達品〟の一つだったのかもしれない」

拉致は「文化交流だ」と強弁

金正日は、生後すぐに旧ソ連の遊撃隊訓練キャンプの託児所に預けられ、母親も十分に愛情を注ぐ余裕がなかった。幼少時の正日に母乳を与えた北京在住の李在徳は「正日は、欲求不満のせいか、いつもうちの娘にかみついて泣かせた」と振り返る。

正日の精神構造を研究した米アリゾナ州立大元教授のチョ・ヨンファンは著書で「母性愛欠乏症に加え、反動から屈折した性格の持ち主になった」と分析する。

最高指導者の長男という立場に優越感を持ちながらも、異母きょうだいらに劣等感を抱いて成長し、必要以上の自己顕示欲や誇大妄想癖を見せることが多かったとされる。

大韓航空機爆破犯の元工作員、金賢姫の手記によると、北朝鮮に拉致された田口八重子は

「(金正日)指導者同志の誕生日祝賀会に私も出席した」と賢姫に打ち明けたことがあった。たくさんの芸術家や拉致されたとみられる日本人夫妻も出席したパーティーでは、有名女性歌手が「続けざまに服を脱がされる」ゲームが披露されたという。

韓国人女優、崔銀姫もその種のパーティーに呼ばれた拉致被害者の一人だ。

「私が(あなたを)連れてくるように指示した」

正日は、彼女に面と向かって〝犯行〟の指示をひけらかした。拉致という「犯罪被害者」の彼女らを破廉恥な酒宴に招いたうえ、自らの指示さえ悪びれることなく口にしたのだ。銀姫が拉致されたのは1978年1月。韓国人映画監督で、当時は一時離婚していた夫の申相玉との手記『金正日王国』に一部始終が生々しく描かれている。

銀姫は韓国で経営する映画学校の移転問題や資金繰りに困窮していた。そのとき、香港の映画会社幹部という男から、またとない提携の申し出があった。香港で出迎えた人物には、申が経営した「申フィルム」の香港支社長を務めた崔奎華《チェギュファ》の姿もあった。

到着4日目、奎華が紹介した銀姫のファンだという韓国人「李《イ》像姫《サンヒ》」を名乗る女が銀姫を案内し、「学校問題について話せば、援助してくれる」という支援候補者との面会を持ち掛けた。

曲がりくねった山道をタクシーで約1時間走って連れ出されたのは、香港島南部の浜辺。李は、面会相手がいるという「対岸の別荘」まで同行するよう銀姫を促した。水際には3、

4人の男がおり、白いモーターボートが止まっていた。

躊躇する崔銀姫に、李像姫は「10分もかからない」と乗船をせかした。すると突然、そばにいた長髪の青年らが銀姫を背負ってボートに乗せようとした。振り払おうとしたが遅かった。銀姫らを乗せたボートはどんどん沖に向かう。

金品の強奪目的かと不安にかられた瞬間、「崔先生！」と呼び掛けられた。振り向くと、最後に乗り込んだ中年男がニヤリと笑い立っていた。後に男は、金正日が側近らを集めたパーティーに顔を出すイム・ホグンと名乗る工作員だと判明する。

「どこへ行くの」と尋ねると、イムは厳粛な表情でこう告げた。

「われわれはいま、金日成将軍の懐へ向かっています」。押さえ付けられ、座らされると、血の気が引き、気を失った。

申相玉の部下だったはずの崔奎華が北朝鮮側に買収されていたのだ。申自身も妻の拉致から半年後に北朝鮮に連れ出され、2人が脱出に成功する86年まで8年間、正日の〝気まぐれ〟に翻弄される。

脱出後、2人は、ベールに包まれていた正日の実像を暴露した。正日の肉声を録音した計4時間のテープもあった。83年10月、執務室で申夫妻相手に90分間以上も独りしゃべり続けた際の音声も含まれていた。

「えーと、え、（申監督が）自分の足で、自分の意思でこのように志をもってやってくる形式を取ることはできないかと。それで、わが同志たちと討論してみた結果、えー、以前、香港の拠点から連絡が来て……」

機関銃のように言葉を飛ばすが、ほとんど文章の体裁もなしていない。

「ええ、ええ……。では、その人（申監督）を1度連れてこなければならないのだが、連れてくるのは、男を連れてくるのは無理だ。それで無理だが、申監督をおびき寄せ、誘惑するには何が必要か。それで、私は崔先生を、こうして連れてきておいたのです。はっはっはっ」

「われわれ、えー……。南北交流で第1番は何かと言えば、まず文化交流だ、文化合作だ。そうするのには、私の打算（考え）が（ある）」

拉致したのは「文化交流」のためだと自己正当化している。手荒な扱いをしたことを配下のせいにするような発言もあり、罪の意識の欠如が甚だしい。

崔銀姫拉致の半年前には、同じ韓国人女優の尹静姫夫妻拉致未遂事件が起きていた。元米中央情報局（CIA）のマイケル・リーらによると、銀姫拉致と同様、甘い言葉でかどわかそうとした。

「スイス・チューリヒの大富豪が老父母のための音楽会に招きたがっている」

パリに住む尹と夫でピアニストの白建宇《ペクコヌ》にそうささやきかけたのは、結婚で仲人役を務めた人物の夫人だった。夫人は北朝鮮シンパとされた。夫妻に近い人物を使って近づくのも、銀姫拉致と同じ手口だ。

生後5カ月の娘を連れて2人がチューリヒに着くと、「招待者の老父母は、ザグレブ近郊の別荘にいる」と当時の社会主義国、ユーゴスラビアの街で、現クロアチアの首都のザグレブに移るよう促される。

結局、晩餐《ばんさん》会を用意したという住宅に現れた「大富豪」が東洋人だったことを白が不審に思って逃げだし、米公館に駆け込んで危機を脱する。一方で、拉致計画を指揮するため、ウィーンの北朝鮮大使館には、工作機関「連絡部」女性トップの鄭慶姫まで待機していたという。

事件後、ユーゴ政府側が当時の北朝鮮大使、鄭光淳《チョングァンスン》に事情説明を求めた。光淳はこう弁明する。

「本拉致未遂事件は、現地（ザグレブ）駐在外交官とは、何ら関係はなく、平壌から派遣された工作チームの所為である」

北朝鮮大使が、事件は「本国の工作部隊が行った」と認める決定的発言をしていたのだ。だが、発言が国際社会に明らかにされることはなく、その後に頻発する日本人拉致も即座に北朝鮮と結び付けられることもなかった。

クロアチア政府保管の外交文書として、証言が〝再発見〟されるには、金正日が当時の首相、小泉純一郎に拉致を認めて謝罪する翌年の2003年まで待たねばならなかった。

在日出身の舞姫に心を奪われ

権力をほしいまま手にしていながら、金正日は、家庭問題では頭を悩ませていた。

正妻の金英淑と結婚式を挙げる１９７３年の終わりごろから、元映画女優の内妻、成蕙琳は、精神不安定と鬱状態に陥り、正妻に娘が生まれた後の75年ごろから症状がひどくなる。76年5月からは、長期治療のため、モスクワに住まいを移した。

蕙琳が生んだ長男、金正男は当時、5歳。教育を施さなければならない時期にさしかかっていた。蕙琳の母、金源珠と姉の成蕙琅一家が代わって、正男の面倒を見たが、正日は、長男の存在を秘匿し、その行動範囲を厳しく制限した。

母のいない家に閉じ込められた正男をふびんに思った源珠は、正日の許可の下、平壌郊外に連れ出すこともあった。

だが、正男は、外の世界を異常に怖がり、同世代の子供と交わす言葉さえ知らずに育った。

蕙琅の手記『北朝鮮はるかなり　金正日官邸で暮らした20年』によると、「母は正男を連れ郊外に行って牛や山羊《やぎ》を見せ、飛び跳ねて遊ぶ子供たちの近くに行くよう促しても、遠くから、子供たちを牛や山羊を見るように眺めるばかりで、近づくことができなかった」

正妻の金英淑は74年12月に長女の金雪松を産む。金正男の存在を知らない金日成が雪松を「初孫」とばかりに格別な愛情を注いだことが、金正日を困惑させる。日成が溺愛ぶりを示すほど、成蕙琳の病状は悪化していった。

日成は自分の父、金亨稷が作った詩から「雪松」という字句を取り、孫娘の名前に付けるほどかわいがった。「南山のあの青い松の木が／雪に覆われ……」と始まる詩は、北朝鮮では、父が子に、雪の中の松のように強く育ってほしいという「革命伝統」を託した詩歌として知られる。最高指導者がその「伝統」を初孫娘に託したのだから、蕙琳が心穏やかでいられなかったのは容易に想像できる。

正日も娘をかわいがったというが、長男の正男とも極力、食事や食後のひとときを過ごすようにしていた。一方で、権力と酒、女に溺れ、外で夜を明かすことも多く、怒りっぽくなっていたという。

「ぶ厚いガラス窓がびりびりと震えるほど、大声を張りあげた。70年代末から顕著に悪化した彼のこうした〝癇癪《かんしゃく》〟は外でくりひろげられる権力力学の反映でもあっただろうが、いっぽうで、俗にいえば、そのころ新しい女が現れたようだ」と成蕙琅は記す。「新しい女」こそが、後継者、金正恩を後に身ごもる在日朝鮮人出身の踊り子、高英姫だった。

正日は、蕙琳をモスクワに送る少し前から高英姫とも半同棲生活を始めたとされ、76年ごろには、3人の〝妻〟と3つの所帯を同時に持っていたことになる。

金正日が高英姫に関心を示し出したのは71年ごろとみられる。北朝鮮最高峰とされた歌劇団「万寿台芸術団」が同年制作した歌舞劇「祖国のチンダルレ（ツツジ）」の主演に、平壌音楽舞踊大学に在学し、まだ10代の高英姫が抜擢された。

在日出身者が万寿台芸術団に入団でき、しかも主役を務めることは異例なことで、芸術部門を統括する正日の裁可なしには不可能だった。正日が万寿台に泊まり込み、演目を指導するほど、歌劇に情熱を燃やしていた時期でもある。

高英姫が好みのタイプだったのは確かなようだ。正日と芸術に関して著した北朝鮮の書籍によると、正日は「踊り手は人物がやさしく、背が高く、首が長く、腰が細くなければなりません」と述べたとされる。

1970年代の北朝鮮の絵はがきに登場する高英姫とされる踊り子

この条件に高英姫はぴったり当てはまる。北朝鮮の日本向けグラフ誌「朝鮮画報」の73年4月号に掲載された高英姫とされるチマ・チョゴリ姿で優しくはにかむ女性を見ると、目鼻立ちが整い、首が長く、スラリとした体つきが目を引く。

高英姫は52年6月26日、

大阪の鶴橋付近で生まれた。北朝鮮情報を伝える「デイリーNKジャパン」編集長で、高英姫の経歴を追ってきた高英起《コヨンギ》によれば、生まれたときの名前は「姫勲《ヒフン》」、後に「英子《ヨンジャ》」を名乗り、73年の日本公演と前後して「英姫」に改名した。

父、高京沢《ギョンテク》は29年に韓国・済州島《チェジュド》から出稼ぎで日本に渡り、軍服などを縫製する大阪市の工場で働いた。一家が北朝鮮に渡ったのは62年、高英姫が10歳のときだ。一家は北東部、咸鏡北道の工業地、明澗《ミョンガン》（現・化成《ファソン》）郡で暮らし始める。

平壌から遠く離れた地に住む高英姫が、平壌音楽舞踊大学に入学し、しかも万寿台芸術団に採用されることは、天の星をつかむような幸運だった。芸術団入りがいかに難関かは、芸術団出身者で脱北した申英姫《シンヨンヒ》の手記『私は金正日の「踊り子」だった』からも読み取れる。芸術団の一員に選抜された際の感動をこう記している。

「信じられなかった。舞踊家の最高の夢の万寿台に行くことになるなんて！　翼が生えたような気分だった。いますぐにでも空を飛べるような気がした」

万寿台芸術団は、金正日が朝鮮労働党宣伝扇動部の課長職にいた69年、平壌歌舞団を解体・強化して発足させた。正日が映画や大型歌劇をプロデュースして元老らの歓心を得ようと必死だった時期と重なる。

「1号行事」と呼ぶ金日成と関連した公演を担う専門の芸術団体を組織すると称し、正日が既存の各団体からいずれも最高の舞踊家や演奏者、歌手、作家計１００人ほどを集めた。

ほとんどが「人民俳優」や「功勲俳優」の称号を授与された北朝鮮自慢の芸術家たちだった。そこに新米の高英姫が加入し、主役を射止めたのだ。

高英姫は73年７月、芸術団の日本公演のため、生まれ育った日本を訪れることになる。日本へたつ団員を前に、正日はこう訓戒したとされる。

「皆さんは、敵地（日本）に行くのだから警戒心を高めなければならない。革命時代を生きる芸術人らしく生活は質素に、身なりや化粧も素朴にしなければならない」

21歳になったばかりの秘蔵っ子の高英姫を、海外に送り出す微妙な心境をにじませたと読めなくもない。

９月まで続いた日本公演で、高英姫は「祖国のチンダルレ」や「扇の舞」「牧童と処女」に主演し、大役を全うした。「柳日淑《リユイルスク》」という舞台名を使ったものの、フィナーレで記念撮影する際は、舞台のセンターに立った。

バスで移動中には率先して正日をたたえる歌を披露する姿が目撃され、終始注目を浴びるが、メディアのインタビューには一切応じていない。

やり放題の秘密パーティー

高英姫らが日本公演を終えて帰国した後、万寿台芸術団には「親愛なる指導者同志公演室」が設置された。後に「喜び組」と呼ばれることになるグループの原型といえる組織だ。任務は、金正日主催のプライベートなパーティーを盛り上げることだった。

指導者を喜ばせるため、芸術団は「公演組」「喜劇組」「重奏組」を選抜したが、全て女性だけで構成された。高も所属した公演組は当初、10人の踊り子で結成され、正日の秘密パーティーで、参加者と一緒に踊ったり、側近らのそばに座って酒を注いだりする〝ホステス役〟を担った。

秘密パーティーで踊った経験を持つ万寿台芸術団出身の申英姫の手記『私は金正日の「踊り子」だった』によると、パーティーは窓一つない暗室のような暗い部屋で催された。踊り子らには、あらかじめ、テーブル番号とその席に座る幹部、その隣で接待役をする各自の名前を記したメモが配布された。

パーティーへの参加初日に申は、金正日に直接酌をする機会を得る。そのときの「感動」をこう記した。「指導者同志にお酒をお注ぎして、あの方から直接褒めてもらえるなんて……。まるで夢をみているような気分だった。心臓の鼓動が聞こえるようだった」

踊り子たちは、パーティーに参加できること自体を光栄と思っていたという。

「金正日をはじめ最高幹部たちと一緒に過ごせる事実に感激し、それが一つの大きな自負心をもたらした」と申は振り返る。

正日と人民武力部長で朝鮮人民軍の最有力者、呉振宇ら数人に限り、隣に座らせる女性が決まっていた。正日の隣には、高英姫が固定パートナーとして座るようになる。

正日の内妻、成蕙琳のおいで、韓国に亡命した李韓永は『大同江ロイヤルファミリー・ソウル潜行14年』の中で、高がパーティーで正日の固定パートナーになったのは1975年、同棲を始めたのは76年で、77年からはパーティーに出なくなったと説明している。

中はパーティー会場で、高を見たと証言するが、81年ごろにたまたま顔を出したときのことだろう。「高英姫は肉づきのいい体」をしていたというから、正日の次男、金正哲を身ごもっていた時期だと推測される。

中や拉致され、パーティーにも出席した韓国人女優の崔銀姫や、正日の元専属料理人の藤本健二らの証言を総合すると、宴会は通常、午後8時から始まり、午前2、3時に終わる。ときには、2日間や1週間にわたることもあったという。

重奏組の女性たちは、金正日から「やめ」の合図があるまで演奏を続けた。泥酔した状態でも正日は、次から次へと曲名を挙げ、演奏を休ませなかった。興が乗ると、上着を脱いで1人で踊りだすこともあった。

正日が先に酔い、眠りこけると、参加者は、正日が起きるまでその場を離れられない。接待役の女性らは、宴会場に座り込んで「親愛なる指導者」が目を覚ますのをただ待っていなければならなかった。

中英姫は、さらに〝はめ〟を外す指導者の逸話にも触れている。

「金正日は意地悪い遊びをしたりした。参加者を怒らせるためにビールにおしっこを入れたりもした。みんな酔っぱらっているので、知らずに飲んで美味《おい》しいというものまでいた」

パーティー規模は次第にふくらみ、70年代終わりには、出席する側近幹部だけで20人を上回った。

正日と呉振宇に加え、中心のヘッドテーブルを陣取る顔ぶれはいつも、朝鮮労働党書記の金永南と延亨黙、工作機関「連絡部」部長の鄭慶姫らだった。「老処女（オールドミス）」といわれた鄭は、酒をがぶ飲みしたり、ジョークを飛ばしたりし、場の盛り上げ役に徹した。

夜は酒と女に浸りながらも、昼間は優秀な指導者を演じなければならない正日はそのころ、巨大な建築物を次から次へと建設する。特に「金日成首領さまのために」と称して平壌中心に建てた万寿台芸術劇場は、後に「記念碑的」建造物と喧伝されることになる。

脱北した元将校の証言によれば、劇場の建設決定は唐突に下された。

正日は76年初め、竣工《しゅんこう》を控えた軍専用の「2・8文化会館」（後の「4・25文化会館」）を芸術団に使わせようと、呉に話を持っていく。

だが、「わが兵士たちは譲ろうとしないでしょう」と言下に断られた。

メンツをつぶされた正日は、側近らを集め、げきを飛ばした。

「同志たち、私はすぐに、モスクワやロンドン、パリにある宮殿劇場のようなものを一つ建てる決心をした」。そう告げると、費用は気にせず、最高の技術者を動員して「速度戦」で劇場を造るよう命じた。

1年足らずで完成した万寿台芸術劇場は、贅の限りを尽くした〝カネの塊〟だった。大理石やシャンデリアといった照明器具はイタリアとフランスから輸入し、その他の装飾品と設備も全て海外から調達した。

劇場へのこだわりは、高英姫への執着を表していたのかもしれない。

金正日は、芸術を権力獲得の手段として活用したが、個人的趣味にも利用した。劇団の稽古場にカメラを隠し設け、自分の執務室のモニターと結んで、ライブ映像で高の姿を追っていたともいわれる。

「彼は大学卒業後、芸術を指導すると称して俳優らの中に入り、多くの女優と関係を持った」と、正日を間近で見てきた元書記の黄長燁は指摘する。

「彼が組織した楽団や芸術団も彼に喜びを与えるために仕える集団であり、封建王朝の侍女集団とみてもおかしくない」

精力に満ち、浮気が絶えない夫を成蕙琳はねたみ、心を病んでいった。モスクワでの長期治療に付き添った李韓永は振り返る。

「寝ていると思ったら突然、泣き叫んだり、食卓でもヒステリーを起こしたりした。僕と話している途中でも、ふと金英淑を思い出してしまう様子だった」

当時はまだ高の存在を知らず、恨みつらみを正妻の英淑にぶつけていたのだ。

蕙琳がモスクワで過ごした北朝鮮大使館所有のマンションの部屋には、金日成と正日の肖像画が掛けられていた。蕙琳は、肖像画に向かって「女に溺れたやつ！」とわめき立てることもあった。

積もり積もった恨みの矛先を、横柄な態度で蕙琳を冷遇した正日の妹にも向け、「(金)敬姫がそんなに大事なら兄妹で暮らせばいい」と吐き捨てることもあったという。

異母弟を海外へ追放

金正日の権力は1970年代終盤には、盤石にも思えたが、彼の立場からすると、心配の種はあった。異母弟の金平一に期待をかける幹部らがいたからだ。

呉振宇をはじめ軍部の元老らは、正日の党運営能力は認めながら、軍を統率するのは平一だろうとみていた。2人の父、金日成が常々、「党は正日に、軍は平一に任せようと思う」と漏らしていた影響もある。

背の低い正日と違って、平一は長身でかっぷくもよかった。外見だけでなく、性格から趣味まであらゆる面で2人は対照的だった。

平一が通った平壌の南山中学校出身で、亡命後に韓国の国会議員となった趙明哲《チョミョンチョル》は「金平一は人を引き付ける魅力があり、温厚だった」とメディアに語っている。

一方、正日は嫉妬深いうえ、気まぐれで気性が激しかったとの証言が多い。

金平一は、南山中時代からスポーツ万能で人気があった。水泳は「プロ級」といわれ、バスケットボールやバレーボール、卓球とさまざまな球技をこなした。全国で1、2位を争う南山中のサッカーチームでも主力選手を務めた。

大衆スポーツで実力を発揮した平一に対して、金正日は乗馬や狩猟、クルージングなど、庶民とかけ離れたスポーツを好んだ。

正日が13歳年下の平一をライバルとして警戒し始めたのは76年8月、南北軍事境界線の板門店で北朝鮮兵がおので米将校を殺害し、軍事的緊張が高まったポプラ事件の頃とみられる。

事件当時、金日成総合大学に通っていた平一は、グラウンドで決起大会を開き、学生らを率いて朝鮮人民軍に入隊を志願した。秘密警察の国家政治保衛部（後の国家安全保衛部）長、金炳河の息子、金昌河《キムチャンハ》や、護衛総局（後の護衛司令部）長、全文燮の息子、全輝《チョンフィ》ら権力中枢の幹部の子息が行動をともにする。

入隊と同時に平一は大佐に次ぐ上佐となり、要人警護や物資供給を担う護衛総局傘下の機械化大隊に配属された。２年間の服務を終え、エリート軍人コースの金日成軍事総合大学に進んだ。軍の長老らの覚えもめでたく、将来が約束されたかに思えた。だが、はめを外してつまずく。

昌河や輝らと金日成の別荘や保衛部管轄下の招待所で酒宴を開き、護衛総局合奏団から女の子を連れ出して遊びほうけたのだ。日成の名前を刻んだロレックスの腕時計を女の子らにばらまき、仲間らは酒興に乗じて「金平一万歳！」を叫びもした。正日はこうした行動を全て把握していた。

そのころ、金正日は、自分の命令で隠密に動く「10号室」を立ち上げ、金日成の「唯一指導体系」に反する金平一らの言動について情報収集していた。

保衛部出身で韓国に亡命した白明奎（仮名）はこう証言する。「79年につくられた『10号室』は、金平一と周辺者を監視する組織だった。唯一指導体系づくりを邪魔する事案を秘密裏に調べ、金正日に報告するのが主要任務だったはずだ」

「金平一万歳」と叫んだ言動は処刑にも値するが、正日は慎重にことを運ぶ。

異母弟を無理やり窮地に追い込むと、父の機嫌を損ねるばかりでなく、軍の元老から動機を疑われかねない。正日は、最高権力者に就く資格を得るための最終関門となる朝鮮労働党中央軍事委員入りを控えていた。

あらかじめ決められたシナリオ通り、80年10月10日に始まった党中央委員会第6回全体会議で、最高指導部の5人の政治局常務委員の1人に選ばれ、中央軍事委入りを果たす。

金日成を除き、選出された4人のうち、金一は病気がちでお飾りにすぎず、李鍾玉も学者タイプ。軍部を代表する呉振宇も、軍自体が、正日率いる党組織指導部影響下の軍総政治局の統制を受け、力をそがれていた。実務レベルで最高権力を行使できるのは、正日だけといえた。

それでも、正日が異母弟へのライバル意識を捨て切れずにいたのは、「首領」の息子である限り、後継者に指名される可能性が残されていたからだ。

正日は、政権中枢から平一を遠ざけるため、平一の取り巻きは地位の高低、出身や能力と関係なく、容赦せずに排除した。

問題は、全輝と金昌河の父親の扱いだった。全文燮は日成の伝令兵を務め、ソ連から帰国する際、4歳の正日をおぶった家族同然の存在だ。金炳河は日成、正日父子のインドネシア訪問で爆弾テロ被害を回避させた〝借り〟のある人物だ。

正日は、文燮と炳河に感づかれないように、10号室に平一と仲間らの情報を集めさせ、満を持して完成した資料を日成に提出する。

1980年10月、朝鮮労働党第6回大会で登壇した金正日(『金正日指導者』より)

「護衛総局合奏団の女性らを侍《はべ》らせてピンクパーティーを催したり、金日成時計をばらまいたり、集まって『金平一万歳』を唱えたりした」

こうした内容の報告に激怒した金日成は机をたたき、言い放ったという。

「即刻、平一を除隊させろ！」

結局、金平一は81年秋、金

日成軍事総合大の課程を終えることなく、在ユーゴスラビア北朝鮮大使館に武官補として飛ばされた。

時を同じくして金炳河は「浮華放蕩な生活作風」を理由に組織指導部から調査を受け、82年1月、厳しい追及に耐えられず、調査の最中に自ら命を絶った。

公式には「常軌を逸した生活をしてきたために処罰された」と発表されたが、韓国に亡命した元外交官の高英煥は、炳河粛清の本当の理由は別にあったと証言する。在職中に高は、保衛部幹部から次のような話を聞いたという。

「保衛部長が浮華（不倫）を何度かしたからといって追放されるかね。金炳河が『徹底的に枝を切り落とせ』と言った（金正日）指導者同志の命令を実行できなかったためだ」

「枝」とは、腹違いのきょうだいらのことであり、金正日は、幹が大きく成長するには余計な脇枝を切り落とさなければならないと考えていたと、高は説明する。

全文燮も厳しい調査を受けたが、護衛総局長の職を保持する。正日への忠誠を誓ったからだ。文燮を許しながら、炳河を死に追いやったのは、炳河は息子と平一との親しさを自慢するなど、〝二股〟を掛けていたことが原因とみられる。

平一は、84年に呼び戻され、人民武力部作戦局副局長に就くが、88年に再び海外勤務を命じられ、駐チェコ大使を務める現在まで海外を転々とする。

正日は、平一を孤立させるため、同級生ら交友関係のあった者を、政治犯らを対象にした隔離区域に追放する。偶然、平一と握手し、一緒に写真を撮った者まで徹底して処罰していく。

側近を銃殺した「血の誕生日」

1982年2月、金正日は北朝鮮の公称年齢で40歳（実際は41歳）の誕生日を迎えた。その年に「共和国英雄」称号とともに、第一級の国家的功労者に送る「金星《クムソン》メダル」や「国旗勲章第1級」を授与され、政権の前面に登場する。

国営メディアは、正日の公式登場を「1世代に2人の指導者を仰ぐことができた朝鮮人民の無限の喜び」と喧伝するなど、父の金日成と同列に扱い始めた。

それまで日成の顔色をうかがい、あからさまに正日にへつらうのを控えていた「革命第1世代」の元老らまでこびを売るようになる。正日「40歳」誕生日を契機に政権内では、忠誠競争が熾烈さを極めた。

秘密警察や工作機関の幹部、政務院（内閣）の部長らも競うように、金正日の誕生日を祝う行事をやらせてほしいと、金日成の官邸である主席宮や正日が部長を務める朝鮮労働党組織指導部に請願書を寄せた。

軍や政界の最重鎮である呉振宇や金一までもが「親愛なる指導者同志の誕生祝いを盛大に執り行いたい」と、主席宮に詣でるありさまだった。

朝鮮の風習では、一家の長が生きているうちに子息の誕生日を盛大に祝うことはしない。

その年、日成は70歳を迎える。正日は父の誕生日を前に、自分が目立つ行事は控える必要があると判断し、周りの懇請を無視するふりをした。

だが、紆余曲折をへて正日の誕生祝いは、党統一戦線部第1副部長の李東浩《リドンホ》が取り仕切ることになった。

李は、正日のお気に入りで、「幹事役」が打って付けの側近中の側近だった。

元総理の姜成山の娘婿で、韓国に亡命するまで主席宮経理部に勤務した康明道は、幹部らにかしずく「喜び組」を立ち上げ、正日に女性らを〝貢ぐ〟システムをつくり出したのは、李だと証言する。

「李東浩は、金正日とは何から何まで馬が合った。女遊びが好きなのはいうまでもなく、酒も賭け事も好き。酔うと枕を背中に入れて踊る奇妙な踊りを披露し、正日から喝采を受けたりもした」（康）

82年2月16日の正日の誕生パーティーには、日成や親族、革命第1世代を含む党や軍の高級幹部ら総出で盛大に催された。だが、この時期の正日がどれほど微妙な立場で、神経質になっていたかを象徴する事件が起き、祝賀の場は〝血の惨劇〟に暗転する。

康明道が出席者から聞いた話では、宴のたけなわ、李東浩は、ふらつく足取りで金正日に近づいていった。正日もかなり出来上がっていたという。

「なんだ、東浩か」とあしらう正日に、李は「親愛なる指導者同志、一献差し上げたく思います」と、コニャックを杯になみなみ注ぎ、こう言った。

「今日はおめでたい誕生日でありますから、私が指導者同志の万歳を一度唱えたいのです」

「東浩、酔っているな。席に戻りたまえ」

叱りつける正日の言葉にも泥酔状態の李は従わず、ついに口を滑らせた。

「(金日成)首領さまが生きるといったって、一体後どれぐらい生きるというんですか。10年ですか。20年ですか。私はこの場で万歳を唱えます」

正日は、酔いがいっぺんにさめた。誰もが分かっていても絶対、口にはしない言葉を、よりによって側近が革命第1世代らの面前で口走ったからだ。

千辛万苦の末、ようやく後継者問題にケリをつけ、公にも権力の前面に出るまでこぎ着けたのに、自分の本心を露呈するような〝爆弾発言〟を放っておけば、営々と築いてきた努力の結晶が水泡に帰しかねない。

正日は、瞬時に決断を下した。

「この者をつまみ出して即刻、銃殺しろ!」

甲高い正日の声が響いた瞬間、拳銃を抜いた護衛将校らが駆け寄って、李を引っ立てていった。

周囲の党幹部らが許すよう懇願したが、正日は聞く耳を持たずに席を蹴って宴会場を出た。李は外に連れ出され、その場で、銃殺刑に処されたという。

政権内の動きを隅々まで掌握していた正日は、立場をよくわきまえていた。自分が父の権威を借りて権力を行使している現実を百も承知していた。だからこそ、金日成の権威づくりに全てを賭けていたのだ。

北朝鮮編纂の『金正日伝』は、正日40歳の誕生日について一切触れていない。一方で、父の70歳誕生日のためにいかに骨を折ったかが延々とつづられている。正日は、82年4月15日の日成の70歳誕生日を国家的祭典と位置付け、3年以上前から国を挙げて準備を進めてきた。

80年4月から平壌で着工した世界最大で最高の石塔といわれる「主体思想塔」と巨大な凱旋門は、金日成70歳に合わせた「誕生日プレゼント」といえた。

70年の日数に合わせた2万５５５０個の石を積み上げ、建立した高さ１７０メートルの主体思想塔について、北朝鮮では「キューバの（英雄を記念した）ホセ・マルティ塔よりも60メートル高い」と宣伝する。凱旋門は、正面幅50・１メートル、横幅36・２メートル、高さはパリの凱旋門より10メートル高い60メートルで、豪華な彫刻が施された。

82年4月10日、完成したばかりのこれら建造物を視察した金正日はこう述べたという。

「忠誠の贈り物として記念碑的創造物を建て、金日成同志にお喜びいただき、誕生70周年を迎えることができて、私の気持ちも軽やかです」

80年には、ベッド数１５００床の平壌産院や、２千席以上の観覧席付きプールも備えたヘルスセンターを、81年には、国立図書館でもある建て面積3万坪の人民大学習堂を完工させた。他にも牡丹峰《モランボン》競技場を拡張するなど、父の誕生日を彩るため、首都の建設事業に莫大《ばくだい》な予算をつぎ込んだ。

正日が手掛けたのは箱物だけではない。３年間も費やし、芸術部門から５千人を動員して制作した歌舞劇「栄光の歌」やマスゲーム「人民は金日成主席をたたえます」は全て彼自身がプロデュースしたとされた。

こうして迎えた日成70歳誕生祝典には「世界５大陸の１１８カ国から２２０余の代表団と代表、著名な各界人士１千余人が参加した」と報じられた。

しかし、正日が周到綿密に準備し、大々的に催した祭典は、父に実権の移譲を促すよう引導を渡すための花道だったことが後に明らかとなる。日成が名実ともに最高指導者だった時代の終焉《しゅうえん》を告げる〝フィナーレの舞台〟だったのだ。

第5章

かすめ取った頂点

鄧小平を「修正主義」と切り捨て

金正日後継体制への移行過程を強い関心をもって見守っていた国がある。中国だ。中国で「世襲」を否定的にとらえる幹部が多いなか、最高実力者の鄧小平は、容認する立場をとる。中国政府編纂の『鄧小平年譜』によれば、1980年5月、中国共産党中央軍事委員会主席の鄧は、党書記の胡喬木らとの懇談でこう話した。

「外国兄弟党（朝鮮労働党）のことは、既存の方程式で評価してはならない。その国の路線と方針は、その国の党と人民が判断すべきだ」

自国の後継体制に対し、中国指導部内に異論があることを承知していた金日成は、説明に赴くタイミングを見計らっていた。70歳の誕生日を契機に、政権実務のバトンを息子に手渡した後の82年9月16日、中国を公式に訪問する。

到着した北京駅では、鄧をはじめ、党総書記の胡耀邦や、翌年に国家主席に就く李先念、首相の趙紫陽らが出迎えた。

翌17日、北京の釣魚台国賓館で「新老幹部交代問題」を話し合った金日成と鄧小平は、18日から専用列車で３泊４日の旅に出る。内陸部の成都に着くまで30時間以上、閉ざされた空間で２人きり話し込んだ。内容の一部は中国の文献にも記されている。

改革開放路線にかじを切るまでの「思想的違い」について触れた鄧は、「われわれは『両個凡是』（毛沢東の言葉はいかなる場合も実行する）という原則を捨て、全ては実際状況に照らして決めることにしました」と説明した。

熱心に改革の必要性を説く鄧に、日成はこう応じたとされる。「息子を毎年、中国に送り、改革開放のやり方を学ばせます」

約束通り、金正日は83年６月２〜12日、胡耀邦の招請で非公式に訪中する。後継者に公認されて初の外遊だ。中国指導部は「外国兄弟党」の次世代指導者が改革路線を支持することを期待した。正日に改革開放の成果を示し、賛意を促すよう周到に準備した。

正日一行は２日朝、中朝国境の町、丹東で小休止し一路、北京を目指した。人民武力部長の呉振宇や朝鮮労働党書記の延亨黙らが同行したのに対し、中国側は総書記の胡が案内役を買って出るなど手厚い歓迎をした。

正日は、改革開放が進む青島や南京、上海など沿岸都市を見て回った。11日には、北京の人民大会堂で、鄧や李先念、現国家主席の習近平の父、習仲勲ら元老級指導者のほぼ全員が参席する会談に臨んだ。

「わが国の政治状況は安定局面に入った。それには、われわれ老人たちの役割が少しばかりあった」と切り出した鄧はこう続けた。

「私たちには、重要な任務が一つ残っている。若くて有能な若者に政権を託すことだ」

改革過程で直面した問題や農村改革の成果にも言及し、「いま、われわれは近代化建設に全ての力を注いでいる」と力説した。

それに対する金正日の反応については、会談に立ち会った関係者の回顧録などから後に明らかとなる。説明を黙って聞いていた正日は突然、こう質問を差し挟んだという。

「朝鮮半島で戦争が起きれば、中国は共和国（北朝鮮）を援助してくれるでしょうか」

唐突な質問に、鄧小平は「それは、そのとき考えるべき問題だ」と答えるにとどまった。

中国が取り組む改革には全く関心を示さず、場違いといえる正日の発言に中国側はあぜんとしつつも、夜には予定通り、人民解放軍総政治部歌舞団の公演でもてなした。後に習近平と結婚し、国家主席夫人となる当時20歳の彭麗媛が、正日が制作を指揮した「花を売る乙女」の劇中歌を中国語で歌い上げた。

帰国した正日は、それらの厚意を踏みにじるように、6月15日から始まった党中央委員会第6期7回会議で、鄧の改革開放政策を「中国共産党は、社会主義や共産主義を捨てた」とまで激しく批判する。

「中国が国是に掲げる『4つの近代化』路線は、資本主義を目指すものだ。修正主義路線であり、それ以上でも以下でもない」

鄧を「修正主義者」呼ばわりし、中国の改革開放路線を全否定した。この正日の〝帰朝報告〟の内容はすぐに秘密ルートを通じて中国指導部に伝えられた。

激怒した鄧はこう嘆いたという。

「なんてばかなやつだ。世間知らずのこわっぱ（黄嘴郎）のせいで、今後、中国は危険にさらされるかもしれない」

事態を深刻に受け止めた中国指導部は、金日成を呼んで真意を確かめようとする。

8月19日、朝鮮半島からも近い大連で夏を過ごす鄧小平のもとに、日成は慌てて駆け付けた。

海岸沿いの棒棰島賓館で面会した2人はこんな会話を交わしたとされる。

鄧「金正日書記の非友好的な態度に、私は不快感を持っている。われわれの改革にあなた方も賛同することを望んだが、彼（正日）とは、協力しあえないかもしれない」

日成「組織書記（正日）に分かるように言っておきます。早いうちにもう一度、中国を訪ね、謝罪させますので、その折にはよく教え諭してほしい」

平壌にとんぼ返りした日成は再度、息子を中国に送ろうとするが、金正日はこう言い返したという。

「中国が修正主義の道を歩むのは中国の問題。中国が決めることです。『主体朝鮮』が中国の言いなりになる必要はありません。われわれは、『ウリ（われわれ）式』で行くべきだと思います」

日成も黙っていない。

「おやじの俺が、頭を下げて歩くのは、お前のためではないか。鄧小平との約束をほごにはできない」

その後の正日の動向について、中国要人の朝鮮語通訳を務め、北朝鮮研究に携わってきた中国国際問題研究所の陶炳蔚は「私が知る限り、金正日は83年に中国を2回訪問している」と証言する。

ただ、これを裏付ける文献は見当たらず、記録上は、83年6月の訪中以後、17年もの間、中国に足を踏み入れていない。

日成が後継者問題をめぐって中国指導部と渡り合い、頭を悩ませていたまさにそのころ、正日は、国際社会を揺るがすテロを画策していた。「中国を危険にさらす」との鄧の危惧は、日成との面会からほどなく、現実の危機となる。

南朝鮮はわれわれのものに

金正日が1983年中に「おわび」のために再び中国を訪れたかは定かではない。

ただ、金日成が8月に続いて9月22～25日にも大連にいる鄧小平を訪ねたことは中国の文献でも確認できる。立て続けの訪中は、後継者問題で中国側の了解を得るためだけではなかった。北朝鮮の外交政策の抜本的見直しについて鄧に意見を聞くのが目的だった。

公開された内容には「国際情勢について意見交換」したとのみ記されているが、実は「朝米韓3者会談」の仲介を鄧に依頼していたのだ。鄧は9月中に米国防長官のキャスパー・ワインバーガーと北京で会っており、日成のメッセージに触れた可能性がある。

米紙、ワシントン・ポストで東アジア外交を取材していたドン・オーバードーファーは『二つのコリア』の中で、米朝韓会談という「驚くべきメッセージ」を「米政府が中国の外交官を通じて受け取ったのは10月8日」だと書いている。「アウン・サン廟《びょう》で爆弾テロが発生する前日だった」


韓国を交渉相手と認めず、米国を憎悪の対象とみなしてきた北朝鮮が率先して対話を求めてきたのは初めてだった。しかし、実務権限を手放した金日成の「ざれ言」にすぎなかったことを、皮肉にも翌日のテロが証明することになる。

南アジア周辺6カ国歴訪にたった韓国大統領の全斗煥《チョンドファン》一行は、10月8日に最初の訪問国ビルマ（現ミャンマー）のラングーン（同ヤンゴン）に到着する。

翌9日、独立の英雄をまつったアウン・サン廟に献花に訪れる一行を狙い、仕掛けられた爆弾が炸裂《さくれつ》した。

到着が遅れた全は難を逃れたものの、韓国側は、副総理の徐錫俊《ソソクチュン》ら閣僚4人を含む17人が死亡し、ビルマ人も4人が死亡、多数の負傷者が出た。世界を震撼させる惨劇となった。

テロを企画したのは、ほかでもない金正日だった。

南北朝鮮の体制競争は最終局面を迎えていた。驚異的な経済発展を遂げた韓国は81年9月、五輪開催を獲得して北朝鮮と友好関係にあったアフリカ諸国や社会主義圏の国々に外交攻勢を仕掛けていた。社会主義国家のビルマと韓国の接近は、北朝鮮の外交的敗北を意味した。現状打開のため、中国式改革の方向を模索する日成に対して、正日は武力統一の幻想に固執した。「統一すれば、経済問題は一気に解消できる」と常々側近らに鼓吹していたという。

テロの実行チームは、68年の韓国大統領府襲撃作戦に加わった部隊を改編した人民武力部偵察局（後の偵察総局）所属の711部隊からえりすぐった。うち、主要要員である大尉のカン・ミンチョルが現地で捕らえられるという失態を犯す。ビルマで服役したカンは、テロ計画の内幕を韓国メディアなどに暴露した。

カン・ミンチョルの証言などによると、全斗煥の6カ国歴訪の情報を、金正日が入手したのは83年9月初め。対南工作を指揮したのは一時、工作機関傘下の南朝鮮研究所に左遷されていた金仲麟だった。

正日「全斗煥が海外を巡訪するらしい。訪問先には、わが国と友好関係にあるビルマも含まれる。この機会に全斗煥を消すのはどうか」

仲麟「はい。頭（全）を除去すれば、南朝鮮（韓国）にいる私たちの組織員にとっても有利な条件ができるでしょう」

正日「そうだ。絶対、チャンスを逃してはならない。成功すれば、南朝鮮はわれわれのものになる」

正日指導の下、仲麟が計画を練った。実行を指揮したのは、シリア駐在武官補から偵察局に転属された金格植《キムギョクシク》。後に朝鮮人民軍総参謀長も務め、2010年の韓国延坪島《ヨンピョンド》砲撃を指揮したとされる人物だ。

テロ実行チームは1983年9月中旬、北朝鮮の港を出る。ラングーンでは、北朝鮮大使館の参事官宅に潜伏し、犯行に及んだ。

北朝鮮の残虐なテロに激高した韓国軍は、平壌にパラグライダー部隊を送り込み、金日成を暗殺する「伐草計画」を立案。日成の官邸である主席宮の模型までつくり、訓練に着手した。だが、全の反対で結局、実施されなかったことが最近、明らかとなる。

86年のアジア競技大会や88年のソウル五輪を控えていた韓国は、戦争に直結する冒険はできなかった。

一方の北朝鮮は〝戦勝ムード〟に包まれていた。最高人民会議議長だった黄長燁は証言する。

「金正日は、アウン・サン爆破は自分がやったと自慢した。自分が立てた作戦で、韓国の要人多数を一度に暗殺することに成功したと宣伝した」

一転、工作員が捕らえられ、自供したとの報告を受けるや、正日は「なぜ捕らえられたのだ。土にもぐるか、空に消えるはずではなかったのか」と仲麟を叱責した。

黄は「正日は一度も自分の過ちを認めたことのない人間だ」と断言する。

ビルマ政府が、テロは「北朝鮮部隊による犯行だ」と発表すると、69カ国が北朝鮮を糾弾する声明を発表し、友好関係にあった開発途上国も断交に踏み切るなど、一気に風当たりが強まる。

金日成は、主席宮に金正日や黄長燁らを呼び付け、打ち明けた。

「国際世論が悪いようだ。下の過激分子らが勝手にやったことだと認めてはどうか」

父の話を遮るように正日が早口で言い募った。

「絶対ダメです。白を切れば、済む話です」

そもそも正日は、中国にならって西側との関係改善を模索する父の対外政策に反対だった。外交分野の指示命令系統を息子に握られていた日成が意見を押し通すわけにもいかなかった。

北朝鮮元外交官の高英煥は『平壌25時—北朝鮮亡命高官の告発』で親子の確執を象徴する以下のような正日の指示を紹介している。

アフリカのある国の大統領が平壌を訪れたときのこと。大統領を市内の招待所に案内すると、主席府（宮）外事局から連絡が入った。「大統領の様子について報告しろ」という電話だ。高はためらう。「外交部内部の指示では、まず金正日に報告してから金日成に報告するのが原則だった」からだ。

「金正日が政権継承を既成事実化しながら、外交部を掌握するために下した厳命だった。あらゆる重要なことは一次的に自分の指示を受けてから主席府に報告せよ、というものだった」

ラングーン事件は、北朝鮮の犯行が露呈したが、正日が会得した重要な教訓もあった。どうあがこうが、韓国は北朝鮮と一戦を交えることに二の足を踏むという事実だ。

正日は事ある度に「南朝鮮のガキどもは、われわれが何をしようが、何にもできない」と豪語するようになったという。

「宣伝」を受け入れた韓国

北朝鮮が韓国大統領を狙って仕掛けたラングーン爆弾テロ事件の余波が静まりかけた1984年5月、金日成は、専用列車で46日間のソ連やポーランド、ルーマニアなど東欧8カ国歴訪に出る。独裁国家の最高指導者が長期間、国を空けるのは異例で、世界がその動向を注視した。

2015年3月に公開された韓国の機密文書には、日成の外遊に神経をとがらせていた当時の韓国政府の内情が記されている。

日成が帰国した後の1984年7月11日、韓国政府はその間に収集した情報を分析・評価する対策会議を開く。

情報機関の国家安全企画部（現・国家情報院）第2次長の朴世植《パクセシク》は冒頭、「金日成のソ連・東欧歴訪は、息子への政権移譲について社会主義圏の国々の了解を得るためだったとみられる」と説明し、政権移譲の証拠として、朝鮮労働党機関紙「労働新聞」の論説を取り上げた。「首領さま（日成）が生涯脱ぐことはなかった『革命の靴』を脱がして差し上げるべきだ。これは金正日同志の意思だ」といった内容だ。「靴」は実権を示唆していた。在外公館からの情報にも言及した。

「ブルガリア外務省高官から得た情報によると、金日成の健康状態はよくない。歩くこともままならないようだ。年内に政権を金正日に譲るかもしれない」

韓国外務省は8月に「金日成引退に備えて」と題した報告書をまとめる。一読した大統領の全斗煥は、こう述べたと機密文書は記している。

「私は金正日が実質的な統治者であり、金日成は形式的統治者だとみている」

そのころ、未曾有の水害が朝鮮半島を襲う。特に8月末からは、集中豪雨がソウル地域を直撃し、死者・行方不明者189人、約35万人が家を失う甚大な被害をもたらした。

9月8日、北朝鮮は、国営放送を通じて韓国に「コメ5万石（約7500トン）と布地50万メートル、セメント10万トン、その他、医薬品を提供する用意がある」と伝えた。全は振り返る。

「北韓（北朝鮮）はわれわれよりひどい災害に遭っていたのに、品目まで決めて支援を申し出た。それまで互いに（支援を）拒否するのが慣例だったから、私たちも断ると思ったんでしょう」

北朝鮮側の被害の詳細は不明だが、北朝鮮は韓国が表明した支援を即座に断っている。全は「慣例」を破って提案を受け入れ、「北韓に『救援物資はできれば、9月内にほしい』と返答するよう」に指示する。

北朝鮮メディアは後に「当時、将軍さまは南朝鮮（韓国）人民救済の対策を練られ、直々に支援物資の品目や量まで決めてくださった」と金正日の恩情を強調した。だが、当の正日は慌てた。単に宣伝用に表明したつもりが、現物を送らなければならなくなったからだ。

84年は、経済の第2次7カ年計画で最後の年に当たるが、計画はことごとく失敗し、債務不履行（デフォルト）状態に陥る寸前だった。日本や西ドイツなどから導入した工場機械の代金はおろか、利子の支払いさえ停止していた。

金正日は、副総理の金煥《キムファン》らを中国に急派し、首相の趙紫陽に、韓国に約束した支援物資の全量を援助してほしいと要求した。

ところが、見えを張る正日の政権運営を苦々しく眺めていた中国指導部は、物資の代わりに、それらの総額の半分に相当する金額を、滞納している石油代金から差し引くと応じた。支援物資のうち、中国は布地の一部しか渡さなかった。

文化大革命という指導者による狂乱時代を経験してきた中国人は、北朝鮮の実情を肌で感じていた。正日の存在を知らない分、人々は「権威づくりのために庶民生活を顧みない金日成」を罵倒した。

当時、中国の地方紙記者として東北部を取材していた筆者は、遼寧省の高官からこんな逸話を聞かされた。コメの支援を求めてきた金日成に対し、中国最高実力者の鄧小平はこう突き放したという。

「あなたは、年間８００万トン（実際は４５０万トン前後）のコメを生産していると言っているじゃないか。１人頭に換算すると、中国より多い。それが本当なら支援できない。嘘だったら考えてみてもよい」

一方の北朝鮮国内では、鄧を「ネズミ野郎」と呼び、「鄧小平が訪米中に金髪の売春婦と遊んだ」などと盛んに陰口がささやかれていると伝えられた。

中国から袖にされた正日は、経済部門の担当者を集め、こう命じたという。

「水害（救援）物資の引き渡しは、われわれと南朝鮮との戦争だ。どんなことがあっても、最短の時間内に調達しろ」

金正日は「戦時動員態勢」で臨み、戦時用に備蓄していた物資を放出するよう指示。足りない分は各工場に割り当て、「速度戦」を強いてようやくかき集めた。

韓国安企部で北朝鮮からの支援物資受け入れに携わった金銀星《ウンソン》は「物資の引き渡しをめぐり、南北は激しい情報戦を繰り広げた」と振り返る。「どのルートで、どんな運搬手段を使うのかを北韓はギリギリまで明かさなかった」

正日は、支援事業を「軍事作戦」と位置付け、韓国の対応能力を試すつもりで、運搬方法や日時、届ける場所を秘匿した。韓国側にすれば、セメント10万トンを陸路で輸送する場合、軍事境界線近くの「自由の橋」が重量に耐えられない恐れがあり、事前に対策を講じる必要があった。

そんななか、韓国情報当局は、北朝鮮が海外に出航していた貨物船を呼び戻しているとの情報を入手する。「そこで、救援物資は船で持ってくるだろうと判断した」（銀星）最終的に9月末から10月初め、北朝鮮が約束した量の支援物資が韓国の仁川《インチョン》港などに荷揚げされ、一部は陸路で届けられた。

北朝鮮の元党中央委資料室副室長で、黄長燁と韓国に亡命した金徳弘《ドクホン》は、正日自身が支援事業を振り返った機密文書について証言した。89年末の非公開会議でこう明かしたという。「南朝鮮に水害救援物資として送ってしまった戦時用物資は、いまだに補充できていない。そのときから共和国（北朝鮮）経済は腰を折ってしまった」

無理を重ねてまで韓国への物資輸送にこだわった北朝鮮の意図について、韓国当局は「金正日のイメージづくりのため」だったと結論付ける。メンツを懸けた「支援作戦」の代償は大きく、以後、北朝鮮経済は急下降をたどる。

日成を見限ったゴルバチョフ

金日成は1985年を境に、政権内での影響力を急速に失っていく。健康上の問題からか、政権運営の意欲が減退したためかは定かでないが、表面上は、長男の金正日に政務の大半を委ねる態度を貫いた。

北朝鮮の文献によると、日成は84年秋、正日の盟友で、朝鮮労働党書記の許錟《ホダム》に次のように語り、息子を持ち上げたとされる。

「金正日同志は党の指導者であり、代表者です。彼は私の志に沿って、わが党を強化発展させる闘いを陣頭指揮しています」

こうも念押ししたという。「全党員は金正日同志を忠誠一筋に仰ぎ、彼が示した方針を無条件に貫徹しなければなりません」

半面、思想・理論面で日成父子を支えた黄長燁は、正日中心の指導体制に替わった85年以後も、統治権をめぐる父子間の確執があったと証言する。

「金日成と金正日は、ことがうまくいかなければいかないほど、相手側を誹謗することで、気休めにしていた」

金日成は、政権運営を息子に丸投げしておきながら、外交と軍事分野では、しばしば自分の意思を押し通そうとした。

北朝鮮は87年11月にモスクワで開かれる「10月革命70周年」記念式典に代表団を送ることを決める。それに絡んで、ソ連共産党書記長のミハイル・ゴルバチョフを北朝鮮に招請するかをめぐって父子はぶつかる。

北朝鮮元外交官によると、ソ連への訪問準備に追われていた外交部（外務省）に金正日から電話がかかってきた。部長（外相）の金永南に、正日はまくし立てた。

「ゴルバチョフに面会したら、来てほしいと言うんじゃない。彼は（スターリン批判をした）フルシチョフより、もっとひどい修正主義者だ」

改革開放を極度に恐れていた正日は「ペレストロイカ（改革）」を推進するゴルバチョフを毛嫌いし、招請に反対だった。

その直後、今度は日成から電話がある。

日成「代表団の準備は順調か」

永南「はい。首領さま。準備万端です」

日成「よかろう。今度行ったら必ず、ゴルバチョフに来てほしいと言え。ことわざに『憎いやつには、餅をもう一つ与えよ（憎い相手にこそよくしろ）』というじゃないか」

相反する指示に困惑した外交部は検討の末、正日の判断を仰ぐ。代表団が出発する前夜に裁可が下りた。

「首領さまの言う通りにしろ」

正日があっさり主張を引っ込めたのには、わけがあった。当時、総力を尽くしてソウル五輪の妨害工作を進めており、首脳の招請がソ連の参加阻止につながるかもしれないと下心を抱いたからだ。

ゴルバチョフによると、ソ連への北朝鮮の働きかけは執拗だった。

86年10月24日には、金日成が専用機でモスクワを訪問。めったに飛行機に乗らない最高指導者の空路訪問は「緊急事案に違いない」と海外から臆測を呼んだ。

ソ連国営のタス通信は「両首脳は米韓日の三角同盟に反対した」と報じた。しかし、後にゴルバチョフが韓国メディアに語ったところでは、実際は、こんなやり取りもあったという。

日成「ソウル五輪に参加しないでください。朝鮮半島の分断を固定化させようとする『国際帝国主義』の陰謀であります」

ゴルバチョフ「その言葉自体、古すぎます。われわれは、古めかしい教条主義の殻を破り、ペレストロイカを始めているのです。あなたが考えを改めるべきではないか」

日成は引き下がらない。「ソウルと平壌が50対50の割合で主催するのはいかがでしょう。最低限、サッカーは平壌で開催できるよう協力してほしい」

ゴルバチョフは「五輪開催は、50対50のような算数の問題ではありません」とつれなく答えた。

「金日成の関心は、ソウル五輪にしかなかった。彼らは、われわれの友情を込めた説得を受け入れず、後には、敵対するまでになった」（ゴルバチョフ）

ソ連や東欧が激変を迎えるなか、金正日は「殻」に閉じ籠もり、かたくなに改革を拒んだ。訪中して鄧小平らと「改革開放」について意見交換する父をメディアを使って牽制もした。

党機関紙「労働新聞」は公然とこう記した。

「首領さまは、年も召されており、険しい道を歩こうとされず、（金正日）指導者同志に全ての事業を任せてもよい」

87年９月には、正日が党幹部を前に「現代帝国主義が臨終に近づいているのは厳然たる現実であり、帝国主義が滅亡し、社会主義が勝利するのは歴史的な必然だ」と熱弁を振るった。

結局、ゴルバチョフが北朝鮮に足を踏み入れることはなかった。正日は、ソ連に幻想を持つなと力説する。

「われわれは、誰かの助けを望んではいけませんし、助けられることもない」（『金正日選集』）

金正日は、ソ連と中国という二大国には頼らない「ウリ（われわれ）式社会主義」に固執していく。経済改革には目もくれず、自身の偶像化を伴う体制引き締めに邁進する。

正日の偉大性をたたえる文学作品が量産され、「親愛なる指導者金正日同志の歌」もつくられた。

北部、白頭山の山中で、40年代に正日の誕生を祝して「光明星誕生」「太陽星誕生を万邦（世界）に自慢せよ」と文字を刻んだ木々が相次ぎ発見された――。87年ごろからこう宣伝され、「スローガンの木」と名付けた保存事業が大々的に展開された。

文字は半世紀近くを経ているとは到底見えず、明らかに偽造だ。ソ連極東で生まれた正日の「生家」として、白頭山の麓に丸太小屋が〝再築〟されたのもこのころだ。

黄長燁は「金正日がロシア生まれで『ユーラ』という名前で幼年を過ごしたことは周知のことで、（正日の妹）金敬姫がくれたソ連版の地図にも『ユーラ』と（正日の幼名が）書かれていた」と振り返る。

「そのような事実をわざわざ偽り、白頭山の麓で生まれたと嘘をつく必要がどこにあるのか、私には理解できなかった」

独自路線を突き進み、孤立を深める北朝鮮に対し、ソ連も中国も冷淡だった。両国とも北朝鮮の説得には耳を貸さずに、ソウル五輪に選手団を送り、韓国に急接近する。

対話では国際社会の流れを押しとどめられないと悟った正日は、ラングーン爆破テロに続き、またもやテロという愚行に打って出る。

大韓機爆破が示した「衝動」

金正日の命令で、北朝鮮に拉致された韓国人女優の崔銀姫が1986年3月にウィーンから脱出した後、米中央情報局（CIA）は、彼女に対して長時間の聴取を実施した。

西側にとって、約8年もの間、正日を近くで観察してきた第一級の生き証人だ。証言からCIAは、正日の人物像を「金日成に比べて偏屈で、衝動的に政策決定し、一貫性がない」と結論付けた。

気分も豹変《ひょうへん》し、「時と場所に関係なく、その場で怒りをぶつける」ともした。

筆者も、中国外務省で北朝鮮要人の通訳を務めた後、社会科学院傘下の研究所に転じた李相文からこれを裏付ける逸話を聞いた。

李らが83年６月に訪中した正日一行を案内した際のことだ。全長約４・５キロの南京長江大橋を歩いていたとき、何に怒ったのか、正日が突然、随行員の膝を容赦せずに蹴った。ホスト側の中国要人らの面前でだ。

「そんな短気で、わがままな人は初めて見たよ」（李）

「偏執癖のため、部下の提言や厚意を陰謀だと疑う場合があり、正確な情報を上げにくい。重要な事案で判断を誤る可能性が高い」。正日の性格を分析したＣＩＡの報告書はこうも続く。

「頭はよいが、残忍な面があり、いかなる行為にも罪悪感を持たない」

当時、北朝鮮の最大の懸案はソウル五輪だった。その対応をめぐって父子の性格の違いが露呈する。

外交攻勢による共同開催やボイコットへの賛同国を増やすことに望みをつなぐ金日成に対して、金正日は〝暴力〟で開催そのものを諦めさせ、北朝鮮独自にスポーツの祭典を開くという計画を練っていた。

87年11月、外相の金永南がアフリカに送り出された。永南は約１カ月間の歴訪中、各国の要人らに「五輪ボイコットは金日成首領さまのご意志だ」と説明して回った。

ジンバブエのロバート・ムガベや、マダガスカルのディディエ・ラツィラカ、ザンビアのケネス・カウンダらアフリカには、日成と親しい大統領が何人もいた。これら独裁国に、北朝鮮は軍事的援助を注いできた。

ジンバブエには、100人規模の軍事顧問団を派遣し、ムガベの親衛隊をつくり上げた。カウンダは誕生日に「金日成万歳」という詩を作って贈るほど、日成にほれ込んでいた。

歴訪に同行した元外交官の高英煥によると、永南は行く先々で、「朝鮮半島はまな板の上のコイで、ソウル五輪は鋭い包丁です。振り下ろされると、南北分断は永久化されます」と力説した。

「首領さまは、兄弟国がソウルに行かないことを望んでいます」

だが、説得むなしく、答えは決まってこう返ってきた。

「金日成主席の頼みには留意するが、周辺国と相談して結論を出す」

永南は部下の前で、「恩知らずなやつらだ。こんな汚いアフリカ野郎の土地は二度と踏まない」と怒りをぶちまけたという。

アフリカ約50カ国中、マダガスカルを除いてボイコットしたのは、人口10万人に満たないセーシェルだけだった。

意気消沈した外交団が帰路の経由地、モーリシャスに到着した11月29日、バグダッド発ソウル行き大韓航空858便ボーイング707型機がミャンマー近海で爆破される事件が起きた。

乗客乗員115人のうち、大半は中東への韓国人出稼ぎ労働者だった。

五輪参加申請の締め切りが50日後に迫っていた。韓国政府は国家の威信を懸けて捜査を進め、88年1月15日、捜査結果を発表する。

「大韓航空858便爆破事件は、北傀《ほっかい》（北朝鮮の）金正日の指令により敢行された蛮行だと判明した」

テロ実行犯の北朝鮮工作員、金賢姫の記者会見が同時に開かれた。

事件直後に、経由地のアブダビで乗り換え、バーレーンに移った日本旅券を持つ不審な男女が浮上する。

「蜂谷真一」を名乗る朝鮮労働党の工作機関「対外情報調査部」特殊工作員、金勝一《キムスンイル》と、「蜂谷真由美」こと、賢姫だ。

日本人でないと見抜いた在バーレーン日本大使館員と地元警官に空港で捕捉されるが、勝一はその場で服毒自殺する。賢姫もたばこに仕込んだ毒をのもうとし、警官にはき出させた。

この瞬間、北朝鮮と韓国の命運が決した。賢姫のその後の自供でテロの全貌が白日の下にさらされる。

「2人は、金正日直筆の工作指令を受けて犯行に及んだ」。韓国の捜査記録はこう断じた。

「党は、南朝鮮（韓国）の五輪単独開催策動を阻止するため、大韓航空機を爆破する決定をした」との金正日の指令は87年11月7日、調査部部長から伝えられたという。

「南朝鮮傀儡《かいらい》政権は致命的な打撃を受けるだろう。必ず成功させること。絶対、秘密保持に留意すること」と命じられた。

捜査記録には、テロに及ぶ訓練過程や、平壌からの移動ルートと手段まで克明に記されていた。それでも、北朝鮮は即座に「南朝鮮の自作自演だ」との声明を発表し、現在に至るまで犯行を認めていない。

金賢姫の証言によれば、金正日がテロの決定を下したのは10月初旬だ。マカオで訓練中の賢姫が本部命令で急遽《きゅうきょ》、帰国したのは同月7日。金日成が金永南をアフリカに派遣する前だ。

米韓両当局の捜査記録を読む限り、日成がテロ計画を事前に知っていたとは考えにくい。日成の名にさえ記録は言及していない。

「一点の疑念も残さないため、CIAも金賢姫から聴取しました」

元CIA要員のマイケル・リーは、直接聴取したもようを証言した。彼女の身分を確かめるため、3つの方法を試みたという。

本国から取り寄せた北朝鮮工作員らの写真45枚を示したところ、2人を言い当てた。「私も知らない人物ばかりだったが、彼女は名前まで正確に告げた」

次に、北朝鮮からの経由地として泊まったと自白したブダペストにある北工作機関のアジトの見取り図を描かせ、現地に確かめると、完全に一致した。

最後に、北朝鮮工作員用の暗号を読ませたが、簡単に解読した。

「当時、北工作員が使う暗号を解読できる専門家は、韓国の機関でも１人か２人しかいませんでした。われわれも、彼女は間違いなく、北朝鮮のスパイだと確信しました」

調査結果を受け、米政府は88年1月21日、大韓航空機爆破事件を理由に、北朝鮮をテロ支援国家に指定する。

「衝動的に決定し、罪悪感を持たない」という正日に対するプロファイルは、最悪の〝犯罪〟の形で具現化し、東アジアの独裁国の後継者が超大国、米国と決定的に敵対する時代が幕を開ける。

経済破綻を招いた世紀の祝典

金正日が、スポーツと文化の国際イベント「第13回世界青年学生祝典」を平壌に誘致したのは、韓国が１９８８年に開催したソウル五輪を上回るイベントを主催する能力があると誇示するためだった。

「金正日は、自分以外が注目を浴びたり、賛辞を受けたりすることは許さなかった」。正日に会った経験のある亡命者や記者らを聞き取り調査した米アリゾナ州立大元教授のチョ・ヨンファンは、その性格についてこう分析する。

「矮小な外見上のコンプレックスを克服し、偉大だというイメージをつくる願望を大きなモノに投影させようとする傾向があった」

85年、ソウルに63階建ての「63ビルディング」が完成する。その写真を見るや、正日は側近らにこう命じた。

「南朝鮮（韓国）のガキどもが63階を建てるなら、共和国（北朝鮮）はその倍の126階を建てよ」

三角形の外観が特徴の柳京《リュギョン》ホテルとして105階建てに修正され、計画は実行されるが、いまなお完成していない。

88年2月20日に開かれた朝鮮労働党政治局会議で、金正日は、人海戦術で建設を進める「200日戦闘」を提案。建国40周年に当たる9月9日を期限とし、平壌に260の祝典関連施設を建てるといった計画を明らかにする。

北朝鮮が誇る化学繊維を生産する順天《スンチョン》ビナロン工場の再建や金策製鉄所拡張工事、中小水力発電所の建設も含まれていた。

金日成広場では2月27日、若者10万人を動員した「たいまつの集い」が催される。

これを皮切りに37回の大規模集会が開かれ、若者らをたきつけるが、計画は思う通りに進まなかった。期限が迫った9月初めには「青年英雄大会」が開催され、「第2次200日戦闘」が呼び掛けられた。

元党書記の黄長燁は「金正日は、平壌でも『五輪』を開くのだとまくし立てながら、国力にそぐわない多くの体育施設を気分任せにつくった」と振り返る。

観客３万人収容の羊角島《ヤンガクド》サッカー競技場や、敷地面積12万平方メートルの平壌国際映画会館、世界最大規模を誇る平壌サーカス劇場などを建造した。

圧巻は、ソウル五輪のメーンスタジアムの倍以上の規模を誇り、観客15万人を収容できるメーデー・スタジアムだ。

一方で、頓挫した正日の肝いり事業も少なくなかった。１００億ドル（現在のレートで約１兆２３００億円）を投じたともいわれながら、放置状態にあったビナロン工場の再建工事も祝典に間に合わなかった。

近年公開された旧東ドイツの外交文書によると、５月に訪朝した同国代表団に金日成はこう吐露したとされる。「国全体が祝典の準備に動員され、多くの建設をやっているが、とても難しく、大きな費用がかかる。小都市の建設事業は中断している。全ては祝典の成功のためです」

89年７月１日、祝典は開幕する。モスクワで病気治療中だった金正日の内妻の成蕙琳やモスクワのフランス系学校に通う長男の金正男も平壌に一時戻った。

同行した蕙琳の姉の成蕙琅は『北朝鮮はるかなり　金正日官邸で暮らした20年』にこうつづっている。

「喫茶店一つないこの都市を世界にどう公開するのだろう。非難ではなく、心配だった」

当時を知る脱北者によれば、市民らはアパートの壁を洗い、ペンキを塗り直したりし、外観を取り繕って貧しさを隠すのに必死だったという。

外国人に見せるためだけに、色とりどりのナイロン製チマ・チョゴリを着て日傘を差した女性らが毎日、平壌の目抜き通りの橋を何時間も往復したりした。

「その姿を見たとき、涙が出ました」（蕙琅）

祝典では、若者5万人が数カ月準備したマスゲーム「今日の朝鮮」や芸術家5千人が出演する歌舞劇「幸せの歌」が披露された。

蕙琅は「当時、目を覆いたくなるような話ばかりが耳に入ってきた。病院や外貨商店に行っても、生きんがためにあえぐ人々の目はひたすら『物』だけを求めていた」と記す。

誰よりも現状を熟知しているはずの正日は、あくまで体面にこだわった。

国営メディアは「祝典には世界180カ国、1245の青年学生組織などの代表1万6千人余りと名誉ゲスト470人をはじめ、多くの国の観光団と海外同胞が参加した」と規模の大きさを喧伝する。正日はこれら参加者の航空券を除く、全費用を北朝鮮が負担することにしたのだ。

膨大な出費もいとわなかったのは、ひとえに「韓国よりも優れている」と世界に見せつけるためだ。にもかかわらず、皮肉にも韓国から来た一人の女子大生に〝主役〟を奪われる。

祝典準備委員会は、韓国の若者にも参加を呼びかけた。韓国の全国大学生代表者協議会

（全大協）が政府の反対を振り切って、秘密裏に韓国外国語大学4年の林琇卿《イムスギョン》を北朝鮮に送り出した。

「勇敢にも国禁を破った」林は北朝鮮内外の注目を一身に浴びた。

「われわれは彼女にほれました。自由奔放で、はつらつとした南朝鮮の女子大生に熱狂しました」と脱北者の1人は語る。

「白いTシャツにジーパン、全てが衝撃的でした。皆が彼女の一挙手一投足にくぎ付けになりました」

林が現れる場所には、瞬く間に人だかりができた。一目見ようと、仕事を抜け出す者が続出し、工場がまひするほどだったという。

金正恩時代に頭角を現し、一時、更迭説もささやかれた崔竜海が祝典準備委員長を務めたが、林の型破りな言動に手を焼く。平壌に到着した林の第一声からして〝破壊的〟だった。

「私は北韓（北朝鮮）体制にも問題があると考える人間です。北韓がよいから来たわけではありません」

北朝鮮では絶対許されない一言を平然と語った。

金日成の生家を案内しようとすると、「他に行事があるのに、なんでそこを見ないとダメなの」と思ったことを口走ったり、原稿なしに大勢の前で躊躇せずに話し出したりした。こうした振る舞いの一つ一つが北朝鮮の人々に衝撃を与えた。

当時を経験した脱北者らは異口同音にこういう。

「林琇卿の姿を目にして、韓国社会に憧れを持つようになりました」

1週間余りの祝典で約60億ドル（約7400億円）が費やされたとされる。祝典には、ソウル五輪より多くの国が参加し、一応の「盛況」は保った。

しかし、90年以降、北朝鮮経済は9年連続マイナス成長を記録、約250億ドルあった国民総生産（GNP）が90年代後半には126億ドルまで落ち込み、その後、盛り返すことはなかった。

ソ連崩壊と軍最高司令官の座

金日成は政権運営の大半を長男の金正日に丸投げしながら、朝鮮人民軍最高司令官の座だけは譲ろうとしなかった。

北朝鮮で、身長150センチ（現在は138センチ）以上で体に障害がない男子は平均10年以上の兵役が課される。軍歴がなければ、原則、朝鮮労働党員にもなれない。だが、正日の軍歴といえば、大学時代の40日間ほどの軍事訓練が全てだ。

日成は「党は正日に、軍は（次男の）平一に任せる」と公言。怒りに任せて次男を左遷した後も、軍については長男に委ねることなく、抗日パルチザン時代から自分に付き従ってきた呉振宇に任せてきた。

その日成が1991年12月、最高司令官を正日に譲ると発表する。何が心境に変化をもたらしたのか。

金正日より24歳年上の呉振宇は、朝鮮半島東北部、咸鏡南道の貧しい農家に生まれた。16歳で中国に渡って抗日パルチザンに加わり、金日成に出会って以降、死ぬまで日成に忠誠を尽くしたことをおいて、目立った英雄談もない。

この絶対忠誠こそが激しい権力闘争の中にあって、軍での不動の地位を維持し続けた秘訣《ひけつ》といわれる。

振宇の死後、「白玉のように純潔な忠誠心」をたたえる「白玉」という映画がつくられた。映像では、正日が83年2月の誕生日に、振宇とそろいの白い服と靴で撮った写真が何度も登場する。正日がいう。

「(日成)首領さまを奉じる戦士の忠誠心はみじんの汚れもない純潔なものでなければなりません。だから白を選んだのです」

北朝鮮編纂の『金正日伝』に、正日と振宇の親しげな姿を見たアフリカの首脳が日成に2人の関係を尋ねる場面が描かれている。日成はこう答えたという。

「党と軍の関係です」

自分を支える両輪とでも言いたかったのだろうか。だが、その裏でこの時期、正日は軍での足掛かりを着々と築いていた。兄弟分ともいえる呉克烈を総参謀長に就けたのをはじめ、金永南の弟で党軍事部長兼日成の軍事補佐官を務めた金斗南《キムドゥナム》ら、自分に追従する勢力で軍の統制や作戦を担う中核ポストを固めていった。

振宇に対しても、ベンツなど高級外車を贈ったり、豪邸を建てたりと、あの手この手で歓心を買おうとするが、容易になびくことはなかった。

70年代に性急に軍を掌握しようと振宇と対立し、失敗した苦い経験のある正日は、日成に対する〝忠誠の権化〟に子供だましの寝技が通じないことも十分理解していた。

時期が来るのをひたすら待った。

87年春に転機は訪れる。呉振宇が金正日主催の秘密パーティーから車で帰宅する途中、街灯に激突して大けがを負ったのだ。

午前3時まで酒を飲み、泥酔したまま、ベンツを運転。頭蓋骨や肋骨《ろっこつ》を損傷し、危険な状態で病院に運ばれた。

駆け付けるなり、正日は「何があろうと、呉振宇同志を生き返らせろ」と言い放ったとされる。

「国中の名医を総動員せよ。外国から有名な医師を呼んでもいい。カネは必要なだけ使え」

振宇は、専用機でモスクワに移され、一命を取り留める。正日の計らいで、外国を転々としながら最高レベルの治療を受け、88年1月には奇跡的に復帰を果たした。

この事故を機に振宇は、金日成に対するのと変わらない忠誠を正日にも誓うようになる。

振宇からの忠誠は軍からの忠誠を保証されたに等しかった。

それでも軍権まで手にしたわけではなかった。最高司令官の地位に父が居座っていたからだ。

だが、チャンスは思わぬところから舞い込む。正日が毛嫌いしていた民主化の波にのまれ、解体を迎えるソ連からだ。

91年、行き場を失ったソ連国家保安委員会（KGB）の元東アジア担当要員が、モスクワの北朝鮮公館を通して裏取引を持ちかけてきた。KGBが抱き込んだ北朝鮮軍部内の「反政府組織の名簿」と引き換えに1千万ドル（現在のレートで約12億円）を要求するものだった。

北朝鮮の工作活動を指揮し、欧州に亡命した元高官の証言によると、公館員から指示を求められた正日は「国運がかかっている。カネは問題ではない」と即座に取引に応じたという。

80年代末に持ち出した秘密情報で欧米当局と取引しようとするKGB要員は少なくなかったという。「ソ連崩壊はKGBの解体から始まっていた」（元高官）

KGB元要員が示した極秘ファイルは、驚くべき内容だった。

北朝鮮は85年、改革を促す中国に反発してソ連に接近。領空でのソ連空軍機の飛行や、ソ連艦隊に主要港への自由寄港を認め、レーダー基地用地を提供することに合意する。見返りに、MiG―23など北朝鮮にとって最新鋭兵器を獲得し、ソ連軍幹部を養成するフルンゼ軍事大学を中心に海軍航空大学や軍医大学などに軍指揮官クラスの将校ら700人近くを留学に送り出した。

だが、KGBでは、利用価値があると目をつけた将校らを2～3年かけ、金品と女性を使って、ひそかに親ソ勢力として抱き込むことに成功したとされる。ファイルには、その将校らの名前がつづられていた。

ファイルに目を通した金正日は、軍内部の政治警察に当たる総参謀部保衛局（後の保衛司令部）長、元鷹熙《ウォンウンヒ》にさらに詳細な調査を命じた。

完成した報告書を手に主席宮に乗り込み、父に向かって早口で告げた。

「最近、人民武力部内にクーデターを目的に組織化された親ソ・グループがいることが分かりました。武力部は瓦解寸前です」

金日成は返す言葉を失う。「クーデター」グループの背後に米国や韓国ではなく、ソ連がいるという〝事実〟にショックを隠せなかった。

もとはといえば、ソ連との軍事交流に踏み切ったのは正日だった。そのことを棚に上げ、軍部の対ソ政策を批判。組織の徹底変革を主張し、たたみかけた。

「軍組織を立て直すには、何年かかるか分かりません。軍を再編し、立て直す事業は、私に任せてください」

「最高司令官」の移譲には触れずとも、きっぱりと、軍は自分が掌握すべきだと父に突き付けたのだ。

それから間もない、91年12月24日に軍中隊長会議が招集される。席上、日成は老体を引きずってマイクの前に立ち、「金正日同志を人民軍最高司令官に推戴する」と宣言した。

正日の宿願が実った瞬間だった。同時にまた、軍部を〝正日色〟に染め上げるための粛清の始まりでもあった。

露見した軍のクーデター計画

金正日にとって1990年代初めは、朝鮮人民軍最高司令官に就任し、念願の軍権を手にした一方、〝内憂外患〟が重なった時期だ。

91年末のソ連崩壊の衝撃が収まらないなか、中国も北朝鮮を突き放す動きに出る。負債まみれの北朝鮮の実情をくみ、続いてきた物同士を交換するバーター貿易を92年1月からは現金決済に切り替えた。

92年4月13日、中国国家主席の楊尚昆は、冷凍豚肉400トンを手土産に平壌を訪れる。金日成80歳誕生日を祝う名目だったが、特別な任務を託されていた。

韓国との国交交渉について通告することだ。楊の出発当日、北京では、外相の銭其琛が韓国外相の李相玉《イサンオク》と詰めの協議を行っていたのだ。

楊尚昆は金日成に「年内に韓国と国交を結ぶでしょう。不可避な選択です」と切り出す。「1年もすれば、状況は変わります。1年だけ待ってくれませんか」との日成の訴えに、楊は即答を避けた。

中国政府は7月15日、銭其琛を平壌に送り、日成の面前で中韓国交樹立の決定を伝えた。

初代駐韓大使となる張庭延によると、「その瞬間、金日成は、沈痛な表情でしばらく考えてから口を開いた」という。

「中国が既に決定したなら、そうしてください。私たちは引き続き社会主義建設をするつもりです。これから困難なことがあっても、われわれは自力で解決するでしょう」

話が終わるなり、日成は銭らを残して会談場を去った。外交的孤立を恐れ、日米との国交正常化も模索し、韓国との国交樹立の先延ばしを要請したが、中国側は一顧だにしなかった。日成は、議員訪朝団の団長として91年7月に平壌を訪れた石井一に「われわれも地球上の一国家であり、現実的な政策をとるつもりだ」と発言。3カ月後の訪中では、鄧小平に「現体制に影響のない範囲なら、中国のような改革開放政策を考慮してもよい」と改革に色気をみせてもいた。

鄧の助言に従い、南北間の高官級対話も始めていたが、ことごとく金正日の反対に遭って進展しなかった。

元朝鮮労働党書記の黄長燁によると、「金正日は中国に悪罵《あくば》の限りを尽くした。北朝鮮の人間が中国の開放都市を見るのも、万里の長城を見ることすら禁じた」。首尾一貫して中国を嫌った。

金日成父子に20回以上会ったという韓国の元大宇《テウ》グループ会長、金宇中《キムウジュン》は、近著『金宇中との対話』で、北朝鮮政権内の空気について「金（日成）主席より、金正日を怖がっていた」と振り返る。

日成の話を傾聴するふりをして金正日の顔色をうかがい、行動する高官らの姿を目の当たりにする。

韓国大統領の盧泰愚《ノテウ》は91年秋、宇中を通して「北朝鮮の現行体制を保障する用意がある。互いを認め合い、10年間は平和的な関係を維持しよう」というメッセージを日成に伝えた。同席した正日は、宇中が話し終わらないうちに立ち上がり、「南朝鮮（韓国）が（保障）しないからといって、私が（体制を保障）できないとでもいうのか」と怒り散らしたという。

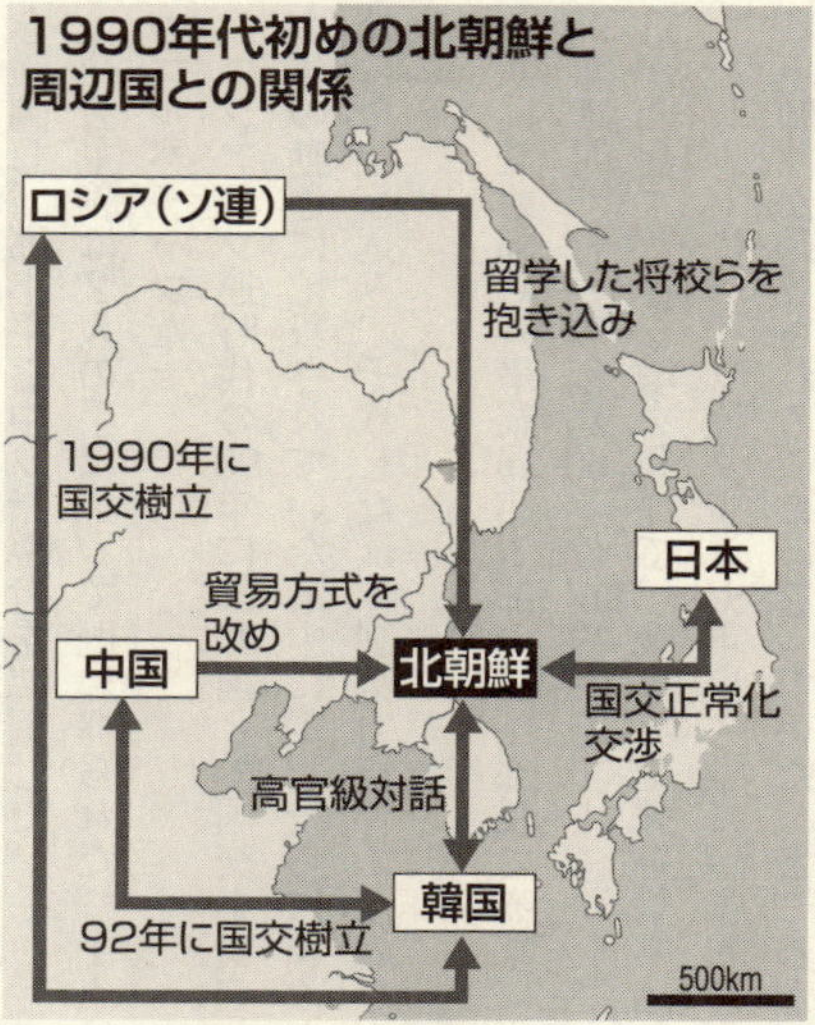

92年8月24日、中韓は国交樹立を宣言する。直後に正日は、党責任幹部会議を招集し、「これからは、ロシアにも中国にも期待するな。われわれは自分自身に頼るしかない」とまくしたてた。

「われわれは、精神的な原子（爆）弾である主体思想と物質的な原子弾に頼る必要がある」と核兵器開発の必要性を強調し、鄧小平ら中ソ指導者を罵倒した。

「社会主義は2人の手によって既に葬られた。1人はソ連のゴルバチョフ、もう1人は中国のゴルバチョフだ」

ロシアはソ連時代の90年には韓国との国交を樹立したが、それに匹敵する恨みがあった。中韓の動きに忙殺されていた最中に軍将校らによるクーデター疑惑が浮上する。留学した将校らを抱き込み、そうした反体制勢力を育てたのが、ほかでもないソ連だった。

人民武力部対外事業局第1部の元副部長で95年に脱北した崔周活《チエジュファル》によると、クーデターは92年4月25日、軍創建60年の軍事パレードで決行される手はずだったという。金日成と金正日が閲兵するひな壇を狙って、戦車で砲弾を撃ち込む計画だったとされる。

パレードには、ソ連フルンゼ軍事大学に留学した少将、金日勲《イルフン》が指揮する平壌防衛司令部戦車師団が動員されることになっていた。ところが、日成のいとこで、人民武力部820戦車軍団長の朴基瑞《パクキソ》が、主催する人民武力部の部隊こそが受け持つべきだと異議を唱えた。日勲の師団に出る幕はなく、クーデターは未遂に終わったという。

だが、「謀議」について、元ソ連国家保安委員会（KGB）関係筋を通じて駐露大使の孫《ソン》成弼《ソンピル》が耳にし、正日に報告が上がる。激怒した正日は軍内の政治警察、保衛局トップの元鷹熙を呼び付け、即座に命じた。

「裏切り者を捜しだし、無慈悲に処刑しろ。反抗したり逃走を図ったりする者は、その場で射殺しろ」

10月に粛清が始まる。真っ先に逮捕されたのは、日成の戦友、崔賢の孫娘婿で、ソ連留学後に副総参謀長に昇進した洪継成《ホンゲソン》や、日成の母方の親戚に当たる平壌市党責任書記、康《カン》賢洙《ヒョンス》の息子で、総参謀部作戦局教導指導副局長の康雲竜《ウンリョン》、作戦局副局長の姜永煥《カンヨンファン》ら、軍の作戦立案を担う中枢メンバーだった。

93年2月8日には、正日が最高司令官名で軍指揮官会議を招集すると称し、人民武力部8号庁舎に少将以上の将領級幹部約1500人を呼び出した。

殺気に包まれた会場を保衛局兵士らが封鎖。総参謀長の崔光が開会を告げると、元が「裏切り者」の名前を読み上げ始めた。

名前が呼ばれるたびに、完全武装した兵士2人がその人物に銃口を突き付けた。金日成バッジや勲章、肩章がもぎ取られた後、手錠をかけられ、引きずり出された。

94年まで断続的に続いた「掃討作戦」では、350人近い軍幹部が逮捕された。そのうち、将領級30人と佐官級100人、尉官級70人余りが銃殺刑に処され、残りは強制収容所などに送られた。

軍の指揮体系がまひするほど空席が増えたが、正日は、自分に追従する幹部を送り込む。後に軍総政治局長を務める趙明禄や、総参謀長を経て人民武力部長に就任する金永春《ヨンチュン》のほか、総政治局宣伝部長となる朴在京《チェギョン》、作戦局長に就く金明国《ミョングク》らだ。

彼らが正日に絶対服従する新たな軍部をつくり上げていく。

外貨独占で側近を手なずける

朝鮮人民軍最高司令官の座を手にした金正日が軍の再編に傾注していた1992年、父、金日成は政権運営への意欲を失い、老いが目立つようになる。
「以前の金日成ではなかった。既に元気も消えうせ、金正日への権力移譲の成功ばかり考える老人に変わっていた」と元朝鮮労働党書記の黄長燁は振り返る。「息子に露骨におべっかを使うようになった」

80歳を迎える日成は、正日の公称50（実際は51）歳誕生日に「白頭山頂正日峯」と始まる頌詩《しょうし》を贈る。孫の金正恩が3歳のときに筆ですらすらと書き写したと北朝鮮が宣伝する漢詩だ。

恥ずかしげもなく、「文武を兼ね備えた息子を万民がたたえる」とうたったのは、政権運営の実態を知らずにいたからだろう。

黄とともに韓国に亡命した元党中央委資料研究室副室長の金徳弘は、正日が父親をだまし続けていたと証言する。

在日本朝鮮人総連合会（朝鮮総連）が音頭をとって金日成の誕生日に合わせ、平壌に「愛国天然色（カラー）テレビ組立工場」を建てた。金正日が4月、父を工場に案内する。目の前を流れる製品を見て日成は大喜びで告げた。

「金正日時代に入って、わが国もやっと天然色テレビを人民に供給できるようになった。中央機関の責任者や市民に工場を見学させ、組織書記同志（正日）の愛と恩徳を心に刻むようにしなさい」

1988年8月、ドイツの設備を導入し、平壌郊外に完成したセメント工場を視察する金正日（左）（『金正日指導者』より）

工場を見学した金徳弘は「怒った顔でゴム製のハンマーのようなものでテレビをたたきながら」、画面の揺れをチェックする検査員を目にする。

検査員は、ぼやいた。「（金日成）首領さまが訪れた日から、テレビたちは毎日3回以上ハンマーに殴られているんですよ」

徳弘は知人から〝種明かし〟を聞いて意味を理解した。工場にはテレビ100台分の部品しかなく、見学者が来るたび、製品を分解して組み立て直す工程を繰り返していたのだ。

こんなカラクリはつゆ知らず、日成はその年の新年の辞でもこう強調していた。「わが人民が白い米の飯と肉のスープを食べ、絹の服を着て瓦の家に住めるようにするという念願を実現しなければならない」

現実には、餓死者も出始めた。6年目に入った第3次7カ年計画も、年平均成長率7・9%、国民所得を1・7倍にするという目標達成にはほど遠く、あらゆる指標が計画開始時の半分に落ち込んでいた。

改革を拒み続ける金正日の責任は明らかだった。だが、12月の党第6期20回総会で、政務院（内閣）総理の延亨黙が責任をとり、北部、慈江道に飛ばされる。代わりに金日成のいとこの姜成山の再登板が決まった。

姜は寡黙だが、人当たりがよく、実務能力を日成に買われ、84年から3年間近く総理を務めた。ただ、2度目の就任時には、正日の指示通りにしか動かない小心者に成り果てていた。

幸か不幸か、総理指名を追認する最高人民会議中に発作で倒れ、急遽、日成のおいで副総理だった金達玄《キムダルヒョン》が総理代行に充てられた。

頭脳明晰《めいせき》なうえ、豪快な達玄を、日成は「わが国に金達玄ほど有能な経済幹部はいない。頭の中にはどの工場で何をどれくらい生産しているかが全部入っている」と褒めそやした。

正日と同じ41年生まれで、アルバニアに留学。36歳で国家科学院副院長に抜擢され、90年から副総理、92年から国家計画委員会委員長を兼務していた。日成は経済問題について常に達玄に相談し、正日の嫉妬を買っていた。

総理代行になると、疲弊し切った経済の立て直しに乗り出す。入院中の姜の反対を押し切り、「聖域」とされた軍需部門に供給する電力を30%カットし、稼働停止中の製鉄所や肥料工場に回すよう指示した。

正日におもねる軍需工業担当書記の全炳浩ら責任者は決定に従おうとしなかった。落馬事故で入院し、遅れて報告を耳にした正日は「米国がわれわれをのみ込もうとしていることを忘れたのか」と怒鳴り散らし、元通り軍需部門に電力を供給するよう命じた。

それでも、達玄は「肥料工場に１億ドル（現在のレートで約１２０億円）を回してほしい。工場が正常稼働すれば、根本から人民の食べる問題を解決できる」と粘り強く提案するが、このひたむきさが正日の感情を逆なでする。

93年に入って１カ月以上も会議で自己批判を余儀なくされ、集会で「労働者階級の裏切り者だ」と糾弾された。年末には「革命化教育」と称して東北部の企業所に左遷される。正日の怒りの前には、日成の信任は、何の保証にもならなかったのだ。

そのとき、金正日が署名した「親筆指示」や直筆で回答した「親展」書類なしには、行政部門はコーヒー１杯分のカネすら自由に動かせない状況にあった。

金徳弘は、党機械工業部内で「親展」書類が入った「１号函」の中身を偶然、目にして愕《がく》然《ぜん》とする。

政権の実質トップが認可する書類に「スウェーデン技術者らに毎日、コーヒー３杯、ココア３杯ずつ、西洋将棋（チェス）一式を提供したいので、必要な外貨を配慮してほしい」と記されていたからだ。

こうまでしてケチった外貨を、正日は秘密資金を管理する党「38号室」と「39号室」に吸い上げていった。

工作機関の対外連絡部に勤務中に亡命した崔宇永《チェウヨン》（仮名）によると、90年代に38、39号室の権限と規模は飛躍的に拡大した。「この2つの機関は金正日が直接、管理した。そのカネは対南工作などに使われ、民生経済とはまったく関係なく運営された」

正日は「われわれは飢え死にしても（南北）統一しなければならない」と言ってはばからなかった。

38号室は、外貨商店の売り上げや鉱物、マツタケ輸出の利権を扱い、39号室は、偽札密造や麻薬、偽たばこ、武器の密輸など不法取引で得た外貨を管理した。後に38号室の権益を39号室が吸収。銀行をはじめ120余りの会社を傘下に持ち、外貨稼ぎ事業を独占した。

正日は、その資金力に物をいわせて側近らを手なずけ、駒として自在に動かしていったのだ。

こうした資金の流れは金日成の全くあずかり知らないところだった。日成は建設幹部が集う会議で、後継者争いに敗れた次男の金平一について「わが平一はいつになったら、家一軒もない生活を終えるのだ」と住居の確保を訴えたことがあった。

最高指導者としての威厳は見る影もなかった。「首領」という看板を除いて、全てを正日に奪われようとしていた。

核兵器があれば「ドルを奪える」

金正日は1993年4月、憲法改定でその後に最高の意思決定機関となる国防委員会の委員長に就任、名実共に最高権力を固める。同時期、核開発への国際圧力が強まり、最大の危機に見舞われるなか、父、金日成が死去する。

国際原子力機関（IAEA）による6度の臨時査察をのらりくらりとかわしてきた北朝鮮は93年に入ると、特別査察要求に対し、「国の尊厳を毀損《きそん》し、孤立させようとする陰謀だ」（朝鮮労働党機関紙「労働新聞」）と反発。3月には核拡散防止条約（NPT）からの脱退を宣言する。

正日は核開発をやめるつもりは毛頭なかった。党幹部向け講演会資料には、以下の逸話が記されている。

金正日は90年1月、党中央委員会の幹部が集まる会議で、拳銃と米ドルの札束をテーブルに置いておもむろに尋ねた。

「トンム（同志）たち、拳銃とドルのどっちがほしいか」

意図を図りかねた幹部らが返答に窮していると、正日は護衛官を呼びつけ、同じ質問をぶつけた。

護衛官の一人が「私はドルがほしいです。ドルがあれば、拳銃は買うことができます」と述べると、別の一人は「私は拳銃を選びたいと思います。拳銃さえあれば、ドルは奪うことができるからです」と答えた。

「その通り」。正日は後者の答えに満足そうな笑みを浮かべた。

「君の答えが正解だ。私が聞きたかったのはまさにその答えだ。私たちが経済建設を犠牲にしてまで核やミサイルをつくる理由はそこにあるのだ」

そのうえで、この言葉を中央委の全幹部に伝えるよう指示した。

NPT脱退宣言は、米国を交渉の場に引き出す戦術だった。正日は93年6月、核協議のため、ニューヨークへたつ第1外務次官の姜錫柱《カンソクチュ》にこう告げた。

「共和国（北朝鮮）の内部を、霧がかかっているように見せるのだ。核兵器があるのか、ないのか分からないようにする。外部世界を混乱させ、主導権を握り、われわれの要求を貫徹させるのだ」

姜は、一貫して外交畑を歩んできたエリートで、正日の外交ブレーンとして対米交渉を統括していた。

米国連代表部で、北核特使のロバート・ガルーチに会った際には「マーガレット・ミッチェルの『風と共に去りぬ』が好きだ」と切り出し、一節を英語で暗唱してみせた。相手の胸襟を開かせる社会主義国の常套句とは知らないガルーチは「合理的な思考が通用する外交官」が出てきたと安堵する。だが、交渉はすぐに暗礁に乗り上げた。

北朝鮮の不誠実な態度にいらだった米国は先制攻撃のシナリオを検討した。93年11月15日には、国家安全保障会議（ＮＳＣ）で次のようなやり取りがあったことが、後にガルーチの証言で明らかとなる。

会議には、国家安保担当大統領補佐官のアンソニー・レイクや中央情報局（ＣＩＡ）長官のジェームズ・ウルジー、軍統合参謀本部議長のジョン・シャリカシュビリらそうそうたるメンバーが顔をそろえた。

レイク「標的（核施設）の破壊そのものは可能だ。ただ、抽出済みのプルトニウムを移動した場合、効果は不確実だ」

ウルジー「寧辺《ニョンビョン》の核施設は山麓にあり、戦闘機が衝突する危険がある。難しい攻撃になるだろう」

シャリカシュビリは、寧辺周辺に高射砲３００基や6カ所の地対空ミサイル基地がある点にも言及しながら、報復として「韓国の原発を攻撃するかもしれない」と懸念を示した。「戦争に発展した場合、最初の3カ月で米軍に5万2千人、韓国軍に49万人の死傷者が出るというシミュレーション結果が出ている」

米国の足元を見ていた金正日は94年5月、実験炉で使用済み核燃料棒8千本の交換作業を命じる。再処理すれば最低、核爆弾1個分のプルトニウムを確保できる。

緊迫する国際社会をあざ笑うかのように6月13日には、ＩＡＥＡからの即時脱退を表明する。

米国は「北朝鮮の自発的な申告による核検証は不可能」だと判断。核施設への空爆に踏み切ろうとする。だが、元大統領、ジミー・カーターの訪朝で事態は急転する。会談で金日成が「核（開発）凍結に同意する」と約束したからだ。

国際社会はいまだに日成が外交方針を決めていると錯覚していた。会談には、姜錫柱が付き添い、カーターの「核凍結の要求」についても答えていた。米側は姜が日成に助言し、協議を指揮していると誤解していたが、裏で姜を操っていたのは正日だ。

17日に大同江船上で行われた会談に日成夫人の金聖愛が登場するのも、手の込んだ正日の演出だった。

朝鮮戦争で戦死した米兵の遺骨送還を求めるカーターに、聖愛が船室外から戻り、「要望を受け入れては」と夫に耳打ちして大団円を迎えたのも、監視カメラで推移を見ていた正日の指示だったとみられる。

北朝鮮の内部資料によると、その後、米国との協議に臨む姜錫柱に、金正日は、中国の伝奇小説『西遊記』に登場する「猪八戒《ちょはっかい》のように振る舞いなさい」と言い渡した。

「猪八戒は、正直なような、ばかなような、かわいそうな、鈍いようなふりをしながらも、食べたい物は全て食べてしまうではないか」と説明した。

「われわれも『猪八戒外交』で、米国のやつらから核を守り、とれるものは全てとらなければならない」

ジュネーブで米朝協議が再開する7月8日に金日成がくしくも急死し、交渉は8月から仕切り直される。

姜は、北朝鮮政権内にありもしない強硬派や穏健派の存在を持ち出し、「米国が特別査察を要求し続ければ、これ以上、会談に出られない。強硬派たちが会談を拒否して戦争をしようとするかもしれません」と脅しすかした。

結果的に「米朝枠組み合意」に至り、北朝鮮は、核計画を放棄せずに「凍結する」見返りとして、２基の軽水炉建設や、１基目の完成まで毎年50万トンの重油提供を受ける約束を取り付ける。

合意文書を手にした正日は、党中央委の幹部らにこう自慢したという。

「この度の妥結は、銃１発撃たずに米国を屈服させた。祖国解放戦争（朝鮮戦争）に匹敵する勝利だ」

超大国の米国さえ譲歩させた交渉結果に味をしめた正日は以後、〝瀬戸際〟で脅しを巧みに織り交ぜる外交スタイルに、体制保持の道を見いだしていく。

第6章

荒廃、そして核

父日成の死に不審を抱いた妹

父、金日成の死後、金正日は3年間も毎日、拳銃を携帯して過ごした。

2002年に朝鮮労働党や朝鮮人民軍の幹部らとの懇談で当時をこう振り返った。

「拳銃は、家内（高英姫）が、悪い連中が何をしでかすか分からないと、朝晩、私に握らせたものだ」

「悪い連中」とは、日成に忠誠を誓い、警護する1号護衛総局の幹部らを指した。1994年7月8日、日成が急逝した中部、妙香山の別荘で、駆けつけた正日に、警護員の一人が発砲する事件が起きた。後に韓国に亡命した元同総局将校の柳京浩《リユギョンホ》（仮名）が証言する。

「銃撃戦で金正日の警護官の1人が即死し、側近の1人も亡くなった」

事件後、正日は即刻、要人警護を統括する護衛司令部を改編し、1号護衛総局を解体するよう命じた。同時に、軍傘下の保衛局（その後、保衛司令部に昇格）に「10処」と称する部署を新設させ、自らの警護に当たらせた。

柳京浩によると、「金正日は、金日成に忠誠を誓った人物らを異常に恐れていた」という。最高指導者の突然の死に金正日が関わっているのではないかと勘繰ったのは、1号護衛総局の将校らだけではなかった。

最も親しい肉親、妹の金敬姫も兄を疑っていたのだ。

父の死後、正日は、妹と顔を合わすのを極度に嫌った。敬姫は兄を捜し回り、話したと思ったら「大声で口げんかし、数分もしないうちに（敬姫が）飛び出してきた」（柳）。

面と向かって正日に言いたいことを言えるのは妹しかいなかった。敬姫は権力と酒、女に溺れる兄に不満を抱いてきた。夫の張成沢まで放蕩に染まり、邪魔者の排除といった汚れ仕事の一切合切を兄から押し付けられるからだ。

「張成沢、あの野郎、ひどいやつだ。兄も皆も同じだ。この世で1番悪いやつらだ！」。大酒飲みの敬姫は、酔うとこうわめき散らした。

熱愛の末、結ばれながら夫婦仲は円満ではなかった。結婚3年後の75年、交通事故が原因で敬姫が子宮摘出手術を受けた後から疎遠になり始めたといわれる。2人には、後に留学先のパリで自殺する張琴松《チャングムソン》という娘がいたが、敬姫が産んだ子供ではなかった。

元総理の姜成山の娘婿、康明道によると、姜家に来ては、張は「敬姫にまいっている」とぼやき、敬姫は「あの人は女と酒しか知らない」と愚痴をこぼした。

女癖の悪い張が女性看護師を身ごもらせた際には、憤慨した敬姫が「ぶっ殺してやる！」とピストルを手に追い回したという。

妹の告げ口に、正日は「女のことで男を駄目にするな」と取り合おうとしなかった。

金敬姫はアルコールに依存し、度々ヒステリーを起こした。党幹部が集まる宴会で「おい、成沢、飲め」と夫を呼び捨て暴言を吐き、兄にも露骨に反抗的な態度を見せた。

金正日を国防委員長に選出した93年4月の最高人民会議では、皆が立ち上がって万歳を叫び、割れんばかりの拍手を送るなか、敬姫だけは無表情に座り続けた。警護員らが取り囲むと、神経質そうな声を上げて退場し、周囲をあぜんとさせた。

金日成は開けっ広げな敬姫の前では、正日に対する不満も平気で口にした。「こんなに早く、権力を譲るべきではなかった」と嘆くこともあったという。

日成が生きていたころのある日、会議中の正日のもとに敬姫が押しかけ、興奮気味にこう問い詰めた。

「兄貴、叔母がいることをなんで隠したの！」

2人の母親、金正淑の妹に当たる人物を兄が収容所に監禁しているという話を耳にしたからだ。

正日「叔母とは、誰のことだ？」

敬姫「知らないとでもいうの？　きょう、私はこの耳で、兄貴に直接、確認したいのよ」

正日「成沢が直接、確認したというじゃないか」

敬姫「この目にあいつ（張成沢）は詐欺師にしか映らないわよ。信じるもんですか。私にはいま、偽の叔母でも必要なんだから」

兄妹のこの問答の後、「将軍さまの叔母」に関する噂が幹部らの間でささやかれ始めた。正淑には金基松《キムギソン》という弟がいたが、「抗日武装闘争で戦死した」と北朝鮮の文献に記されている。

ところが、中部、平安南道北倉《プクチャン》郡得場《トウクチャン》地区にある18号収容所に中国から来た正淑の妹、金英淑《ヨンスク》がいるのを党申訴課幹部だった申賛浩《シンチャンホ》が見つけ出した。業務上のミスから申も収容されていた。

申賛浩は、将軍さまの叔母が収容されているという「重大な事実を内部の敵が隠そうとしている。この際、功を立てるべきではないか」と監視員を説き伏せた。テープレコーダーを持ち込ませ、金英淑に洗いざらい証言させた。

申は、録音テープを平壌の誰に渡せば、金正日の手に渡るかも熟知していた。

しかし、テープには偶像視されてきた金正淑の経歴に泥を塗る証言が多く含まれていた。金日成とは再婚だった事実や英淑自身、貧しさから地主のめかけになった過去など「国母」のイメージを傷つける秘話が赤裸々に語られていたのだ。

正日はすぐに張成沢を呼び出すと、怒鳴りつけた。「なぜ、いまだにこの問題を片付けずにぐずぐずしているのだ」

身内の秘密に関する仕事は全て妹婿の張に処理させていた。テープをろくに聞こうともせず、張に投げつけながら命じた。

「テープの存在を知る者は全員、処理しろ！」

その夜、正日にテープを届けるのに協力した9人は、事情も知らされないまま、18号収容所に送られた。英淑と申、録音した監視員とともに木に縛りつけられ、処刑されたと伝えられる。

こうした非情さを知る金敬姫が、父の突然の死は、兄や夫らに責任があると疑心暗鬼に陥っても不思議ではなかった。

柳京浩によると、金日成の死後、全住民が周囲と競うように嘆き悲しみに暮れるなか、正日の側近らも表立っては「泣くふり」に努めた。一方で、カメラのない休憩室に入ると、金正日時代の今後に想像をめぐらせ、語り合ったともいう。

正日の専属料理人だった藤本健二によると、「当時、金正日はかなり悩んでいた様子だった。自室に長時間閉じ籠もることが多くなった」。正日は片時も拳銃を手放さず、見えない敵の影におびえ続ける。

書き換えられた「クーデター」

1995年1月1日、金正日は父、金日成の遺体が安置された錦繡山記念宮殿（現・錦繡山太陽宮殿）を参拝し、その足で南西部、黄海北道の沙里院《サリウオン》市に駐屯する朝鮮人民軍第214部隊を視察した。前年7月の日成死去から正日の動静報道は途絶えていたが、北朝鮮メディアは、この視察を大々的に報じる。「将軍さまは、予告もなしに質素な服装で哨所を訪ねられ」、青々と若松（タバクソル）が生い茂る陣地を見て回り、「こういうところをタバクソル中隊と言うのだ」と述べたという。朝鮮労働党機関紙「労働新聞」は後に、「『先軍政治』初の砲声が鳴り響いた歴史的日」と評し、北朝鮮では、その日から軍中心の「先軍政治」が始まったと意義付けられた。視察は「タバクソル哨所」訪問と伝説視されることになる。

正日は、父の死去翌月の党中央委員会幹部会議で「私にいかなる変化も期待するな」と告げていた。だが、元日早々の部隊視察を喧伝させたのは、軍を中心にした国家運営に改め、体制を守り抜くと宣言したに等しかった。

住民への食糧配給は、94年ごろから成人1人当たり1日200グラムも供給できなくなり、餓死者が目立ち始める。困窮は民生部門にとどまらなかった。軍部隊でも栄養失調が蔓延《まんえん》し、兵士が食糧を求めて民家を襲う事件が頻発、士気は地に落ちていった。

「生活難にあえぐ人民を目にしながら、軍の前線視察を続ける私の胸は苦しく、痛かった」。党出版社刊行の『幸せの創造者』によると、金正日は後の軍会議でこう振り返ったとされる。「しかし、いかなる対価を払っても社会主義を守らなければならない。そのためには、軍隊を強化しなければならなかった」

補給問題を解決するため、軍部隊に外貨稼ぎを奨励し、各部隊傘下に外貨稼ぎ会社が林立するようになる。なかでも、中国と接する北東部の咸鏡北道に展開する「第6軍団」は、密輸を含む貿易やそれに伴う収賄で多額の外貨を手にした。

その6軍団にクーデター疑惑が持ち上がった。

米政府の秘密文書を基にしたというワシントン・タイムズ紙の報道などによると、「6軍団クーデター未遂」の経緯はこうなる。

軍団の政治委員（政治将校）が、金日成死去後の権力の空白を狙ったクーデターを画策。軍団幹部数十人を抱き込む。だが、軍団長の説得に失敗し、95年の旧正月の酒席で、口封じに軍団長を毒殺した。

指揮官らを監督するはずの政治委員が謀略を企て、政治委員を監視するため、軍中央の保衛局（後の保衛司令部）から派遣されていた保衛部長まで加担していた。二重の監視ラインが骨抜きになっていた実態は世間に衝撃を与えた。

「クーデター計画」の全容は以下のように伝えられた。

まず、平壌に送り込まれた特攻部隊が金正日の執務室を占拠すると同時に、国営放送局を接収する。主力は「クーデター鎮圧」名目に平壌入りし、首都防衛に当たる護衛総局や平壌防衛司令部などの傘下旅団の指揮部を確保。指揮系統をまひさせ、一気に首都を掌握するというものだ。

それが失敗しても、6軍団が管轄する北東部の羅津港に米韓軍を引き込み、後方を固めてから主力が平壌へ進撃するというシナリオだったといわれた。

しかし、計画は実現不可能だと言わざるを得ない。平壌までの部隊移動には、かなりの時間を要するうえ、最新鋭兵器をそろえた平壌防衛司令部傘下の部隊に太刀打ちできる装備は6軍団にはない。さらには、平壌近郊に布陣する第815機械化軍団や第820戦車軍団といった精鋭を制圧しなければならない。

軍団保衛部の下級将校の密告により、「謀議」は正日が知るところとなり、側近の軍大将で軍需動員総局長の金永春を現地に急派した。

謀議関連者の逮捕に携わったという元将校、李長洙《リジャンス》（仮名）によると、永春派遣は95年3月、その翌月から一斉摘発が始まった。軍団指揮官会議の場で「首謀者」が逮捕され、逮捕者らは「処理場に運ばれる豚のように足手を縛られ、軍用トラックの荷台につるして連行された」という。

軍団所属の将校40人を含む300人以上が逮捕され、処刑、または収容所に送られた。咸鏡北道党委書記ら行政部門の幹部や警察、秘密警察の国家安全保衛部の幹部らも謀議に関与した嫌疑がかけられた。

騒動は、韓国の「金泳三政府がスパイを送り込み、仕掛けた6軍団反乱事件」として、北朝鮮内で語り継がれている。しかし、韓国側にも事件が知られるようになったのは96年5月、北朝鮮の空軍大尉、李哲洙《チョルス》がMiG―19戦闘機に搭乗し、韓国に亡命したことがきっかけだった。

亡命直後の記者会見で「軍内部で組織的反乱の可能性はあるのか」との質問に、哲洙は「95年4月、6軍団の政治指導員が韓国と内通したので、軍団そのものを解体したという話を聞いた」と答えたのだ。

だが、その後の資料や証言を突き合わせてみると、金正日が軍への締め付けを強め、服従を拒む勢力を一掃するために「反乱事件」を利用した側面が浮かび上がる。

6軍団内で不穏な動きがあり、毒殺事件が起きたことは事実のようだが、「クーデター計画」を裏付ける資料は見つかっていない。本当に政権転覆を図ったのなら、数百人の逮捕では済まなかっただろう。

6軍団の軍紀を正すために金永春を派遣したことに実際の発端があったとみられる。中国に接するという好条件から、軍団は大がかりな密輸に手を広げ、巨利を得ていたとされる。

永春からは「部隊の統制は難しい。命令を聞かない」との報告が上がる。

正日は、保衛局長の元鷹熙を呼びつけ、「軍隊内にはびこる黄色（腐敗）の風を断ち、米国と南朝鮮（韓国）に買収されたスパイを摘発しろ」と命じた。

「国庫が空になっても軍隊は国が面倒を見るんだ」とも気色ばんだという。

そこで、元が軍団内の不祥事をネタに筋書きを書き上げたのが、「6軍団クーデター未遂事件」だったとみられる。正日は、見せしめのために徹底「鎮圧」を命じ、軍団を解体させる。

「鎮圧」で功を立てた永春は軍総参謀長、次帥に昇格する。反逆の代名詞となった「6軍団」の名称は永久に抹消され、編成上「第9軍団」に改称される。しかし、事件は粛清の序章にすぎなかった。

失政で餓死者200万人超

1995年夏、北朝鮮は100年に1度といわれる大洪水に見舞われる。金日成時代に「主体農法」と称して造成した段々畑はもろくも流され、韓国側の推定で穀物収穫量は年間345万トンに落ち込む。

国内需要には約130万トン足りず、手立てを講じなければ、餓死者が出るのは明らかだった。しかし、金正日は「苦難の行軍」をスローガンに掲げて乗り切ろうとした。抗日闘争時代、日成の部隊が木の皮で飢えをしのいで行軍した逸話にちなみ、国民にただ我慢だけを強いたのだ。

食糧不足がピークに達した96年には全国に飢餓が広がり、人口約17万人の北東部、金策市だけでも毎日200人以上の餓死者が出た。

元朝鮮労働党中央委資料研究室副室長の金徳弘が後に見た内部の統計資料では「96年11月までに少なくとも100万人が死んだ」という。この大飢饉での犠牲者は最終的に200万人以上に達したといわれる。

全ての責任は、権力を独占する金正日にあったが、言い逃れに終始する。
「(金日成)首領さまは生前、私に絶対、経済生活(運営)には深く関与してはならないとおっしゃった。党や軍事活動もできなくなると、何度もおっしゃったのです」(96年11月、金日成総合大学での談話)

民心が離れていくなか、正日は「思想戦」(党員・住民の思想検閲運動)を打ち出す。
「首領さまがいなくなった隙を狙い、米帝と南朝鮮(韓国)傀儡らが侵略戦争を仕掛けようとしている。革命の首脳部を暗殺しようとテロ分子を浸透させていることを知らせろ」

党宣伝扇動部にこう命じ、全国民を巻き込んだ集会を展開させる。

タイミングを計ったように96年夏には、警察に当たる社会安全部の報告書によって「間諜(スパイ)事件」が明るみに出る。平壌市竜城区域で住民登録簿を調べたところ、爆破テロを仕掛けようと紛れ込んでいた韓国の反共組織「西北青年団」のメンバーを摘発したとの内容だ。

実際には、前年末に市安全局住民登録課職員が同区域の行政委員長を「スパイ」として申告、後にでっち上げと判明したはずの案件を社会安全部政治局長の蔡文徳《チェムンドク》が蒸し返したのだ。

朝鮮中央テレビは、韓国団体員が隠し持っていたとする武器を公開する。だが、同部監察課出身の朴文一《パクムンイル》によると、「武器は塩水に漬け、さびを作ったものだった」という。事件に信憑性を持たせるために施された演出だった。

蔡は、正日の大学同期生という理由だけで出世コースに乗り、平壌市安全局長に就いた。

党の学習を怠ったとして一時、地方の分駐所に左遷されたものの、正日の妹婿の張成沢の口利きで党組織指導部副部長に昇進。96年から住民の政治動向を監視する社会安全部政治局長を務めていた。

蔡文徳からの報告書を読んだ金正日は「住民登録文書の了解（調査）をさらに深化させろ」と社会安全部に指示した。「私の登録文書から調査してもよい。スパイ組織を根こそぎ見つけ出すのだ」ともハッパを掛けた。「思想戦」は国を挙げた大捜査劇へと変貌していく。

正日の指示で、調査を徹底するため、同部内に「深化組（チーム）」指揮部が設置され、蔡が最高責任者に就任した。総勢8千人を投入し地方の道、市、郡にも深化組が組織された。正日への報告役は、組織指導部で司法部門を統括する第1副部長になったばかりの張成沢に任された。

深化組の捜査が動き出したのは97年初めとされる。農業担当党書記の徐寛熙《ソグァンヒ》が最初の標的となった。金日成の農業政策を現場で支えてきた人物だ。

寛熙には、肥料30トンを親戚らに横流しした容疑がかけられた。配分をめぐる手違いにすぎなかったとみられるが、機を見るに敏な張が事件を利用した。

張が上げた資料に目を通した後、正日は吐き捨てるようにいった。「肥料（事件）だけでは弱すぎる」

義兄の言質を得たとばかりに張は蔡に告げた。

「将軍さまから全権を委任してもらった。この機会に、社会安全部を動員して一発やってみせろ。背後を徹底調査しろ」

正日や張の思惑を忖度《そんたく》した蔡は、寛熙を「何十年も前から共和国（北朝鮮）内部に潜伏して、米国と南朝鮮のために党の農業政策を破壊したスパイ」に仕立て上げた。朝鮮戦争期間中の経歴に「1カ月の空白」があり、この間に米韓に抱き込まれたとする罪状が捏造《ねつぞう》された。

97年9月中旬、平壌南部、統一通り近くの丘で、3万5千人もの群衆が見つめるなか、寛熙の銃殺刑が執行された。現場に居合わせたという元党幹部の金哲鎮《キムチョルジン》は「拷問のせいでボロボロになっていた徐寛熙の口には、くつわがはめられていた。声を出すのを恐れたからです」と証言する。

「刑場」には、スパイ組織の一味とされた西部、平安南道の協同農場女性管理委員長の黄今淑《ファングムスク》ら17人も引きずり出された。群衆は「南朝鮮傀儡の手先を殺せ」と罵声を浴びせた。

徐寛熙の処刑は、摘発の幕開けにすぎなかった。死んだ人物の「公開処刑」まで行い、恐怖心をあおり立てた。

84年に死亡し、革命烈士陵に埋葬された元農業担当書記の金万金《マングム》について、農業政策の失敗の責任が問われた。掘り出した遺骨を人民裁判にかけ、〝再度〟この世から葬られた。

これを皮切りに、蔡文徳は本格的な北朝鮮式〝魔女狩り〟に踏み切る。

まず、「深化組」上層部が個人的な恨みを抱く幹部が餌食となった。象徴的人物が本部党責任書記の文成戌《ムンソンスル》だ。正日の異母きょうだいやその親族を監視する役目を与えられていたが、しばしば、張成沢の越権行為や女性関係を金日成に報告し、張の恨みを買っていた。

次に逮捕されたのは、党政治局委員で平安南道党責任書記の徐允錫や、平壌近郊の南浦《ナムポ》市党責任書記の朴勝一《スンイル》ら。允錫は蔡を地方に左遷した元上司だ。

文は、尋問中に顔の原形をとどめないほど殴られ、自ら独房の壁に頭を打ちつけて自殺。允錫は拷問で精神に異常をきたした。これを聞いた金正日は「文成戌は信念の強い人間だ。徐允錫は信念がない」と冷酷に応じたという。

逮捕者は次第に膨れ上がり、98年までに金日成時代の老幹部を中心に3千人近くが処刑され、1万人以上の縁故者が収容所に送られた。しかし、深化組事件はその後の展開によって、人々に正日統治の恐怖をさらに深く植え付けることになる。

黄長燁亡命の衝撃

金正日が「スパイ事件」をでっち上げ、「深化組」による徹底摘発を発動したのは、金日成時代の旧勢力を政権中枢から追い落とすことが最大の狙いだった。

粛清の嵐が吹き荒れるなか、国外に脱出する幹部も現れた。1997年2月、日成を理論面で補佐し、正日の政権運営にも深く関わってきた朝鮮労働党書記の黄長燁が、訪日後に経由地の北京で亡命を求め、韓国大使館に駆け込んだ。

中ソ対立のはざまで「自主、自立、自衛」を掲げ、日成の独裁を正当化する「主体思想」を体系化した黄の離反は、北朝鮮体制を根底から否定するもので、正日の威信も大きく傷つける事件だった。

後に韓国に亡命した元党統一戦線部幹部の張哲賢《チャンチョルヒョン》は「黄先生の越南（韓国亡命）は、原子爆弾を落とされたのと同じぐらい衝撃でした」と証言する。

黄長燁は「私の前には3つの道があった」と回顧録『金正日への宣戦布告』に記す。公然と金正日に反旗を翻すことは「勇敢に見えるが、犬死に」を意味した。「仮面をかぶり機会を待つ」か「自ら命を絶つ」方法もあったが、彼は生きて戦う道を選んだ。

黄が韓国大使館に駆け込んだという第一報を聞き、正日は「直ちに拉致か、亡命かを確かめろ」と秘密警察の国家安全保衛部対外反探局の責任者に命じつけた。

同部は〝黄長燁救出作戦〟の決行を決め、朝鮮人民軍偵察局とともに数百人の特殊要員を中国に急派した。命令後、正日は、机で「拉致？　亡命？」という単語を何百回も書いていたと伝えられる。

奪還作戦は失敗し、現地から「拉致ではなく、本人の意思による亡命だ」との報告を受けると、正日は「息子や娘、孫まで捨てたやつだ。人間と呼べるか。犬にも劣る」と怒りを爆発させ、言い放った。

「騒ぐことはない。騒げば、やつの価値を高めるだけだ」

張哲賢によると、主要党幹部を集めた場で、正日は語った。

「今日、来る前、私は（金日成）首領さまの肖像画に問うた。彼が本当の黄長燁かと。私の生涯で今日のようにつらい気持ちになったことはない」

続けて一同に宣告した。「ここにまだ黄長燁のようなやつはいるか。私を裏切って、行くなら行け！」

対南担当党書記の金容淳が「将軍さま」とすかさず立ち上がって涙声を張り上げた。

「われわれは将軍さまと運命をともにします。死ぬときは、将軍さまのひざ元で死にます」

幹部らの動揺を恐れるかのように、正日は、深化組が上げてくる処刑リストには無条件で署名した。金日成時代に出世コースを歩んできた幹部が次々犠牲となる。

南西部、黄海南道の党責任書記、ピ・チャンリンや、開城《ケソン》市同書記の金基仙《ギソン》らが、潜伏していた韓国反共組織「西北青年団」の残党として処刑された。

恐怖が社会を覆うなか、98年8月、黄海北道松林《ソンリム》市の労働者10万人を擁する黄海製鉄連合企業所で、デモが発生する。

労働者1人当たり月数キロのトウモロコシ粉の配給さえ滞り、多くの餓死者が出ていた。その最中、食糧を調達しようとした企業所幹部らが処刑された。

公設運動場での処刑を目撃したという脱北者の李春九《リチュング》によれば、労働者と住民が見つめるなか、企業所トップら8人が引っ立てられた。

「拷問で歩けない幹部も、平壌から来たという検閲隊員が引きずって、木のくいに縛りつけた」

軍需用の鉄板を中国に売却してトウモロコシを購入したということが罪状に挙がった。ざわついた運動場が静まりかけた銃殺の瞬間、中年女性が判決文を読んでいたマイクの前に飛び出し、叫んだ。

「こんなことをしていいでしょうか。死刑までする必要があるでしょうか!」

私服警官が女性を引き倒し、殴る蹴るした後、口にくつわをはめ、木のくいまで引きずっていき、その場で撃ち殺した。

翌朝、工場区内の大通りに労働者が1人、2人と集まり、午後には数千人に膨れ上がった。食糧配給を求め、座り込みを始めると、市民も加わり、デモは深夜に及んだ。報告を受け、事態の拡大を懸念した金正日は、極秘に徹底鎮圧するよう命じた。

翌日午前4時、疲れて座り込んでいる群衆を戦車部隊が蹂躙《じゅうりん》した。殺害を免れたデモ参加者も全員逮捕され、「首謀者」は人民裁判にかけられ、処刑された。

民心の離反が想像以上に深刻だと悟った正日は、事態収拾に乗り出す。

だが、打ち出した解決策はさらなる粛清だった。保衛部と軍保衛司令部の責任者を呼び出し、「君たちはいままで何をしていたのか」と叱責。深化組を主導した警察機構の社会安全省(98年に部から呼称変更)の調査を指示した。

金正日が社会安全省に絶大な権力を与えたため、指をくわえて推移をうかがっていた保衛部などは、ひそかに調査に着手。深化組の専横と民心への影響をまとめた報告書や、深化組の尋問の様子を盗聴した録音テープを正日に提出する。

「私が知らない間に、国が滅びるところだった。よくやった」

報告書を読んだ正日は、こうねぎらったうえで、党組織指導部検閲課に検閲団を準備させた。

2000年1月、保衛部や保衛司令部、中央検察所から選出した検閲団員が全国に派遣され、深化組はことごとく解体された。

深化組の影響を一掃するための講習会も全土で開かれ、検閲報告書が朗読された。会場は、過酷な拷問を繰り返した社会安全員や深化組メンバーに対する怨嗟《えんさ》で満たされた。

党員向け資料によると、正日は講習会を指導する幹部にこう説明した。

「蔡文徳は功名に目がくらみ、若い社会安全員らを駆り立てウェノム（日本人の蔑称）より悪辣《あくらつ》な方法で幹部らを拷問する蛮行を働いた」

深化組事件で正日の手足となって動いた妹婿の張成沢は責任を逃れるが、行動隊長の蔡文徳は、担当書記の李哲《チョル》や社会安全省住民登録局長ら14人とともに、「反革命的野心家」として逮捕され、銃殺刑に処される。

事件をでっち上げ、多くの幹部を死に追いやった深化組メンバー8千人のうち、6千人近くも逮捕され、処刑、または強制収容所に送られた。縁故者も同じ運命に遭い、深化組事件を通じた犠牲者は計約2万5千人に上るといわれる。

正日は事件とは一切無関係を装った。

「もう（社会）安全省という名前さえ聞きたくない。人民を保護する組織だから名称を人民保安省にしろ」と命じたとされる。組織名が人民保安省に一新されるのは、00年4月のことだ。

韓国財閥から救いの手

破綻する経済や離れゆく民心、深まる国際的孤立……。八方ふさがりの金正日に救いの手を差し伸べた韓国人企業家がいた。


　1998年6月16日、当時、韓国最大の財閥だった現代《ヒョンデ》（ヒュンダイ）グループの名誉会長、鄭周永《チョンジュヨン》が、牛500頭を連れ、南北軍事境界線の板門店を通って北朝鮮に入った。牛はトウモロコシ5万トンとともに北朝鮮に提供を約束していた1千頭の半数だ。現代自動車が牛の運搬用に改造したトラック50台に牛を載せ、陸路北を目指し、その模様は生中継で世界に伝えられた。2月に韓国大統領に就任した金大中《キムデジュン》は回顧録に記した。

「牛500頭を積み、板門店を越える場面は一編の童話だった。彼（周永）は童話の中の牧童のようだった」

牧歌的な牛の越境は94年の金日成死去後、冷え切っていた南北関係に融和ムードをもたらす。金大中政権が掲げ、後に「太陽政策」と呼ばれる対北包容政策のつゆ払いとして打って付けの演出となった。

鄭周永は15年、北朝鮮南東部の江原道通川《トンチョン》に生まれた。南北分断で故郷への往来を断たれた彼のような存在を、韓国では「失郷民」と呼ぶ。89年に訪朝し、故郷に近い金剛山の観光開発で合意したものの、政治状況に翻弄され、再訪できずにいた。

北朝鮮事業に懸ける思いについて、現代証券会長だった側近の李益治《イイクチ》に常々、「統一のためでもあるが、初恋の彼女に会うためだ」と語っていたという。

80歳を超えても忘れえぬ初恋の相手とは、故郷の里長の娘だった。当時、近隣で唯一新聞を定期購読する里長宅に読み終えた新聞をもらいに通った。「毎朝4時に起き、夜遅くまで野良仕事をしてクタクタだったが、10里（朝鮮時代の約4キロ）離れた里長の家に向かうときは、100メートル短距離選手のように走っていった」

里長宅の少女を前にすると、顔がほてり、心臓が脈打ち、新聞を渡してくれる手をチラッと見るのが精いっぱい。「天使のようだ」と感じていた。

新聞には、絶大な人気を誇った李光洙《グァンス》の小説『土』が連載されていた。作中の主人公のように上京して弁護士になり、彼女の前に現れる夢を見た。18歳のとき、父が牛を売って得た70ウォンをくすねて家出。46年に現代自動車工業社を設立し、一代で韓国最大の財閥に育て上げた。

北朝鮮入りする前には、誇らしげにこう述べた。

「そのときの牛1頭がいま1千頭になった。私はその借りを返すため、故郷を訪ねていくのです」

一方で、韓国メディアは、用意した牛やトウモロコシだけで137億ウォン（現在のレートで約13億円）相当に上り、金正日にこれとは別に、相当額の「入場料」支払いを約束したはずだと報じた。

鄭周永の訪朝が注目されたのには、ベールに包まれた金正日が姿を現すのではないかという「期待」もあった。だが、98年6月の訪問では空振りに終わる。

実物の正日登場は同年10月、2回目に牛501頭を連れて行った際だ。帰国前日の午後10時過ぎに一行が滞在する百花園《ペククァウォン》招待所（迎賓館）に姿を見せ、「地方（視察）から戻ったところでした。ご高齢の鄭名誉会長先生が不便だろうと直接、会いにきました」とあいさつした。

「五大（財閥の）創業者のうち、唯一存命中の鄭名誉会長先生にお会いできて光栄です」

同行した李益治は「傍若無人な人物だろうと予想したが、礼儀正しく、柔軟でユーモアのセンスを備えた快活な指導者という印象を受けた」と話した。

ビジネスに話が及ぶと、正日は「金剛山事業は細かく分けて行う必要はありません。全部、鄭名誉会長先生がやってください」と応じ、太っ腹ぶりを示した。

「近海に大量の石油が埋蔵されているそうです。採掘したら南にあげましょう」

記念撮影時には、周永に中央の席を譲り、自分は左、周永の五男で現代グループ共同会長だった鄭夢憲《モンホン》を右に座らせ、「共産党党首（共産主義国のトップ）と写真を撮るのは保安法（韓国の国家保安法）違反ではないですか」と冗談も口にした。

公の場にほとんど姿を見せなかったのは、父の服喪を守る「孝子（孝行息子）」だからだと、周永は好意的に理解した。

鄭周永と金正日との面会が実現した後、現代グループの北朝鮮事業は順風に帆を上げたかに見えた。11月には、韓国から金剛山に向かう遊覧船「現代金剛号」が初出航し、金剛山観光事業がスタートする。

「金正日国防委員長に会ってからは不可能が可能になった」と李益治は振り返る。

鄭夢憲が金剛山に通じる長箭《チャンジョン》港の絶壁の上にゴルフ場をつくりたいと提案する。

窓口役を担っていた朝鮮アジア太平洋平和委委員長の金容淳は「軍事施設があるからだめだ」と慌て、口を挟もうとした朝鮮人民軍関係者の言葉を遮るように正日が答えた。

「鄭会長が望む通りにしてあげなさい。君たち（軍人）が施設を他の場所に移しなさい」。

こうも言ってのけた。

「よい観光地にするには、娯楽施設がないとダメだ。山を眺めるだけではダメだろう。金剛山がいくら名勝でも遊ぶ場所も、酒も女もないとダメだ」

だが、莫大な見返りがあればこその特別「配慮」だった。現代グループは、金剛山開発の利権を手にするのに9億ドル（同約1千億円）以上を支払ったとされる。死に体の北朝鮮経済にとって天の恵みとなった。金剛山の入山料として、スタート時に観光客1人当たり300ドルを徴収し、観光事業は、恒常的にカネを生む〝ドル箱〟と化した。

事業の進展を楽観した周永は、ソウルに70億ウォンの物件を購入。初恋相手と手をつないで散歩して余生を送る夢を持ち、正日に彼女を探してほしいと依頼した。

しかし、2000年6月、南北首脳会談直後に平壌を訪れたとき、正日から「（北東部）清津に住んでいたが、2年前に死んだ」という知らせを受け取る。

「2年早かったら、わが峨山《アサン》病院（現代グループ傘下）で最高の治療を受けたろうに」と周永は悲嘆に暮れたという。翌年3月、失郷民の「恨《ハン》」を抱いたまま、この世を去った。

後日、正日は「人間にとって初恋は大事だ。われわれは当局（韓国政府）より、はるか前にヒュンダイと初恋を始めた」と回顧したという。

北朝鮮の独裁者に見初められた現代グループだが、通貨危機のあおりで財閥は解体。北朝鮮事業の赤字と政治的不安定さはグループを圧迫し続け、対北秘密送金をめぐって検察から事情聴取された夢憲は03年8月に自殺する。

南北首脳会談の舞台裏

現代グループ名誉会長、鄭周永が金正日に面会した後、韓国では、北朝鮮の新指導者の人物像を見直すべきだとの空気が広がる。

韓国政府は「指導者としての識見はもちろん、合理性と（政策）推進力を備えた緻密な人物」だとの評定を導き出す。「かなり前から指導者としての経験を積んだ結果だ」ともした。大量の餓死者を出し、国を荒廃させた指導者に対する評価としては「甘すぎる」との批判もあった。しかし、初の南北首脳会談開催は、金大中政権にとって既定路線だったのだ。

首脳会談の立役者として知られる当時の韓国文化観光部（省）長官、朴智元《パクチウォン》によると、準備交渉は最初から難航を極めた。

北朝鮮側代表の朝鮮アジア太平洋平和委副委員長の宋浩景《ソンホギョン》は、４回に及ぶ交渉で現金支援を要求し、「金（大中）大統領が偉大な将軍さまに会うのは『相逢』（顔見せ）だけにし、会談は憲法上、国家元首の金永南（最高人民会議常任委員長）にしたい」と主張した。「偉大な将軍さまの日程を事前には決められない」「共同宣言文は、事前につくるものではない」とも譲らなかった。

「将軍さま」だけを見た宋のかたくなな態度にスケジュールも詰め切れないまま、大統領の平壌訪問決定にはどうにかこぎ着けた。

しかし、当時の韓国情報機関、国家情報院次長の金銀星は、出発を予定していた２０００

年6月12日の「2日前に北から『約束のカネを送らなければ、首脳会談はない』との電文が来た」と証言する。

現代グループを介し、会談に先立ってマカオにある金正日の秘密口座に4回に分けて送る手はずだった4億5千万ドル（約530億円）の一部が記載ミスで期日に入金されなかったからだ。

大統領府は「北の技術的問題で訪朝を1日延期する」と発表して取り繕った。12日には、マカオの北朝鮮商社から本国に向けた《4つのうち、最後の1つを受け取った》との通信を傍受する。

金大中が平壌にたとうとした13日にも思いもよらない通告が北朝鮮からもたらされる。金日成の遺体を安置した錦繡山記念宮殿に「金大統領が参拝しないなら、首脳会談はできないし、来る必要もない」。

韓国政府専用機の「着陸を拒否する」とも通告してきたが、金大中は出発を決める。そこに事前に北朝鮮入りし、正日とも面会してきた国情院院長の林東源《イムドンウォン》が駆けつけ、「参拝問題は平壌に来て話し合ってもよい」との正日の意向を耳打ちした。

金大中一行は午前10時半前、平壌の順安空港に降り立つ。大統領を出迎えたのは、金正日自身だった。歓迎式典の後、1台の車に両首脳が乗り込み、百花園招待所（迎賓館）に向かった。沿道には、50万人を超える住民が花束を振りながら

「決死擁衛」「万歳」と声を張り上げた。

金大中は2人きりだった約1時間の車中の会話について自叙伝にこう記す。

「実際、多くを語ることはできなかった。私たちは手を握りしめたりもした。金（国防）委員長は『（出迎えの）人民は皆、自発的に出てきた』と話した」

現実は違った。歓迎行事に動員された元地方幹部は、韓国メディアにこう証言した。「金大統領が現れた瞬間、宣伝扇動員は拡声器を手に叫びました。『金大中が白旗を掲げ、将軍さまに投降しに来た』と」

招待所に着いた正日は饒舌《じょうぜつ》だった。

金大中「出迎えにきてくださり、われわれが握手するのを見て、ソウルでは千余人の記者が立ち上がって拍手したそうです」

正日「出迎え？　基本的な礼儀でしょう。私が大した存在でもあるまいし……。恐れることなく、よくいらしてくれました」

30分後、こう言って翌日の再会も約束した。「もし幹部らが来るのに反対すれば、（石を撃つ）パチンコで赤信号を打ち壊してでも来て会談します」

だが、舞台裏では参拝問題をめぐり、朴智元と宋浩景との間で激しい応酬があった。宋は一歩も譲らず、「上に報告する」と席を立ったが、翌14日の朝食の場では「朴長官の熱意に、将軍さまが参拝しなくていいと話された」と告げた。

金大中は金永南との会談後、正日との会談に臨んだ。だが、前日にユーモアを交えながら、韓国政府一行の好感を独占した正日とは違った。

「昨日、南（韓国）のテレビを見たら、大学に共和国（北朝鮮）旗を掲げたとして（学生を）司法処理するというニュースがありました。首脳会談に冷や水を浴びせるつもりですかね」と高圧的に切り出した。

「金大統領は、金永南委員長と会談もしたし、晩餐の招待も受けたし、もう帰ってもいいでしょう。今日も周囲の引き留めを振り切ってこの場に来ました」

韓国内で親北行為を取り締まる国家保安法について「どうして廃棄しないのですか」と嫌みを口にした。

韓国側は別の難問も抱えていた。北朝鮮に不都合な報道をした韓国紙、朝鮮日報とテレビ局のKBSに、北朝鮮が「反北策動を働いた」として賠償金200万ドルか、テレビ2万台ずつを差し出せと求めていた。

だが、この突拍子もない要求も「将軍さまの配慮で解決」したとして霧散する。

15日には、両首脳が、統一の自主的解決や南北離散家族の再会、経済協力などをうたった南北共同宣言に署名する。祝賀会場で、金正日が林東源をテーブルに呼んでささやいた。「錦繍山宮殿には行かなくてもいいでしょう」。本人の口からわざわざ〝配慮〟を伝えたのだ。

無理難題を突きつけ、さんざんじらした揚げ句、特別な配慮だと恩着せがましく引っ込める。親しみやすさを見せたかと思うと、強い態度に出る。硬軟織り交ぜ、韓国側を翻弄し続けた会談は、〝正日流のショー〟ともいえた。

観客は、首脳会談報道後に正日への好感が一気に広がった韓国国民であり、大統領自身だった。

金大中は帰国後、著名人との昼食会で、正日について次のように語った。

「対話ができ、常識が通じる人でした。北の指導者の中で外の世界を一番よく知っており、最も改革をしようとする人物に違いありません」

米大統領のビル・クリントンにも電話で「ミサイル問題も解決しそうだ」と伝えた。

南北首脳会談の功績からノーベル平和賞にも輝く。だが、北朝鮮がその後、核・ミサイル開発に突き進んでいった経緯を見ても、正日体制延命のためのショーに惑わされた〝お客さま〟にすぎなかったことを物語っている。

反米国家へミサイルを「販売」

南北首脳会談で見せつけた金正日のパフォーマンスに「魅せられた」のは、韓国大統領の金大中だけではなかった。

ロシア大統領に就任して間もないウラジーミル・プーチンが２０００年７月に平壌を訪れる。沖縄サミット（主要国首脳会議）の往路とはいえ、ソ連時代を含め、ロシア最高指導者の訪朝は初めてだった。

プーチンの側近で、極東連邦管区大統領全権代表のコンスタンチン・プリコフスキーの手記によると、彼に対し、正日は「私はプーチン大統領にどっぷり魅了された」と初対面を振り返った。

「ロシア下院で朝露友好善隣協力条約の批准問題が審議されていたが、大統領は『もし批准しないなら、私が電話をかけて批准させる』と冗談を言った」

全てを一人で決められるロシアの新指導者と波長が合ったのだ。

プーチン訪朝時の会談内容は、直後に平壌で金正日と面会した韓国メディア各社の代表団とのやり取りでも話題に上った。

北朝鮮は1998年8月に「衛星」打ち上げと称して事実上の中距離弾道ミサイルを発射。国際社会の関心が北朝鮮のミサイル開発に集まるなか、米紙は、正日が「プーチン氏にクリントン米大統領への親書を託した」と報じる。代表団側はこのことを質問した。

正日「親書は託していません。ロケットの元祖はロシアなのに、米国がMD（ミサイル防衛）やら何やらとロケット開発にケチをつける。おかしいでしょう。プーチン大統領も当然、（米国に）反対です」

正日は「科学技術の発展のため」だとミサイルとの見方を否定し、「ロケット1発に2億～3億ドル（約229億～343億円）かかる。『米国が代わりに衛星を打ち上げてくれたら開発しない』と（プーチンに）言った」と述べ、続けた。

「笑い話で話しましたが、プーチン氏がその話を沖縄会議（サミット）で伝えたら、クリントンも興味を示したと聞きました」

代表団との3時間半のやり取りで、何度となく「ロケット」に話が向いた。

正日「農事をしないと米が食べられないでしょう。ロケットを研究すれば、数億ドル稼げる。それをやらないわけにはいかないでしょう」

年2、3回の発射実験だけで「9億ドルはかかり、わが国のような小さな国がこのためだけに開発するのは非経済的だ」とし、中東の反米国家への技術供与についても「シリアとイランにロケットを販売しています」とさらりと口にした。

「大陸間弾道ミサイルをつくって、米国を攻撃するとして、私たちが勝つとでも言うんですか。なのに米国はケチをつけています」

金正日は「私の一言があれば、あすにも米国と修好できる」「私が腹を決めれば、統一はすぐにできる」と豪語し、こうも言ってのけた。

「私が平壌に座っていても列強国はやって来る。私が行く必要はない」

正日は、自信に満ちあふれていた。プーチン訪朝に続き、米国も2000年10月に国務長官のマデレーン・オルブライトを平壌に送る。

水面下では日朝交渉も進んでいた。クリントン訪朝も時間の問題とみられていた。韓国・現代グループの投資や金大中政権の人道支援もあって、餓死者が続出した「苦難の行軍」からも脱していた。全てが思惑通りに運んでいるかにみえた。

ところが、ジョージ・W・ブッシュの米大統領就任を境に風向きは変わる。01年3月に金大中が訪米した際、ブッシュはこう指摘した。

「私は金正日に懐疑的だ。合意を全て順守しているかも確信が持てない」

米韓首脳会談でも、正日を「独裁者」や「しつけの悪い子供」呼ばわりし、嫌悪感をあらわにした。

対北政策をめぐる米韓の溝が露呈するなか、正日は7月26日から24日間もかけ、ロシア大陸を横断する列車の旅に出る。ロシア側も米国に厄介者扱いされた「独裁者」を歓待した。

プーチンは、プリコフスキーを案内役に指名し、丁重にもてなした。

正日の専用列車が通る約9300キロに及ぶシベリア鉄道沿いには、1メートル置きに警備要員を配置。他の列車の運行を中断させ、正日が留まる駅周辺400メートルは、到着4時間前から通行を遮断した。

幼少時代、ロシア極東のハバロフスクから母、金正淑に連れられ初めて列車に乗り、薄暗く冷たい車両の中で硬いパン切れをかじりながら祖国を目指した。そのシベリアをいまや、豪華専用列車に揺られて走る正日の興奮ぶりは、全日程に同行したプリコフスキーの手記からも伝わってくる。

「金正日は私に『昼と夜、食事のときは、毎日会おう』と提案した。私たちは毎日3、4時間会話を楽しんだ」

手記からは、金正日のロシア好きもにじむ。「時々、個別の単語や文章までロシア語で表現した。彼は私のロシア語を分かっている様子だった。ロシア音楽が流れると、メロディーに合わせて歌ったりもした」

列車内で、北朝鮮の軍事パレード映像も鑑賞した。正日は「わが兵士らは『スラブ娘の別れ』というロシアの曲に合わせて行進するのだ」と上機嫌で説明した。

ロシア民謡も一緒に歌った。ソ連歌謡「祖国の歌」については、プリコフスキーが「ロシア人と区別できないほど優れた発音だった」と記している。

〽果てしなく続く大地　祖国わが祖国よ

自由と平和の歌　海に山に満ちて

輝く希望にたてる　揺るぎなき祖国よ……

「ロシア人もよくは覚えていない」という歌詞を正確に口ずさんだという。

この訪露でプーチンと２回会談した。列車が北朝鮮との国境にあるハサン駅に到着するまで、正日は何度も会談について口にした。

「プーチン大統領が外交的に（よそよそしく）接していたなら、私も外交官（的な態度）になったでしょう。しかし、心を開いて接してくれたから、私もそうしました」

ハサン駅では、プーチンに電報を打ち、エールを送った。

「いままでの共産主義者が成し遂げ得なかったことを成し遂げてほしい」

ゴルバチョフら西側に〝なびいた〟これまでの指導者への痛烈な皮肉でもあった。

「強いロシア」の復興を目指すプーチンと北東アジアの孤独な独裁者、金正日。2人は超大国、米国や経済的に台頭した隣国、中国を牽制する上で、互いに互いを利用し合うまたとないパートナーを得た。

正男VS.高英姫の暗闘

金正日の2001年夏の長期ロシア訪問では、秘書らしき若い女性の姿が目撃された。案内役を務めたロシア極東連邦管区大統領全権代表、コンスタンチン・プリコフスキーは、手記に「彼女はとても魅力的だった。私が金正日と話すとき、いつも隣に座っていた」と記している。

プリコフスキーは、韓国メディアの取材に、女性は正日の長女、金雪松だったと答えた。正日の正妻、金英淑との娘で当時、26歳。露日刊紙、コメルサントは「品位にあふれ、美しく、教養があり、父（金正日）の個人秘書として活動し、中佐という軍人の階級を持っていた」と報じた。

父のスケジュールや健康の管理を任されていたとみられ、北朝鮮女性には珍しい、腰まで届く長い髪が清楚さを醸し出していた。

プリコフスキーとの雑談で、金正日は「娘（雪松）も後継者（候補）の一人だ」と話し、家族の写真を見せながら続けた。

「私には、（他に）４人の子供がいるが、下の２人が政治に関心が強い。上の２人は政治には無関心だ」

上の２人とは、成蕙琳との長男、金正男＝当時（30）＝と、高英姫との次男、金正哲＝同（19）。下の２人とは、英姫が産んだ三男、金正恩＝同（17）＝と末娘の金与正＝同（13）＝のことだ。

この年の５月には、正男が別人名義の旅券で日本への不法入国を図ったとして、成田空港で妻子とみられる男女とともに拘束され、強制退去となる事件が起きた。「息子にディズニーランドを見せるため」だったとも伝えられたが、それだけではなかった。

当時、正男は、朝鮮人民軍大将の肩章を付けた制服での活動も確認され、ミサイル輸出事業に深く関与し

拘束された後、強制退去のため、成田空港に姿を見せた金正男（2001年５月４日）

ていたとされる。正日の秘密資金を管理する朝鮮労働党「39号室」の幹部として、マカオにある傘下企業「朝光貿易」の総責任者を名乗ることもあった。

北朝鮮がイラクに輸出した肩持ち式対空ミサイルＳＡＭ16Ａの３００基分の代金回収が訪日の本来の目的だったようだ。正日から委任され、イラク軍からの送金をスイスや香港、シドニーで回収し、最終任務地が東京だったという。

所持していたのは、ドミニカ共和国が正式に発行した旅券で、名義は「ＰＡＮＧ《パン》 ＸＩＯ《ショ》ＮＧ《ン》」、中国語で「胖熊（太っちょグマ）」の意味だ。

生年月日は１９７１年5月10日、名前を除き、全て「本物」だった。

「正男の逮捕（拘束）劇は、姉の作品（仕業）だろう」。98年に米国に亡命した英姫の妹、高英淑《コヨンスク》は、米中央情報局（ＣＩＡ）関係者にこう語ったという。

10種類のパスポートを使い分け、世界中を自由に飛び回っていた正男が突然、拘束された裏には、英姫と周辺勢力の画策があったというのだ。正男の行動経路をＣＩＡにひそかに流し、日本側に情報が渡ったのが真相だとみられている。

「威勢のよい金正男にやられまいと、91年ごろから姉は、金正日書記（当時）の絶大な信頼を得ている金容淳を味方につけた」と高英淑は説明する。

高英姫は、自分が産んだ子供が後継者レースで、金正男に打ち勝つため、まず、国際担当党書記だった金容淳にプレゼント攻勢を仕掛けた。

幹部人事を仕切る党組織指導部第１副部長の李済剛《リジェガン》や、軍「制服組トップ」の総参謀長、金永春らの支持取りつけにも成功する。

世界中に〝醜態〟をさらした正男拘束事件を契機に、〝高英姫派〟による後継者擁立の動きは加速する。

《尊敬するオモニ（母）は、敬愛する最高司令官同志（正日）に限りなく忠実な忠臣中の忠臣だ》

２００２年夏には、こう題した講演資料が軍内で印刷され、出回った。「オモニ」は英姫を指した。韓国の情報当局は、次男の金正哲を後継者に擁立する動きだと受け止めた。

正哲は１９９３～98年にスイスのベルン国際学校に留学。勉強に専念せず、留学途中に帰国した正男とは違い、学業を全うしたという。

正哲について、当時の校長は「スポーツ好きで、ユーモア感覚もある誠実な生徒だった。特に数学に熱中した」と振り返る。

同級生の証言では、「スキー場にも毎週行き、好きなアクション映画の格闘シーンをまねたりして遊んだ」。

２００１～06年には、金日成軍事総合大学の特設クラスで軍事学を学ぶ。脱北した元党幹部によれば、02年後半には、党組織指導部内に《金正哲同志の事業体系を打ち立てよう》というスローガンまで登場する。

03年に入ると、秘書室の日誌を講習会で披露する形で、正日の「お言葉」が公になる。

「正哲同志について組織指導部での実務学習の後、6カ月間の高級党学校課程を終えさせるように」との指示だった。正哲に後継者修行を命じているとの印象を与えるものだ。

正日自身の意思をどれだけ反映したものか、幹部の過剰忠誠によるかは定かでないが、正哲の後継者擁立が既定路線のようにみなされていく。そうしたなか、正哲の周囲で、不可解な「事故」が相次ぐ。

03年6月、金容淳が交通事故に遭い、10月に死亡する。9月には、高英姫が交通事故で重体となる。高英淑は、がんが原因で意識不明に陥ったとの外国報道を否定したうえで、こう断じたという。

「結論は一つしかない。誰かの教唆を受け、運転手が故意に事故を起こしたのだろう。背景には、金正男がいる」

軍部内には、長男である金正男の追随者が多かった。当時、軍中枢の幹部らに「大将」名義で、シカ肉と朝鮮ニンジンが贈られたことが確認されている。

元軍将校の崔周一《チェジュイル》（仮名）の証言によれば、軍部内では、金正日を「将軍さま」、正男を「大将さま」と呼んだが、「大将さまの贈り物」が届いたのを覚えているという。

金日成時代から金一家の警護を担い、元帥として軍に影響力を保持した李乙雪ら老幹部が正男の後ろ盾となった。何より党・政・軍に広い人脈を持つ叔父の張成沢が正男を支援した。

英姫と正男、その支持者らによる暗闘は、04年の英姫の死去で収束するかに思えた。

しかし、同年12月、ウィーン滞在中の正男を狙ったとされる暗殺計画が明るみに出て、世間を騒がす。正哲と正恩兄弟を推す勢力が背後で動いたという見方が支配的となる。

事件発覚から間もなく、正日は「後継者問題を口にする者は野心家だ。（後継者問題は）議論も、提起もするな」と指示したといわれる。後継者問題は、しばらく〝タブー〟として封印されることになる。

首脳会談で拉致を認めたのはなぜか

金正日が２００２年の日朝首脳会談で日本人拉致を認め、謝罪するという国際社会の予想を覆す対応に出たのはなぜか――。正日は焦燥と不安のなか、その年の新年を迎えていた。

01年９月11日の米中枢同時テロを受け、米国は「テロとの戦い」を宣言。テロリストをかくまっているとして、アフガニスタンを攻撃し、イスラム原理主義勢力のタリバン政権を崩壊させた。

続く標的は、米大統領、ジョージ・W・ブッシュが、テロを支援する「ならず者国家」と名指しするイラクとイラン、北朝鮮とみられていた。

北朝鮮の日本への歩み寄りは、この時期と重なる。極秘交渉に当たった当時の外務省アジア大洋州局長、田中均《ひとし》は「私が見た小泉外交４年間の真実」の中で「北朝鮮と水面下の協議を始めるのは同年（01年）10月末ごろ」と語っている。

「金正日政権は飢える国民には目も向けず、大量破壊兵器で武装し続けている」

ブッシュは02年1月の一般教書演説で、金正日政権を「悪の枢軸」と糾弾し、先制攻撃も辞さない構えを示した。対北包囲網を狭めるため、翌月に同盟国の日韓などに足を運ぶ。小泉は日本では、盟友といえる首相、小泉純一郎に「対テロ戦争」への支援を求めた。小泉は「断固、立ち向かう」と応じ、全面的な支援を約束する。大統領夫人のローラ・ブッシュも回顧録で「9月の同時テロ後、真っ先に米国へ手を差し伸べたのは日本の小泉首相だった」と振り返っている。

韓国でも、大統領の金大中を前に「北朝鮮は最も危険な武器商だ。決して座視しない。金正日は悪辣な独裁者だ」と嫌悪感を隠そうとしなかった。

北朝鮮は「反テロ名目で敢行される米帝（米国）と南朝鮮（韓国）の反共和国（北朝鮮）政策」に強く反発。金大中は4月、正日をなだめるために大統領統一外交安保特別補佐官の林東源を平壌に派遣する。

林は「ブッシュ大統領は北を信用せず、対話に否定的だ。いかなる対価もないという立場だ」と正日に告げ、こう取りなした。

「しかし、金大統領は首脳会談で、ブッシュ大統領から『北を攻撃しない』という約束を取り付けた」――

食事を挟んで5時間に及んだ面談で、正日は「米国とは、事業（関係）をよくしようと努力してきた。ブッシュ大統領は『うまくやろう』と言いながら、われわれを無視し、悪口を言ってきたではないか」と米国に対する複雑な感情を吐露し、続けた。
「まあ、これ以上悪口を言わないなら、私も金大統領の勧めを受け入れ、米国と対話する用意はある」

2002年9月17日、平壌で初の日朝首脳会談を終え、小泉純一郎（右）と握手する金正日

こうも付け加えた。「米国が『タリバンに勝った』と騒いでいるが、われわれを（タリバンと）同じと考えるのは誤算だ。戦争したければしてみろ。むろん、私たちも平和共存することを本当に願っている」

林東源は、小泉からのメッセージも金正日に伝える。

「拉致問題に進展があれば、国民を説得して関係改善を進める意思がある」との趣旨だったという。

林は「日本人拉致は『過去に過激な妄動分子がやったことだ』という程度に認め、遺憾の意を表し、早期の帰還措置を取るのがよい」という「金大中の考え」を伝えて説得したとも回顧録で主張している。

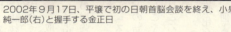

正日は「日本との話し合いを約束」したという。

一方で、ロシア極東地域を非公式に訪れ、大統領のウラジーミル・プーチンにも助け舟を求めた。8月23日にウラジオストクで会うと、単刀直入に切り出した。

「退役空母を譲ってほしい。核心設備を取り除いたものでも構わない。ディーゼル潜水艦4隻とスホイ戦闘機1個編隊（4機）、攻撃用ヘリコプターを提供してほしい」

法外な要求に、プーチンは「武力の増強が目的なら応じることはできない」とすげなく拒否したと伝えられる。

視察した戦闘機工場では、自らSu（スホイ）―27の操縦席に乗り込むはしゃぎぶりだったというが、その後の潜水艦基地などの訪問をキャンセルして、24日に手ぶらで帰国した。

頼みの綱だったプーチンからもはしごを外された正日は、帰国後すぐに日朝首脳会談の予定を早めるよう指示したという。11月ごろと想定されていた小泉訪朝は2カ月繰り上げられたとされる。

長期間、膠着《こうちゃく》状態が続いた国交正常化交渉にケリをつけ、日本から多額の経済援助を引き出すことを狙ったともいわれるが、何よりブッシュが構築する対北包囲網を突き崩すには、日本とのトップ会談に懸けるほかない状況にあった。

9月17日の初の日朝首脳会談では、以下のやり取りがあったと伝えられる。

「朝日関係を正常化する上で解決すべき基本問題は、過去の清算。日本側の真剣な対応を望む」

金正日はこう話を進め、日本人拉致については「一部の妄動分子がやったことだ」と前置きし、これまでの正日の態度からは考えがたい言葉を口にする。

「自分としては、この場で遺憾なことであったとおわびしたい。このようなことが二度と起きることがないように適切な措置を取ることとする」

一方の小泉は、核開発に対する「米国の懸念」にも言及した。

「お国は、戦争準備をやめて経済発展に力を入れるべきだ。そのためにも、核問題について約束を守っていくことが大切だ」

正日は「核の問題は、朝米の問題だ。日本と話す問題ではない」とあからさまに反発した。

「米国は約束を守らない。米国が（北）朝鮮と関係改善しようという意思は1％もないのではないか。朝鮮を『悪の枢軸』と言った」

興奮した口調でこうも強がった。

日本人拉致被害者に関する北朝鮮の回答 ※年齢は拉致当時

氏名（敬称略）	年齢	回答内容
地村保志	23	生　存
地村（旧姓・浜本）富貴恵	23	生　存
蓮池薫	20	生　存
蓮池（同・奥土）祐木子	22	生　存
曽我ひとみ	19	生　存
横田めぐみ	13	1994年に入院中に自殺
田口八重子	22	86年に交通事故死
原敕晁	43	86年に病死
市川修一	23	79年に海水浴で溺死
増元るみ子	24	81年に心臓まひで死亡
松木薫	26	96年に交通事故死
石岡亨	22	88年にガス中毒死
有本恵子	23	88年にガス中毒死
久米裕	52	入国していない
曽我ミヨシ	46	入国していない

「戦争か、話し合いか。われわれは実際に戦ってみないといけないと思っている。しかし、常に門戸も開いている」

同席した官房副長官の安倍晋三によると、「金正日は焦っていた。感情的だった。ある意味、非常に追い詰められていた」。

半面、小泉にこうも要請した。「日本は、米国の同盟国だ。米国と最も信頼関係のあるアジアの国だ。日本のリーダーである小泉総理に、問題解決のために努力してもらいたい」

正日は「世論」という存在を理解していなかった。

拉致被害者5人を「生存」とした一方で、取って付けたような「死因」説明だけで、横田めぐみら8人を「死亡」とした北朝鮮側の主張に、日本の世論は猛反発し、正日に対する怒りがこれまでに見られなかったレベルで燃えさかる。

対米牽制に日本を利用しようとした思惑はあっけなくついえた。

核の虚勢が生んだ6カ国協議

「われわれが、米国のやつらの強硬策に、超強硬姿勢で対抗したことがいかに正当だったのか」――

2006年12月に朝鮮労働党中央委幹部と科学者向けに行われた講演の記録によれば、張《チャン》淳勇《スンヨン》という党宣伝扇動部幹部とみられる人物が、金正日の外交手腕についてこう力説した。

「米国は、イラクはたたくが、共和国（北朝鮮）には手を出せない。なぜか。偉大な将軍さまが主導権を握り、攻撃的な外交をやっているからだ」

韓国の情報機関、国家情報院で北朝鮮担当の第3次長を務めた徐薫《ソフン》は「金正日外交の最大の特徴は『崖っぷち』戦術だ」と指摘する。「私の車はブレーキが利かない。死にたくなければどけ」というチキンレースを好むという。

正日は「われわれの戦術は、相手には『死』を意識させ、自分は生きることだ」とも常に口にしていたとされる。

米国のジョージ・W・ブッシュ政権は「大量破壊兵器の保有」を理由に、03年3月にイラクと開戦し、サダム・フセイン政権を崩壊させた。金正日政権に対しても同じ姿勢で臨んだ。

核兵器に必要な高濃縮ウランを開発している証拠があるとして、02年10月、米国務次官補のジェームズ・ケリーが平壌に赴く。

北朝鮮第1外務次官の姜錫柱は「高濃縮ウラン計画は実在する」とあっさり認めるという意外な対応に出た。「核兵器はむろん、それより強力な物も持つしかない。戦争したければ、する用意がある」と逆に脅してきた。

セリフを吹き込んだのは、正日だった。張淳勇の講演記録によれば、「米国のやつらに核兵器がないと言うな！」と強く指示したとされる。

「『核兵器がない』と言えば、真実を教えることになるではないか。あえて『私たちも持つことができる』と言え」

元パキスタン大統領のペルベズ・ムシャラフの自叙伝によれば、「1999年ごろから、カーン博士が北朝鮮に（ウラン濃縮のための）遠心分離技術を支援し、約20基の遠心分離機を渡した」というが、ケリー訪朝時には、成功していなかったと読み取れる。

核開発凍結をうたった「ジュネーブ合意」に反するとして、米政府は重油供給の中断を発表。平和ムードに傾きつつあった朝鮮半島に再び緊張が走る。

これに焦りを募らせたのが隣国の大国、中国だった。仲介役を買って出、北京で2003年4月に米朝中3カ国協議が開かれる。

「偉大な将軍さまは、大国ロシアを完全に取り込み、ロシアをてこに地球を動かそうとしておられる。欧州連合（EU）と日本は、引き寄せる戦略だ」

講演記録の中で、張淳勇は金正日の外交戦略をこうも説明している。ロシア大統領のウラジーミル・プーチンとの蜜月を指しているのだろうが、「地球を動かす」とは、大言壮語というほかない。日本とは首脳会談を実施する一方、イタリアや英国、ドイツと国交を樹立していった。

張は続けて言う。「米国は牽制し、中国はじらせて、南朝鮮（韓国）は弄ぶ。これが将軍さまの外交の特徴だ」

米朝中協議は、まさに中国への「じらせ」戦術が奏功したといえる。

ところが、北朝鮮代表の李根《リグン》は「私はあなたに『われわれは核兵器を持っている』と言いたい。われわれは核兵器を放棄しない」と一方的にケリーに告げ、協議初日に決裂する。

またも「崖っぷち」を演出し、チキンレースを仕掛けたのだ。

その結果は不利に働くどころか、北朝鮮サイドに立つだろうロシアと韓国も引き込み、中国を議長国とした8月からの6カ国協議につながる。

「私は本当に金正日を信じない。嘘をついた。自国民を飢えさせる者を信用しない。彼は暴君だ」

ブッシュは04年11月にアジア太平洋経済協力会議（APEC）首脳会議があったチリで、韓国大統領の盧《ノ》武鉉《ムヒョン》にいらだちをぶつけた。

「私は異見を持っている。協議とはそもそも信じない人とするもの。それが対話ではないか」と盧は対話による解決を訴えた。

金大中の太陽政策の継承者を自任する盧は、翌月の訪英で、ブッシュの盟友である首相のトニー・ブレアに「道徳的な判断ではなく、現実的に問題を解決するようにブッシュ大統領を説得してほしい」と北朝鮮の立場から説きさえした。

しかし、ブッシュ政権の見方が変わることはなく、05年1月の米上院公聴会で、次期国務長官のコンドリーザ・ライスは、北朝鮮を「暴政の前線基地」と非難する。

北朝鮮はこれに反発し、2月に6カ国協議への無期限参加中断と「核兵器保有」を宣言する。

事ここに至っても、盧武鉉はブッシュの説得に徹した。6月の首脳会談後の記者会見で、金正日に「Mr.（ミスター）」と敬称を付けて呼ぶようにも求めた。

ブッシュがしぶしぶ「Mr.キム」と呼称すると、北朝鮮は鬼の首を取ったように「われわれの最高首脳部に『先生（ミスター）』という尊称を使ったことに留意する」と発表。盧の特使として平壌入りした統一相の鄭東泳《チョンドンヨン》に、正日は「盧武鉉大統領の労に感謝する」と伝えた。欠かせない仲裁者であるかのように韓国大統領を持ち上げ「弄ぶ」思惑が透けてみえる。

再開した6カ国協議では9月、北朝鮮が「米に攻撃意図がないと確認」することを条件に「核放棄」に同意するが、即座に暗礁に乗り上げる。

米政府が北朝鮮によるマネーロンダリング（資金洗浄）の疑いで、マカオの銀行、バンコ・デルタ・アジア（BDA）への制裁を発動し、口座が凍結されたことに、北朝鮮が態度を硬化させたからだ。

「米の敵視政策」に対する「自衛」を掲げ、06年7月には弾道ミサイルの発射を、10月には初の核実験を強行した。ミサイル発射は米東海岸では、独立記念日の夕刻に当たった。

「米国民が独立記念日を祝う花火を見ようとテレビの前に座ったが、画面に映ったのは、共和国のミサイル発射だった」。張淳勇は講演でこうも自賛した。

「世界の人々は何と言ったか。『（驚いた米国民は）夕方に開いた口が翌日まで閉じられなかった』と」

正日は核開発を手放す気など毛頭なかった。「米国を牽制し、中国をじらせ、韓国を弄ぶ」戦略の下、周辺各国が用意してくれた６カ国協議という舞台は、皮肉にも核に実体を持たせ、初実験にこぎ着ける時間的猶予を与えた。

この成功体験は、正日の死後も引き継がれていくことになる。

第7章

未完の遺訓

きっかけは軽い脳卒中

「金正日は、寄り難いほど元気だった。一見、デブのようだが、登山や階段を駆け上がるとき、随行員がついていけないほど体力があった」

11年間、金正日の警護官を務めた李英国《リヨングク》は、こう振り返る。

それが2007年あたりから老いが目につき始めた。激務に加え、不摂生な生活が健康をむしばんでいた。

06年末から07年初めごろ、軽微な脳卒中を起こし、右腕を自由に動かせなくなる。外部には固く秘匿されたが、米韓情報当局は、趣味で毎週行っていた射撃をやめ、狩猟にも出かけなくなったとの情報を入手、正日の健康状態をいっそう注視するようになる。

正日が無理を重ねたのには理由がある。核開発をてこに韓国や国際社会から支援を引き出し、後継体制を固めることを急いでいたフシがある。

06年の新年の辞で「今年は、社会主義強盛大国の黎明《れいめい》となる年」だと訴え、07年11月には、父、金日成の生誕100年に当たる12年に「強盛大国」を実現することを目標に掲げ、「強盛大国の大門を開く」と経済建設を鼓舞する。

しかし、国際社会の逆風に遭う時期とも重なる。米国の金融制裁であり、06年7月の弾道ミサイル発射と10月の核実験を受けた国連安全保障理事会による初の制裁決議だ。

ミサイル発射や核実験は、米制裁でマカオの銀行、バンコ・デルタ・アジア（ＢＤＡ）の北朝鮮関連口座が凍結されたことに対する反発との見方もあったが、目標達成に向け、あらかじめ決めた計画に沿っているにすぎなかった。

「ロケット発射場は、何度も火の海になった」

06年10月に作成されたとみられる幹部向け講習資料には、北東部、咸鏡北道・舞水端里《ムスダンリ》のミサイル基地での実験失敗をこう描いている。

「科学者らが、どうすればよいか分からず慌てると、その都度、偉大な将軍さまは『大丈夫だ。続けろ』とおっしゃった」

「工場が稼働できず、人民が飢えていることもよく知っている。それでも、資金が少しでもできると、全てここにつぎ込んだ」との金正日の言葉も記す。

「だから、やつら（米国）にのみ込まれなかった。いつかは、人民も理解してくれるだろう」

執念ともいえる正日の計画を知ってか知らずか、最後まで擁護し続けたのが韓国大統領の盧武鉉だ。

「インドの核保有は認めながら、北韓（北朝鮮）の核はだめだというのは到底、理解できない」

内部告発サイトのウィキリークスが公開した米外交文書によると、06年8月に盧はメディア幹部に、米国のジョージ・W・ブッシュ政権の対北姿勢に対してこう不満を漏らした。

BDAへの制裁にも反対した。05年11月に訪韓したブッシュに「閣下とは歩調が合わない。北韓の資金の扉を閉め、生き難くしているのに、北韓がわれわれを信頼するだろうか」と告げた。

ブッシュは「金正日は、誰よりも多く米ドルを偽造している。韓国通貨の偽造が分かっても、何もしないのか」と反問し、「彼が自国民を飢えさせることには我慢できない」と盧の制裁解除要請を拒否する。

米の金融制裁が解除されたのは、金正日が脳卒中を起こした後の07年3月だ。秘密資金の流れを封じ込める制裁が強いストレスとなり、発症を招いたとも推察できる。

この時期、後継体制の準備とも受け取れる動きが確認されている。3月、妻の高英姫が生前、次男の金正哲や三男の金正恩と過ごした中朝国境に近い平安北道《ピョンアンプクト》の昌城《チャンソン》招待所を「革命事跡地」に整備する事業に着手する。

「思い出深いのは昌城招待所だ」と正日の元専属料理人の藤本健二は記している。

一説には正恩が生まれた場所ともいわれ、兄弟がバスケットボールに熱中し、乗馬を英姫と楽しんだ正日にとっても「思い出深き」安息の地だった。

脳卒中後、正日は感傷的になる場面が増えた。04年に死去した英姫を思い出しては涙を流し、秘密パーティーで、はめを外し合った側近らを懐かしむ姿が目撃された。

「金容淳が生きていたら一役果たしただろうに」と朝鮮労働党の元対南担当書記の死を惜しんだり、亡き元外相の許錟や元政務院総理の延亨黙らの名前を度々口にしたりした。

「意味深き06年12月24日、金正恩大将同志は金日成軍事総合大学の卒業証書を受け取った。(金正日は) 主体の先軍革命を輝かしく受け継ぐことを望んだ」

北朝鮮の内部資料は、金正恩の経歴をこう説明する。12月24日は、金正日の母、金正淑の誕生日に当たる。節目の日に「先軍革命」を引き継いだとして、正恩体制の正統性を強調する思惑がうかがえ、後付けの疑いは拭えない。

卒業論文として、衛星利用測位システム（GPS）を活用した作戦地図に基づく作戦計画を提出し、正日が「とても創造的だ。着想が奇抜で感服した」と褒めそやしたとも伝えられる。

当の正恩は、遊びほうけて学業には真面目に取り組まなかったともいわれており、この説明も権威付けの一つだろう。一方で、昌城招待所の事跡化が示すように、自らの健康に不安を抱いた正日がこの時期と前後して、息子への権力移譲に本気で取り組み始めたことは確かなようだ。

しかし、偶像化による後継体制づくりに冷や水を浴びせる事件が起きた。金一族にぜいたく品を納める貿易会社「朝鮮綾羅《ルンラ》888」咸鏡北道支部の責任者らがカネになると、白頭山地域にある「スローガンの木」を伐採して輸出したのだ。

スローガンの木は、抗日パルチザン時代、部隊員らが正日の誕生を祝し、金日成の闘争をたたえる文字を刻んだと宣伝する木のことで、実際には1980年代後半に「保存事業」として作られたものだ。「白頭山血統」と称して世襲を正当化するための大事な〝物証〟の一つでもある。

激怒した正日は「スローガンの木を守るため命をささげる忠臣がいるなか、カネのために伐採する者がいる。このような非社会主義現象を根絶やしにしろ!」と命じ、2007年7月に責任者が公開処刑される。

この事件を境に、正日は00年から市場原理の限定導入を検討し、試みてきた経済改善措置をやめ、ジャンマダン(闇市場)など、庶民生活を支える経済活動も徹底して取り締まる強圧策にかじを切る。

正恩以外に「代案がないのではないか」

金正日は2007年後半に入り、健康状態が回復したかに思えた。10月には、韓国大統領の盧武鉉を平壌に迎え、カメラの前で健在ぶりを示した。だが、再び脳卒中に襲われる。応急措置で一命は取り留めたものの、病状は深刻だった。

倒れたのは08年8月14日。パリのサンタンヌ病院の神経外科部長、フランソワ・グザビエ・ルーら医師団が北朝鮮政府の要請で駆けつける。

「患者は集中治療室にいた。最初、病院側から匿名のカルテを何枚か見せられた」とＡＰ通信などに対し、ルーは振り返っている。

「そのうちの一人が特に深刻な状態だった。患者は金正日総書記だった」

北朝鮮の医師団に助言し、治療法を決める役目を任された。10日間ほど滞在し、正日が意識を取り戻した後、いったん帰国。９、10月にも平壌を訪れる。

ルーによると、「集中治療室では、２人の子供がいつも病床を守っていた」。金正日の三男、金正恩と末娘の金与正だったと後に判明する。正恩は太ってはいなかったという。

「２人は父の病状をとても心配していた。他の子供の姿は1度も目にすることはなかった」。正恩とみられる息子は「とても礼儀正しい青年だった」とも証言している。

金正日が倒れる少し前、サンタンヌ病院を訪ねる長男、金正男の姿があった。ただ、ルーは「父親に関することではなく、個人的相談だった」としている。

父親の病室に正男が顔を出すことはなかった。次男の金正哲や長女の金雪松も目撃されていない。当時24歳の正恩と20歳の与正が正日の愛情を独占していた。

正男の伯母、成蕙琅の手記によると、１９８７年に与正が生まれて以降、長男に注がれてきた「異常なまでの愛情」は、完全に正恩、与正兄妹に移る。

「金正日の愛情は、ひとつを捨てることでほかに移っていく」（蕙琅）

ジュネーブの国際学校に通っていた16歳当時の正男は学業そっちのけ。「夜になるとバーに出かけるようになった。金遣いが荒くなり始めた」

外国人女性と同棲までするありさまで、世話役の蕙琅は89年に正男を連れ、急遽、帰国する。

正日の愛情は見る間にしぼむ。「帰国の原因が浮気癖にあることも気に入らなかった」。女好きで移り気な自分を見るようで、嫌気を覚えたのだろう。

その反動もあってか、正恩と与正は、なるべく目の届くところに置いて猫かわいがりした。兄妹は5年ほどの留学期間中、正月や節目の祝日に帰国させると、数カ月間は戻さず、一緒に過ごさせた。

正日の元専属料理人、藤本健二の手記からも兄妹の溺愛ぶりが見て取れる。家族写真では、正日と母、高英姫の両脇に納まるのは決まって正恩と与正だった。

病床でも常にそばに付き添ったのが金正恩兄妹だ。

意識を取り戻した金正日は、真っ先に自分の健康状態と今後どうなるかを知りたがった。ルーは「独裁者と思っていたが、彼が普通の患者とあまり変わらないことに驚いた」という。「彼は、私がどんな判断を下すか、とても気にした。今後、普通に生活できるのか、普通に歩き、仕事ができるだろうか」と回答を求めてきた。

意識が戻って2週間後からリハビリを始め、フランス映画やワインの話に興じることもあった。一方で、自分の健康状態が予断を許さない状態であることを理解したうえで、後継者問題の決着を急いだ。

２０１１年にウィーンから亡命した元北朝鮮高官は証言する。「(08年) 9月から、金正日は非定期的に家族会議を開き、後継者問題を話し合った」

主に顔をそろえるのは、妹の金敬姫と張成沢夫妻。さらには、高英姫亡き後、正日の身の回りの世話をした女性、金玉《キムオク》と正恩の4人だ。食事の席で、正日はおもむろに切り出した。

正日「健康がよくない。医者は『いつまた脳卒中が来るか分からない』と言っている。後継者を決めたい。三男、正恩はどうだ?」

敬姫「お兄さん、何を言っているのよ。まだ、分別もつかない子供ではないですか! どうやって国を任せるのよ」

叔母の言葉を聞いた正恩は箸を投げ捨て、さっと立ち上がると、部屋を飛び出したと伝えられる。

妹に対し、つらさをにじませ、正日は漏らした。

「代案がないのではないか」

義兄の心情を読む張は、反対せず、積極的に推しもしなかった。後継者として「正恩」の名前を先に出したのは張だったという証言もあるが、聞き役に徹したというのが現実のようだ。

後継者問題がいかに敏感かを、張成沢は身をもって知っていた。人を集めて豪華パーティーを開いたことが「宗派（派閥）行為」とみなされ、2年間近くも、過酷な労働や思想教育を強いられる「革命化教育」を受けた経験を持つ。

実際には、何かと金正男の面倒をみてきた張を快く思わない高英姫と、朝鮮労働党組織指導部で幹部人事を統括する第1副部長の李済剛らにはめられた可能性が高い。李らは金正哲兄弟を支持しており、張は知らぬ間に後継者争いという虎の尾を踏んでいたのだ。

金敬姫の再三の取りなしで、05年末に復帰し、後に組織指導部で行政・司法を担当する別の第1副部長に就く。だが、06年7月に朝鮮人民軍中将だった兄が死亡し、8月には、パリに留学中の一人娘、張琴松が自殺。9月には、自ら交通事故に遭うという不幸に立て続けに見舞われる。

そうした中でも、金正日が昏睡状態に陥ったとき、フランス医師団を呼んで治療方針を決めるなど、金一家内での発言力を保持した。半面、姻戚関係という立場から追従者を引き付けやすい義弟に権限が集中することを警戒し、正日は、後継体制に備えた政権内の地盤固めをライバルの李に一任もしていた。

金正恩を正式に後継者に決定したのは、08年終わりごろに開かれた党中央「指導部会議」とされる。誰が出席したかは、いまなお明らかになっていない。

翌年の正恩の誕生日である1月8日に正日は、李を呼びつけ、正恩を後継者に決定したことを党内に知らせるよう命じた。

李が組織指導部の課長級以上の幹部を緊急招集して「決定事項」を伝え、地方の道党委員会に通達したのは同月中旬とみられる。

長い間、「君主制」的統治にならされてきた政権内には、決定を疑問視する幹部は皆無に等しかった。最高権力者が「代案なく」決めた後継者であっても、当然のことと受け止める空気だけが支配していた。

粛清の側近は「正恩、絶対ダメだ」

健康不安説を打ち消すため、金正日は２００９年に入ると、現地視察の回数を例年の倍に増やすが、誰が見ても重い病気を抱えていることが分かるほど憔悴《しょうすい》し切っていた。太鼓腹は気が抜けたようにへこみ、髪も大量に抜け落ちていた。

先が長くないと悟ったのか、正日は、後継体制の基盤となる経済建設に力を傾ける。平壌に10万世帯分の住宅の新設を指示し、深刻な電力不足解消のため、北部、慈江道の熙川水力発電所の完成を急いだ。

秘密資金を管理する朝鮮労働党39号室から８００万ドル（約８億９千万円）を捻出し、国境を接する中国・丹東市から３年期限で２千万ドルを借り入れ、１月に住宅建設の着工にこぎ着ける。後継者に指名したばかりの三男、金正恩に建設の指揮を執らせた。

「金正恩は『150日戦闘』のスローガンを掲げ、人海戦術で工事をやろうとした」。11年に韓国に亡命した元北朝鮮高官の金鉄柱《キムチョルジュ》（仮名）は説明する。

金正恩は、見栄えのする20～25階建て高層住宅の建設を提案。大学生も動員し、「速度戦」を展開するが、人力だけでは限界が目に見えていた。

折あしく2000年代に入って最悪の食糧難にも陥っていた。国連世界食糧計画（WFP）は、08年度の北朝鮮の食糧生産量を約334万トンと推定。需要を賄うには、200万トン近くも不足していた。

金正日が側近らに「資金調達方法の考案」を指示したのは09年春とみられる。そこで浮上したのが「貨幣交換措置」だ。デノミネーション（通貨呼称単位の変更）のことで、通貨単位を切り下げ、物価高騰に対処することが名目とされた。

しかし、1990年代に200万人以上が餓死したとされる「苦難の行軍」以降、闇商売で稼いだ新興富裕層に、ため込んだカネをはき出させるのが本当の狙いだったといわれている。

当時を知る脱北者の証言などを総合すると、朴南基が部長を務める党計画財政部が提案したデノミを性急に推し進めたのは、成果を焦っていた正恩だった。軍事作戦のごとく〝電撃的〟に実行させたという。

鉄柱によれば、「デノミは、住民から（固形の）金を回収する作業から始められた。各中央機関の職員たちが地方に繰り出して金を買いあさった」。

北朝鮮では、金の個人取引は禁じられている。だが、配給が途絶えた「苦難の行軍」時代に外国商品と確実に交換できる金を求める住民が増え、金鉱周辺や砂金が出る地域、ジャンマダン（闇市場）でひそかに取引されていた。

当局は、金１グラム当たり20万ウォン（約６７００円相当）を支払い、政府認定の買い取り証明書も発行した。

通貨価値の変動に左右されず、国際的信用のある金を確保したうえで、当局は２００９年11月30日に旧貨幣１００ウォンを新貨幣１ウォンに交換させる貨幣交換措置を発表する。現金交換は１世帯10万ウォンまでという上限も設けられた。それを超える旧貨幣をタンスに蓄えていても、紙くずとなり、新興富裕層にとっては大打撃となる。

貨幣交換は12月７日に打ち切られる。大きな仕事を成し遂げた息子をたたえるため、金正日は、その年の暮れに中央本部党幹部らを集め、祝賀会を開いた。

デノミの実施状況について説明に立った朴南基は「政府が引き続き財政健全性管理をできるか疑問だ」と意外な言葉を口にした。

「財政の流れが初期の計画とは違う方向へ動いているという不安を拭えない。建設事業規模を縮小させてほしい」

朴は、住民の不満が爆発寸前にあることを知っていた。金日成の肖像を印刷した紙幣をごみとして捨てる者や破産の末、自殺する者が続出していたのだ。

「（秘密警察の）国家安全保衛部が、旧紙幣を返還しない者は処罰すると脅したけれど、応じる住民は少なかった」（金鉄柱）

貨幣価値の急変で、物価はむしろ暴騰した。売り渋りも横行し、新貨幣換算で豚肉1キロ50ウォンほどだった値段が瞬く間に2千ウォンに跳ね上がった。コメ価格も30倍に急騰したため、闇市場でも売買がストップし、労働者への賃金支払いも中断するありさまだった。

実態を知りながら幹部は一様に口をつぐんでいた。

朴は、正日の面前で婉曲《えんきょく》に軌道修正を提案するつもりでいた。「1989年の祝典（世界青年学生祝典）のとき、国を挙げた10万世帯（住宅）建設の後遺症はまだ治まっていない」と述べ、現実に切り込んだ。

「しかも、そのときと状況は違う。設計通りなら財政支出が倍以上になるだろう。再び『苦難の行軍』を始めなければならないかもしれない」

静まり返る宴会場で、金正日が口を開いた。

「平壌市10万世帯建設は、わが国100年の大計であり、重要な事業だ」

特に朴南基が「苦難の行軍」という言葉を使ったことが逆鱗《げきりん》に触れた。数え切れない無辜《むこ》の国民を死なせた自身の〝失政〟を象徴するものだったからだ。

「動揺分子とは一緒にやっていけない」

怒り散らして、正日が席を立つと、朴は、正日の警護官らに引きずりだされ、調査を受ける身となる。２０１０年３月、計画財政部副部長だった金泰永《テヨン》らと処刑されたと伝えられる。

党組織指導部第１副部長の李済剛が執筆したとみられる冊子「革命隊伍《たいご》の純潔性を強化されていく日々に」など内部資料で後に判明した罪状は、デノミの失敗ではなく、「スパイ罪」だった。

「朴は親日分子のめかけの息子であり、地主の孫」だとしたうえで、冊子はこう記す。

「祖父が土地を没収されたことに恨みを抱き、祖国解放戦争（朝鮮戦争）時期、隙を突いてわが隊伍に潜り込んできた間諜（スパイ）であり、社会主義経済建設を阻み、資本主義経済方式を取り入れようとして捕まった逆賊だ」

韓国の情報機関、国家情報院の国会報告によると、処刑前、朴は「あいつだけは絶対ダメだ」と金正恩を痛烈に批判したとされる。後先考えずに計画を見切り発車させたうえ、責任を回避した〝御曹司〟に対する怒りだけは抑えられなかったのだろう。

「私はこれまで、よい物を食べ、よい物を着て、よい生活をしてきたから党には感謝する」。最期にこうも言い残したとされる。

「しかし、正恩、あの野郎だけはダメだ」

責任は問われなかったものの、最初の実績作りを急いだ揚げ句、多くの住民を巻き添えにしたデノミの失策は、後継者の権威を傷つけ、後遺症は長く尾を引くことになる。

後継者の実績づくりに焦り

晩年の金正日にとって、唯一の関心事は、自分がいなくなった後の金正恩体制をいかに盤石なものにするかにあった。そのためには、息子がいち早く軍部を中心にした〝暴力装置〟を掌握するのが何より肝心だと考えたようだ。

２００９年に入ると、人事を統括する朝鮮労働党組織指導部を介し、朝鮮人民軍に加え、秘密警察の国家安全保衛部や警察の人民保安省（部）などの部隊に、後継者に忠誠を誓う集会を頻繁に開かせるよう指示。息子を従え、部隊視察にも精力的に出向く。

4月には、正恩とともに北東部、咸鏡北道・舞水端里にあるロケット発射場の管制指揮所を訪れ、衛星「光明星2号」打ち上げと称する事実上の長距離弾道ミサイル発射を見守った。打ち上げ後には「ご苦労」と技術陣をねぎらい、「衛星を邀撃《ようげき》するとした敵の策動に反打撃を加えたのは、わが金大将だ」と軍幹部の前で息子を持ち上げた。しかも「わが大将は、反打撃司令官として陸海空軍を指揮した」と正恩をにわか司令官に仕立てた。

上空を通過するミサイルの落下に備え、迎撃態勢をとっていた日本に「撃ち落とされなかった」ことを指したようだが、荒唐無稽というほかない。

続く5月の核実験も後継者が「指揮」した形にしたとみられている。

この時期、金正日の健康状態は急激に悪化し、5月以降、腎臓透析を受ける身となる。「わしも以前とは違うようだ」と弱音を吐くようになり、軍を監督する軍総政治局や保衛部、人民保安省からの報告は息子に受けさせた。

「尊敬する青年大将、金正恩同志の偉大性について」と題した軍内部の講習資料によれば、各部隊では、10月以降、後継者を賛美する合唱の集いや偉大性教育が展開されていた。正日への忠誠に厚い軍関連組織の権力移譲は、比較的スムーズに進んだようだが、経済分野での実績づくりは壁にぶち当たっていた。

金日成生誕１００年に当たる12年４月までの完成を目指していた平壌の10万世帯住宅建設は、10年正月までの完工見込みが５００世帯分にも満たなかった。

金正恩は「令監《ヨンガム》（老年男性への尊称）」と呼ぶ父親のせいにする。

「カネがないじゃないか。令監は自分のカネ（秘密資金）はまだしも、党資金を少しでも放出してくれたらいいのに。それすらしてくれない」と不満を口にしたという。

幹部の間では「将軍さまが後継者をあまり信頼していないようだ」「経済問題に関し、将軍さまに対する（正恩）大将の不満が増えた」と噂された。米韓情報当局も「金正日が息子の指導力を検証するため、各種事業を任せているが、少し失望しているもようだ」と分析する。

金正日の機嫌を取るためか、煙たい父を遠ざけるためかは定かでないが、10年に入ってから、金正恩は「令監に週１回以上、公演を観覧させろ」と指示を出したといわれる。

正日は２月、「朝露友好善隣協力条約」締結10周年を記念し、歌劇「エフゲニー・オネーギン」を観覧する。「ロシア音楽を聴くと落ち着く」と常々口にし、ロシアの古典的オペラの「エフゲニー・オネーギン」を朝鮮語の歌劇にアレンジさせたのも正日だった。このことから、落ち込みがちな父のために、正恩が上演を企画したという。

脱北した元幹部によると、この年の3月にも正日は、軽い脳卒中を引き起こす。

そうした事情もあって政権運営も息子に委任し始めていた最中に、韓国側が黄海上に設定した北方限界線（NLL）付近で、韓国海軍の哨戒艦「天安《チョナン》」が撃沈され、乗組員46人が犠牲となる事件が起きる。

米韓情報当局は「金正恩が大胆な指導者のイメージをつくり、内部結束を図る目的で敢行した」との見方を取った。

国際共同調査が実施され、国連安全保障理事会が非難決議を模索するなか、正日は5月に病身を引きずって北京に向かう。4年ぶりとなる訪中は、天安沈没に関して「弁明」すると同時に、後継体制への移行を正式に通達するためとみられた。

北京の人民大会堂で5日、中国国家主席の胡錦濤との会談に臨んだ正日は「両国の過去の指導者たちが積み重ねてきた伝統的な友誼《ゆうぎ》は時間がたち、世代が交代しても変わってはならない」と切り出した。

中国指導部の反応は冷たかった。

胡は遠慮のない口調で「5つの事項を提案したい」と経済協力の強化などに触れつつも、事前説明もなく、身勝手な挑発を重ねる北朝鮮の現体制にくぎを刺した。

国営の新華社通信によると、「内政・外交上の重大問題や国際・地域情勢」など、「共通の関心事について深度のある疎通」を強く求めたという。

「あなたと私は同い年（実際は金正日が1歳上）だが、指導者の地位に就いたのはあなたがずっと先輩だ。ところが、現実はどうか」

中国社会科学院の研究者によると、会談で胡錦濤はこう前置きし、諭すように金正日に語りかけた。

「私は13億の人民を飢えさせていない。あなたは2500万人（の北朝鮮住民）も食べさせられないでいるのではないか。そうしておいて、私たちのところに来て、『食糧をくれ』と言う。中国と（北）朝鮮は同じ時期に社会主義事業を始めたのに、なぜ現実はこれほど違うのか」

最も耳が痛い部分を突いたうえで、正日が毛嫌いしてきた提案に踏み込んだ。

「朝鮮も、もう変化すべきときだろう。あなたも鄧小平のように改革開放を選択すべきではないか」

部下たちが居並ぶなか、正日のこれまでの治世を否定する苦言を聞かされ、メンツは丸潰れだった。翌日にも首相の温家宝が「改革開放の経験を紹介したい」となおも中国式改革路線を受け入れるよう仕向けた。

訪中後の正日には、不可解な言動が目立ちだした。平壌の国立演劇場で「山びこ」を観覧した後、竣工して7年しかたたない劇場の撤去をやにわに命じた。それでいて、同じ「山びこ」をその後2回も鑑賞する。

韓国の情報機関、国家情報院は「脳卒中の後遺症で認知症のような症状が出ている」との分析を示した。

咸鏡北道の農村視察では、突拍子もなく、こうも口走る。

「農民たちがジャガイモだけを食べていてはダメじゃないか。ご飯も食べないと。お米を送ってあげよう」

張り巡らせた報告網から現状を冷徹に把握してきた「緻密な独裁者」の姿は、もはやそこにはなかった。

3代世襲に異を唱えた正男

金正日が4年ぶりに訪中した後の2010年5月下旬、韓国・済州島では、日中韓首脳会議が開かれる。

会議前に中国首相の温家宝と会談した韓国大統領の李明博《イミョンバク》は、3月に起きた哨戒艦「天安」撃沈が北朝鮮の攻撃であることを裏付ける残骸写真や北朝鮮の魚雷設計図を示し、国連安全保障理事会による対北非難決議へ賛同を求めた。

温「中国は誰も擁護しません。ただ、(北)朝鮮を窮地に追い込みすぎると朝鮮半島情勢はいっそう不安に陥るでしょう」

煮え切らない答えに、李は「中国の消極的な態度」が北朝鮮の判断を誤らせると決断を迫った。

李「（自分の）子息であっても放っておくと、悪い癖は永遠に治せません。一度は正す必要があります」

温「私は誠実な人間です。これからを見守ってください」

温は、明言は避けつつも、働き掛けをする用意があることを示唆した。

金正日は8月にも中国を訪ね、父、金日成の抗日活動の足跡をたどった。東北部の吉林市では、父の母校、毓文中学校を見学し、朝鮮戦争中に妹の金敬姫と一時疎開し、つらい時期を過ごしたカトリック聖堂にも立ち寄る。

感傷に浸るかのような道程だが、後継者体制への移行についてケリをつける時期が目前に迫っていた。

この旅で、かつては後継者候補として限りない愛情を注ぎながらも、その後は中国などを流浪していた長男の金正男に思いが至ったらしく、自分の宿泊先に呼び、話し込んだ。

北京在住の正男の知人は「その場で、正男は天安艦事件に触れ、無謀な挑発を敢行した弟を非難した」と韓国のKBSテレビに証言した。

「父上、こんなことをする弟が、後継者の資格があると思われるのですか」と三男の金正恩を後継者に決めた父に不満を漏らしたという。これ以上の内容は伝わっていないが、正日は、不本意でも、そうせざるを得ない事情に触れたとみられる。

既定路線が変わることはなく、9月28日、第3回朝鮮労働党代表者会で、正恩が後継者として初めて公の場に姿を現す。それから間もない10月22日、日本の新聞記者のもとに《こんにちは。金正男です》と書かれたメールが「前触れもなく」届いた。

東京新聞の五味洋治著『父・金正日と私 金正男独占告白』によると、約6年ぶりの正男からのメールには、「来年、2011年10月10日、すなわち3代世襲1年を迎える」ときに、やり取りを公開してほしいと条件が付けられていた。

直前の父との対面が契機になったと推測できるが、メールでは「私は3代世襲に反対だ」と強調するとともに、父も「3代世襲に最も否定的だった」と繰り返した。「おかしな権力継承」を押し切ったのは「内部的要因があったと信じている」と記した。

後継者デビュー早々、金正恩はまたも兄が懸念した挑発に打って出る。11月23日、韓国領の延坪島を砲撃し、民間人を含む4人が犠牲となる。韓国の情報機関、国家情報院は「砲兵専門家とする金正恩の大胆さを美化するため」に行われたとの分析を示した。同時に金正日の許可なく、強行できることでもなかった。

一方で、正日は最期まで対外政策だけは自分が決め、冷え切った韓国との関係修復を急いだフシもある。李明博の大統領就任後、温家宝を通じて3回にわたって南北首脳会談を持ち掛けては断られた。金大中、盧武鉉政権時代の〝蜜月〟は過ぎ去っていた。

李は「北韓（北朝鮮）は首脳会談をやってあげましょうという態度だった。会談に法外な対価を要求した」と回顧録『大統領の時間　2008―2013』で振り返っている。水面化の接触で、北朝鮮は、首脳会談の条件として膨大な食糧や肥料に加え、北朝鮮の国家開発銀行の設立資本金100億ドル（約1兆1千億円）の提供を求めた。

韓国政府は「対価を払う首脳会談はしない。北韓の核放棄につながるものでなければならない」との姿勢を崩さなかった。

李政権に経済協力は期待できないと見切りをつけた正日にとって、頼みの綱は中露しかなかった。

11年5月、金正日は3日間も列車に揺られ、前任の中国国家主席、江沢民がいる中国・楊州に向かう。病状の急変に備え、中国政府が正日の宿泊先に救急車を待機させる中での長旅だった。

ところが、江自身も重い病気を患い、会える状況にはなかったらしく、側近に手紙を託しただけに終わる。代わりに面会したのは、次世代の指導者として確実視された国家副主席の習近平だった。

習「この度、貴公子（金正恩）は同行していないようだが、どうしたのか」

正日「私はもう年だ。力も弱っている。全てを解決することはできない。問題は多いが、息子がいま、多くを担っている。（正恩は）私の代わりに国内のことを処理している」

北京では、国家主席の胡錦濤と会う。温家宝ら中国共産党最高指導部の政治局常務委員全員と面会を果たし、次期首相となる李克強の案内で、ＩＴ企業が立ち並ぶ北京大学周辺の中関村も視察する。

これでもかと改革開放の成果を見せつける中国指導部の働き掛けにも、正日は聞く耳を持たなかった。死期を悟った隣国の最高指導者が望んだのは、手っ取り早い大型経済支援だけだった。中国指導部がそれに応じることはなかった。

7泊8日の旅程を終え、国境の町、新義州《シニジュ》に早朝到着した正日を金正恩が出迎えたと朝鮮中央通信が報じている。「将軍さま」の留守を後継者が守ったと印象付けようとしたようだ。

8月には、ロシアに足を運ぶ。李明博によると、「訪問は、投資を呼びかけるためだった。メドベージェフ・ロシア大統領に聞いた話だが、そのとき、金正日は、30センチほどしかない壇上にも1人では上がれないほど衰弱していた」。

その年の12月、「強盛大国元年」と宣布した翌年4月15日の金日成生誕１００年を迎えることもなく、この世を去る。

独自の国家体制は維持したものの、経済強国の建設や人民生活の向上、祖国統一といった大目標は何一つ成し遂げられず、「未完の遺訓」として、ほとんど政治経験を持たない後継者に引き継がれた。

最高指導者を演出する与正

２０１２年９月１日、朝鮮中央通信は、平壌版ニュータウンの倉田通り《チャンジョン》を視察し、夫人の李雪主《リソルジュ》とポップコーンを食べながら歩く金正恩の写真を配信した。20代の夫婦としてはありふれた風景だが、北朝鮮の最高指導者と〝ファーストレディー〟となれば、写真が持つメッセージは違った。

夫人同伴の姿が初めてメディアに登場したのはこの年の７月。完成した平壌の綾羅人民遊園地で、さりげなく腕を組んだり、イルカの曲芸に大爆笑したりする仲むつまじい夫妻の姿が世界に流された。

雪主の胸元には、北朝鮮公民なら必ず胸に着ける金日成・金正日バッジはなかった。色鮮やかなワンピースには、代わりにブローチが光り、ブランド品のハンドバッグを手にしていた。

「閉ざされていた国に変化の風が吹いている」と好意的に受け止めた海外メディアもあった。〝開放的〟ファーストレディーを企画・演出したのは、正恩の妹、金与正だったことが後に明らかになる。

金与正が初めてテレビに映し出されたのは、11年12月20日、父、金正日の遺体が安置された錦繡山記念宮殿（現・錦繡山太陽宮殿）で金正恩が弔問者を迎える場面だ。痩せた体を喪服で包み、悲しみに暮れた表情で、前に立つ兄と弔問する幹部を見つめる妙齢の女性が新たな指導者の実妹であることを知る者は限られていた。

その場には、長男であり本来、喪主を務めるべき金正男や、次男の金正哲はいなかった。父が目をかけ、誰より信頼してきたという長女の金雪松の姿も確認されていない。きょうだいの中で、公的な追悼の場に正恩と与正しかいなかったことが示す政治的意味の重さは後に顕在化する。

正日の専属料理人の藤本健二の手記によると、46歳にして授かった末娘を、正日は「かわいい、かわいいヨジョンよ」「ヨジョン公主《コンジュ》（姫）」と呼び、「目に入れても痛くないほど溺愛」した。

冷酷な一面を持ちながら正日は、子供には愛情を惜しまなかった。10歳にもならない正男をスイス留学に送った際には、受話器にかじりついては声を上げて泣いたという逸話もある。与正が生まれると、かわいく、活発で聡明《そうめい》さを増していく末娘に、その愛情が一身に注がれるようになる。

正哲、正恩という2人の兄と同様、スイス・ベルンの国際学校に留学し、1996～2000年末ごろに「チョン・スン」という名前で通った。帰国後は金日成総合大学で学んだ。

正恩が後継者として公式登場した10年9月ごろに与正も表立った活動を始めたとみられている。役職は、朝鮮労働党中央の行事担当課長、正恩の地方視察の日程や、最高指導者が出席する「1号行事」を取り仕切る役目だ。

金与正の人物像をめぐっては、さまざまな臆測が飛び交う。おてんばで、兄主催の最高幹部会議に突然、割り込んでくることも多々あるという。

一方、12年7～8月に訪朝した藤本健二は、「牡丹峰楽団」のコンサートで見掛けた際、「白いシャツに黒のスカート、どこにでもいそうな女学生」のようだったと記している。席に駆け込み、隣の若者らに「ごめん、ごめん。遅れちゃってー」と謝り、「楽しそうにじゃれあっている」のが与正だったことに驚き、「気さくな人気者のようで、ほほえましかった」と振り返っている。

李雪主の初お披露目の場となった7月の牡丹峰楽団の初公演で、ミッキーマウスに似せた着ぐるみを登場させ、ミニスカート姿の女性メンバーが米映画「ロッキー」やディズニーのテーマ曲を披露し、正恩政権の〝開放志向〟を国外に印象付けた演出も与正が深く関わっていたとされる。

14年3月ごろには、宣伝事業を統括する党宣伝扇動部副部長に就任する。

韓国に14年に亡命した元党幹部の尹容淳《ユンヨンスン》（仮名）は「いま、北朝鮮では金正恩が幹部たちに拳を振るうと、与正がなだめるという状況」だと話す。同年9月ごろから正恩は、重要決定事項を除く一般的な事務処理の権限を妹に委任しているという。

雪主に金日成・金正日バッジの代わりにブローチを着けるよう指図できたのは与正をおいてほかにない。ポップコーンを分け合う若い指導者夫妻の姿をメディアに流すよう指示した

姉の金雪松だとする見方もある。

その一方、妹は現場のディレクターであり、正恩と与正に的確な助言を与えていたのは、姉の金雪松だとする見方もある。

米海軍分析センターの国際関係局長、ケン・ゴスは、14年6月時点で「金正恩はこれまで、決定的なミスは犯していない。党組織指導部で重要な役割を果たす異母姉の金雪松の助言を多く聞いているようだ」と分析していた。

金正恩より10歳近く年上の金雪松は20代前半から父の視察に同行するなど経験を重ね、政権内の重要人物のほとんどの経歴や人柄を熟知しているという。正恩がどう振る舞い、誰を重用すべきかを助言したのは雪松というのだ。

全党員の「組織生活」を監視し、勝手にバッジを外すなど党紀違反の疑いがあれば、身分に関係なく取り調べ、処罰できる機関が組織指導部だ。ファーストレディーも例外ではない。つまり、李雪主がバッジを着けなくてよいと最終判断できるのは同部にいたという雪松であり、実行に移したのが、金与正が担う宣伝扇動部ということになる。

この構造ゆえに正日は、最期まで組織指導部の権限だけは手放さなかった。同部こそが権力を支える最後のとりでだからだ。

正日は死を前に、長女と末娘に後継者を支えるように付託したとみられる。雪松には、権力中枢を統制する組織指導部を、与正には、政権の正統性を国内外に知らしめる宣伝扇動部を任せるという権力構図を思い描いたようだ。

さらには、妹の金敬姫とその夫の張成沢に「後見役」を、朝鮮人民軍総参謀長の李英浩《ヨンホ》と、秘密警察の国家安全保衛部を率いる禹東測《ウドンチュク》に息子を守護する役割を与えたとされる。

しかし、3年もたたずに英浩は更迭され、禹は自殺、張は処刑され、敬姫は引退を強いられた。最近は、雪松も政権中枢から遠ざけられたと伝えられる。権力の渦の中心には正恩、与正兄妹だけが残された。

後見人・張成沢処刑の真相

金正日が息子に残した後継体制は、「守護役」の一角を担った李英浩の失脚で崩れ始める。

突如、英浩が逮捕され、朝鮮人民軍総参謀長を解任されたのは2012年7月、「宗派（派閥）形成」や「浮華堕落」が罪状に挙げられた。麻薬取引に絡む収賄の発覚が金正恩の怒りを買ったとされた。だが、真相は、正恩の叔父で朝鮮労働党行政部長の張成沢が推進した外貨稼ぎ部門の再編に反対したからだ。

元党幹部の尹容淳（仮名）によれば、「張成沢は絶えず、軍に外貨稼ぎ会社を内閣に渡せと圧力をかけた。真っ先に抵抗したのが人民武力部長を務めた金永春や李英浩たちだった」。英浩は、軍歴のない成沢が大将の肩章を着け、軍部の財源に手を伸ばそうとしていることに反感をむき出しにしていた。「私が着けた（肩章の）星は、彼のクソ色の星とは違う」と周囲に漏らしていたという。

張成沢は、李英浩を排除するとともに、経済立て直しに全力を傾ける。企業や農民が生産物の一部を自由に扱えるようにした「6・28措置」や、民間が蓄えた外貨をはき出させるため、住宅売買を合法化する措置を取る。

8月には、50人を超える代表団を率いて訪中する。経済特区の共同開発に関する会合への出席という名目とは別に、10億ドル（約1100億円）の緊急借款と投資拡大を中国に頼み込むためだった。

中国政府は手厚くもてなす。金日成や金正日が泊まった「釣魚台国賓館」18号楼を成沢に提供。国家主席の胡錦濤や首相、温家宝との個別面談を設けた。

17日の面会で、温は「借款問題は、核問題が進展した段階で話し合いたい」とし、投資拡大についても「法整備が先だ」と注文をつけた。

通訳だけを介し、1時間以上行われた胡との〝密談〟で、成沢は「場合によっては、核を放棄することもできる」と表明。金正恩に代えて異母兄の金正男を擁立する可能性にも言及したとされる。

香港メディアが後に暴露したところでは、会談内容は、中国共産党最高指導部メンバーだった周永康＝国家機密漏洩《ろうえい》罪などで無期懲役＝から北朝鮮に漏れた。

成沢の言動は、正恩を刺激するのに十分だった。当時の状況を知る護衛総局の元幹部は「12年秋ごろから、正恩は重要事案を叔父とは相談しなくなった」と証言する。

成沢の言動を打ち消すように、12月に事実上の長距離弾道ミサイルを発射し、翌年2月には、3回目の核実験に踏み切る。

「われわれは既に核を持っているではないか。核実験をすれば、中国まで背を向ける」という成沢の訴えを、正恩は「われわれの生きる道は、核しかない」と一蹴したと伝えられる。

13年6月には、決定的な亀裂を生む騒動が持ち上がる。秘書室からの報告書に目を通した金正恩が、自分が自由に使える秘書室の資金が大幅に削られていることに気づいた。

「何でこんなに少ないんだ。令監（金正日）のときはどうだった？」

待ってましたとばかりに担当者が答えた。「将軍さまは党39号室に資金を集め、将軍さまの革命事業に使わせました。いまは、行政部が管理し、勝手に使っています」

張成沢は、良質の石炭を中国に輸出し、巨利を生んできた軍傘下の54部の事業を行政部の管轄下に移した。しかも、収益を39号室には上げず、行政部傘下の会社にプールしていたのだ。

激高した正恩は「いますぐ、行政部の事業を全て元に戻せ」と指示した。

直属の護衛司令部（護衛総局）要員が54部の事業所の1つに接収に向かったところ、現場責任者は「1号同志の承認を取りつけてこい」と追い返そうとした。

「1号同志とは誰のことだ」と言い返すと、「張部長同志だ。あの方の指示がないとダメだ」と突っぱねたという。

「1号」は、北朝鮮で最高指導者を指す。正恩ではない人物を「絶対者」と仰ぐ勢力が形成されていた事実を如実に示した。党員が命を賭して守るべき「党の唯一領導体系確立の10大原則」に対する明白な違反でもあった。

10大原則は、この時期、党組織指導部によって改訂され、個別幹部の偶像化や分派活動の排除をうたった条文が付け加わった。

党の中核を占める組織指導部の幹部らは、もともと同部の一部署にすぎなかった行政部が、最高指導者の叔父という〝虎の威〟を借り、専横する様子を苦々しくながめていた。10大原則の改訂は、張一派を追い落とすために彼らが仕掛けた〝わな〟ともいえた。

正恩の特別指示で、9月には組織指導部が主導し、秘密警察の国家安全保衛部や護衛司令部、検察から人選した「常務グルパ（チーム）」が立ち上げられ、成沢への検閲が開始された。

組織指導部は、張成沢の右腕とされる行政部第1副部長の李竜河《リリョンハ》と副部長の張秀吉《チャンスギル》に対する調査を3月から水面下で進め、党紀違反に問える材料をつかんでいた。

11月に逮捕された2人は、拷問に耐えられずに「張成沢の罪状」を〝自白〟し、処刑された。

成沢自身も軟禁状態に置かれ、党・政・軍の幹部らとともに処刑に立ち会わされる。機関銃に乱射される光景を目の当たりにし、気を失ったと伝えられる。

12月8日には、金正恩が主催した党政治局拡大会議に引きずり出された。以前は同僚だった組織指導部第1副部長の趙延俊《チョヨンジュン》や、成沢が抜擢した内閣総理の朴奉珠《パクポンジュ》、親交のあった副総理の姜錫柱らが批判に立った。

かつての盟友らの告発が続くなか、成沢は手にしていたボールペンをノートに突き刺すように強く振り下ろし、折ってしまう。4日後には、特別軍事裁判で死刑を宣告される。刑は即日執行され、数百発の機関銃弾が浴びせられた。無残に砕かれた遺体は火炎放射器でさらに焼かれた。「地球上から痕跡をなくせ」という正恩の指示に基づく処置といわれる。死を前に、成沢は「ほんのわずかな時間でいいから、妻に会わせてくれ」と懇願したという。

妻で正恩の叔母の金敬姫は、組織担当党書記の地位にあったとみられる。彼女が本当に実権を握っていたなら、熱愛の末に結ばれた夫の命だけは救おうとしただろう。

しかし、3代世襲を歩み始めた北朝鮮に、2人の権力者が並び立つことは許されなかった。父が後見を託した叔父を痕跡なきまで葬るという無慈悲な処分は、若い最高指導者にとって避けようもない選択だったのかもしれない。

「経済と核」の二兎を追う矛盾

2011年12月28日、前日に降り出した雪は、金正日の告別式が始まる午後になってもやまなかった。霊柩車《れいきゅう》が通る沿道は、泣き崩れる市民で埋め尽くされていた。

「将軍さま、行かないで！」と叫びながら、雪に覆われないようにとコートを脱いで霊柩車が通る道に敷く者もいた。

「追悼行事は100日以上続き、幹部らは職場で寝泊まりしました」と元貿易機関幹部の金《キム》哲《チョル》雨（仮名）は説明する。

「金正恩から『外に出て人民と一緒にいろ』と言われたからです」

年明けの1月7日、金正恩は朝鮮労働党や朝鮮人民軍の幹部らに直筆の手紙を送った。

「人民は寒さに震えながら外で将軍さまを悼んでいるのに、幹部らは暖かい所で椅子に居座っているではないか」と厳しい言葉がつづられていた。

党第1書記就任後の12年5月には、視察先の遊園地で、自ら雑草をむしりながら、「従業員にはこれが見えないのか！」と叱り飛ばした。国営メディアは「人民へのサービス精神がゼロだ」と管理者らを叱責し、休園を命じたと報じた。

哲雨は「私たちは、新しい指導者が『何かを変えようとしている』という意気込みを感じました」と振り返る。

「金正恩は、父の金正日とは完全に違うタイプの指導者だ」

外交官として北朝鮮に駐在した経験を持つモスクワ国際関係大教授のゲオルギー・トロラヤはこう分析する。

「金正日は、住民の好感を得ようと努力などしなかった。しかし、金正恩は大衆から崇拝されたがる。金正日は公の場に出るのを好まなかったが、金正恩は積極的に出ている」

金正恩は、父とは違う独自カラーを出そうと躍起になった。6月には、全国から7～13歳の2万人以上の子供たちを平壌に集め、朝鮮少年団の創立記念日を大々的に祝う。

脱北者の1人は「脱北を図って逮捕された家の子供も招待された。金正日時代には想像すらできないことだった」と証言する。正恩は「出身成分と関係なく、優秀な子供を選抜するように」と指示。送迎に「特別列車」や「特別飛行機」まで手配させたという。

祖父の金日成生誕100年の4月に行った初演説では、「人民が2度と（腹をすかせて）ベルトを締めつけずに済むようにする」と明言。食糧難で南西部の穀倉地帯、黄海道地域でも餓死者が出ると、軍糧米の徴収を減らし、配給に充てるように指示した。

生産物の取り扱いについて生産者に一定の裁量を認めるといった経済改善策を相次ぎ打ち出させる。

200万人を超す餓死者が出る惨状に有効な手立てを講じなかった父とは対照的に、人民生活の向上に気を配っているかに映った。

核をめぐる交渉でも柔軟と思える動きを見せた。2月の米朝高官級協議で、食糧支援と引き換えにウラン濃縮やミサイル実験の一時停止に合意したのだ。

合意発表から半月後には、国際社会の期待はあっさり裏切られる。「衛星打ち上げ」と称した長距離弾道ミサイル発射を4月に行うと通告したからだ。

ただ、場当たり的に見える決定も、実際には既定の路線を表明しただけにすぎなかったことが後に明らかとなる。

13年3月31日、党中央委員会全員会議で、金正恩は二十数分間にわたって演説し、「現情勢と革命発展の要求により、経済建設と核兵器開発を並進させることに関する新しい戦略的路線を提示する」と宣言する。

この「並進路線」は、対米交渉に左右されず、以前から党内で議論され、決定されたものだった。

正恩政権は党機関紙、労働新聞の中で、「われわれの革命で『並進』という言葉は長い歴史を有す」と金日成時代からの国是であるとの主張を展開する。

「1962年のカリブ海危機（米ソの核戦争寸前まで行ったキューバ危機）が起こり、米帝（米国）とその手先らが、北進（対北攻撃）を叫んだとき、わが党は、経済建設と国防建設を並進させるという戦略方針を提示した」

路線の正統性を父の前政権にではなく、祖父の金日成時代に求めたのだ。

経済難と国際的孤立が深まるなか、金正日は、経済より、軍を優先する「先軍政治」を国是にすえ、核・ミサイル開発を盾に超大国の米国と渡り合う。

正日は常々、「あめ玉はなくてもよいが、銃弾はなくてはならない」と口にしていたという。核・ミサイル開発で外貨を奪えると考えた〝正日流〟の現実主義ともいえた。

一方、ほしいものは全てそろう環境で育ち、努力することなく、最高指導者の地位に就いた三男は、支援という「あめ玉」も、核・ミサイルという「銃弾」も同時に手にできると考えたようだ。

この安易さが、米朝合意直後のミサイル発射通告という矛盾を生んだ可能性がある。

金正恩は、経済と核という二兎《にと》を追い求め続ける。

後見役だった張成沢が経済再建に最優先に取り組んでいた最中も、核開発の意志を曲げることはなかった。叔父の張の処刑も、経済のためには、核・ミサイル開発の凍結やむなしと考える勢力への見せしめとしての側面も浮かぶ。

正恩は「核を持っていれば、いかなる敵もわれわれに指一本触れることはできない」と豪語してやまないと伝えられる。

２０１９年までに核を実戦配備した後に経済建設に邁進。父の遺訓である「強盛大国の大門を開く」のだと信じているとされる。

軍経験がないゆえに、軍首脳のすげ替えや粛清を繰り返して軍部を掌握しようとする３代目にとって、米国などに太刀打ちし、体制を維持するための要は、核・ミサイル開発をおいてほかに見当たらない。

「水爆」と称し、16年1月に強行した4回目の核実験の命令書には、こう書きつけた。「全世界が主体の核強国、社会主義朝鮮、偉大な朝鮮労働党をあがめるようにしろ」。核強国や偉大な党を代表するのは正恩自身だ。

核実験に続く、2月の長距離弾道ミサイル発射を受けた国連安全保障理事会の対北制裁決議には、後ろ盾だったはずの中国も賛同。中朝国境などでの検閲強化で、物流が滞り、人民生活にも影響が出始めているという。

核・ミサイル開発が、経済をいっそう疲弊させ、住民らの恨みとなって跳ね返りかねない状況が生じている。

「人民から崇拝され、世界からもあがめられる」。二兎を追う、この果てなき願望がもたらす災禍に、若き指導者が気づくときは来るのだろうか。

金正恩委員長への手紙——あとがきに代えて

前略、金正恩委員長

この手紙が正確な朝鮮語に訳され、あなたの手元に届くことを願いながら拙筆をとりました。

私があなたの父、金正日に興味を持つようになったのには理由があります。私はあなたの国の文化の薫陶を受けて少年時代を過ごしました。

私が生まれ育ったのは、1930年代に朝鮮半島から移住した人々が暮らす中国東北部、黒竜江省の小さな村です。冬には冷たい風が吹きすさび、村人は「冬眠」を余儀なくされます。

朝鮮半島南部出身の母はいつも故郷を懐かしみ、朝鮮語のラジオを慰みにしていました。母がつけっぱなしにしていた平壌放送に私も自然になじみました。

70年代、平壌放送は夕方に「抗日パルチザン回想記」というラジオドラマを流しました。私や周りの子供たちはドラマにはまり、セリフをまねました。ラジオを除けば、たまに村で上映される北朝鮮映画が最大の楽しみ。映画の中のメロディーや女優、「英雄」たちに夢中になりました。中学時代に「花を売る乙女」を見た後、感動から何日も眠れませんでした。

当時、あなたの国に憧れる中国人は決して少なくありませんでした。

中国で改革開放が始まると、北朝鮮のことは人々の記憶から薄れていきました。北京の大学に通った私はより広い世界があることを知り、好奇心を胸に日本に留学しました。

一方で、北朝鮮関連のニュースに触れるたび、ふと、少年時代を思い出しもしました。近代アジアとメディアの歴史が専門の私が北朝鮮について本格的に研究するようになったのはずっと後のことです。北朝鮮関連の報道や資料に接するうちに異常さに気づかされました。

70年代に平壌放送から耳にたこができるほど聞かされた「年間800万トンの食糧生産高地占領」がやがて「400万トン生産」に変わり、いまも抜本的な改善が図られないままですね。同じ社会主義国で育ち、中国で記者を経験した私には、何が起きているのか想像できましたが、事実を確かめたくなりました。

少年時代に見た映画、夢中になった音楽が、実はあなたの父、金正日が手がけたものだということも知りました。

私が金正日の伝記を書こうとしたのは、北朝鮮に関するあらゆる事象にあなたの父の影が投影されていると思い始めたからです。

金正日こそ、北朝鮮そのものであり、北朝鮮の歴史。自国を最貧国の一つに転落させたのも、それでも崩壊を免れさせたのも、金正日だと考えるようになりました。

お父さんについて、あなたはどの程度ご存じでしょうか。金正日の生涯を調べていくうちに私は、人生のはかなさを感じました。

お父さんは何を残したのでしょうか。その教訓をまとめてみました。

あなたの父は、長寿を夢見ました。数千人の研究者に長寿の秘訣を研究させ、長生きにいいとされる世界中の食材を求め続けましたが、70歳で亡くなりました。やりたいことをして早死にするのは本望かもしれません。

しかし、お父さんの場合、人民を餓死させながら一人だけよいものを食べ、贅の限りを尽くしました。一国の指導者が自国民を飢え死にさせることに、どんな理由があっても弁解の余地はありません。

お父さんは「勤勉」だったけれど、人生は空回りの連続だったと思います。

1日4時間しか睡眠をとらず、昼は視察、夜は未明まで報告書を読みました。地球10周分以上の距離を視察に回ったと北朝鮮は自慢します。世界の指導者で金正日ほどの働き者はいなかったと言っても過言ではないでしょう。

問題は、現地指導と称する視察が人民のためにならなかった点です。現地指導で通る沿道は封鎖され、訪問先も半径10キロ以上を秘密警察が囲ったといいます。しかも専属のコックや医師、歌手、踊り子を帯同して別荘地に向かう途中に立ち寄るだけ。視察に出れば出るだけ、人民は迷惑をこうむりました。

素質からすれば、映画監督が似合う人でしたが、国の最重要ポストを独占し、クモの巣のように監視網を張り巡らし、幹部も人民も意のままに操ろうとした。結果、経済は破綻し、国土は荒廃、社会は硬直化しました。

お父さんは、米国と対抗し、核兵器開発に執念を燃やしました。晩年、核がないと、独裁者が倒された「イラクやリビアの二の舞いになる」と語ったそうですが、イラクもリビアも核を持たなかったから攻撃されたわけではありません。

今の世界は、核を持たずとも豊かで安全な国の方がむしろ多いのではないでしょうか。ベトナムを見てください。同じ社会主義国で核を持っていませんが、米国は攻撃などしません。

核兵器に執着したのは、米国と対等に渡り合い、韓国にも優位に立ち、「征服」するためだったのでしょうが、不可能です。自由の尊さを知る韓国の人々がそれを許すわけはありません。

あなたの父は、核という「力」を国民に見せつけることで結束を図り、政権を維持しようとしました。けれど、無駄なことです。ソ連は核兵器を多数保持しながら崩壊しました。核施設の安全性も心配です。ミサイル実験は失敗しても挽回《ばんかい》できるかもしれませんが、核施設で大事故を起こし、放射能が拡散すれば、周囲に人が住めなくなります。寧辺にある核施設は、老朽化がひどく、「いつ事故が起きても不思議ではない」と中国や米国の専門家は口をそろえます。

私は日本国籍を取得し、日本に住む身なので、あなたの国のことに口を挟むのは余計かもしれません。でも、私には夢があります。

日本列島と朝鮮半島を海底トンネルで結び、世界一速い列車を走らせれば、半日で平壌に着くでしょう。そこでランチを取った後、一路北京へ足を延ばすという夢です。技術的に問題はないはずです。北朝鮮以外に日本や韓国、中国の技術や資本も合わせれば、地球上最も速く快適な現代版「あじあ号」をつくれると思います。

平壌の大同江のほとりには世界で一番高く、美しいビルを建てる。そこが国連のアジア本部になる日が来るかもしれません。

夢が実現するには前提があります。あなたの国が一日も早く、国際社会と歩調を合わせる平和で「普通」の国になることです。心からそれを願います。

草々

文庫版のあとがき

金正恩の登場で消えた「希望」

金正恩が公の場に姿をあらわしたのは２０１０年10月10日、朝鮮労働党創建65周年記念式典の場だ。そのとき、金正日総書記（故人）に付き添うようにして軍事パレードを観覧する主席台に現れた若い青年が、北朝鮮次世代指導者となる「金正恩」だと分かる人はすくなかった。

当時26歳の金正恩はすでに労働党中央委員会委員（日本の国会議員に相当）、中央軍事委員会副委員長、北朝鮮権力序列第6位の地位についていた。北朝鮮で20代にして労働党中央委員会のメンバーになることはなく、ましてや、そのなかでももっとも重要な部署である党中央軍事委員会の副委員長になることはできない。独裁者、金正日の息子で、白頭血統（金一族の血筋）を受け継いだからこそ可能なことだ。

当時、外部世界に知られた金正恩に関する情報はわずかしかなかった。金正日の5人の夫人から生まれた3男4女のうち、年齢順では6番目、男子のなかでは末っ子であること、実の母親は大阪の鶴橋出身の在日2世の高英姫（本名は高容姫とされるが、現在なお英姫で通る）だという程度だ。彼が、いつどこで生まれ、どのような経歴を積んできたかについてまともな情報はなかった。はっきり分かったのはただ一つ、金正日は死んでも金一族による統治がつづくだろうということだった。

金正恩の登場は様々な憶測を生んだ。なぜ、突然息子を表に出したのか。もしかして金正日の健康状態がおもったより悪いのではないか。金正恩はどういう人物なのかと。朝鮮半島にルーツを持つ筆者は、金正日が死んだら北朝鮮は変わる、少しはましな国になるだろうと漠然とした「希望」を持ってその日を待ち続けたが、金正恩の登場でそれが消えてしまった。半面、もしかして、20代半ばの金正恩が政権を受け継いだら北朝鮮は崩壊するかもしれない。北朝鮮はこれからどうなるだろうかと情報を収集、答えを出そうとした。その年の暮れに筆者は、その結果を、「金正恩研究」という原稿にまとめ出版社に送ったところ、すぐ返事がきた。

原稿は使える。ただ、いま、金正恩を知る人はすくないから金正日をひっかけてまとめたらどうだ、というアドバイスだった。そのようなやり取りを経て、翌年2月に上梓したのが『金正日と金正恩の正体』という本だ。

今おもえばこの本には3つ、重要なメッセージが含まれていた。

1点目は、金正日は3年以内に死ぬだろうというメッセージだ。根拠にしたのは、米国中央情報局（CIA）が2008年に入手した金正日の脳スキャン写真を元に出した金正日健康に関する報告書だ。報告書によれば、金正日の余命は後3年か5年だという。その他に、2009年8月、ビル・クリントン、アメリカ元大統領の訪朝に同行したクリントンの主治医の証言である。それを読んでほぼ確信した。クリントンと金正日の面談に同席した主治医の証言によれば、金正日は重い腎臓病を患っていて、腎臓透析を頻繁にやっているというものだった。

2点目は、金正恩が後継者になれば、金正日時代の軍中心の歪な統治システムは党中心のものに代わるというものだ。根拠にしたのは、後継者に指名された当初、金正恩が就いた職が「党中央軍事委員会副委員長」であることだ。社会主義国家では党の代わりに軍を指揮し統括するのは「党中央軍事委員会」だ。金正日と違い、政権内に追随者もなく、人脈ももたない金正恩が北朝鮮を統治していくには、個人的なカリスマに頼るのではなく、社会主義国家本来の統治システムに頼り、「正当」な手段で政権を運営するしかないのではないかというものだ。

3点目が、金正恩に関する情報だ。この本で筆者は金正恩の誕生日を1984年1月8日と断定した。この「推理」は、最近になって間違っていないことが分かった。スイス留学時代に金正恩の面倒をみた高英姫の妹（金正恩の叔母）の証言によって明らかになった。

しかし、筆者は、金正恩が政権を受け継いだ後、金一族による統治は長くないのではないかと見た。金正日が死ぬ間際に息子の後見人として指名した張成沢が、やがては政権の中心に立ち、いつかは中国式の改革開放に舵を切ると見たのである。張成沢は北朝鮮権力内部では唯一外部の世界を知る常識人間で、中国に太いパイプを持つ。権力はやがて張成沢に傾くだろうと思ったが、見事に裏切られた。

中国にうまれ育ち、大学をへて記者経験を積んだ筆者は、その時までは、同じ社会主義国の北朝鮮のことは手にとるようにわかるという錯覚に陥っていた。北朝鮮は60年代後半の中国に似た国で、中国式文化大革命をやり続けている国と思えば、大体のことは解釈できると思ったからだ。

ところが、北朝鮮は社会主義国家のなかでも稀にみる統治システムを構築した特異な国であることに気づいたのは、２０１３年12月の張成沢の処刑が契機だった。

北朝鮮を勉強しなおす必要があると感じた。そこで始めたのが「金正日研究」だ。２０１４年12月17日は、金正日が死亡して三回忌を迎える日だ。その日から1年半にわたり、筆者は『産経新聞』に「秘録金正日」を連載した。北朝鮮に関する入手可能なありとあらゆる資料を入手し、読み込みながら北朝鮮について勉強した。本書は、その連載ものをまとめた『金正日秘録――なぜ正恩体制は崩壊しないのか』を文庫化したものである。

北朝鮮との不思議な縁

15歳になるまで筆者は顔写真を撮ったことがない。家が貧しかったからではなく、兄弟が7人もいたから、両親は6番目の私に構う暇などなかった。私が少年時代を過ごした中国黒龍江省、三江平原北部の田舎は、30年代に韓国南部の慶尚道から集団で移住してきた農民が稲作で生計をたてる朝鮮族（元は韓国人。１９４５年以前、中国に移住し、その後中国国籍を取得して中国55の少数民族の一つになる。＊筆者注）村であった。

朝鮮半島からやってくる開拓民が住みつくまで、人の手が及ぶことのなかった三江平原の黒い大地は、稲作に適したらしく欲しいだけお米ができた。食べ物に困ることはなかったので、人情があつく住み心地の良い村であったが都会から遠くはなれていたため子どもの教育が問題だった。

文化大革命（文革）が始まる66年までに、３００世帯ある村から3名の大学生が輩出された。一人はハルビン工業大学を卒業したあとモスクワ大学に留学した秀才。反右派闘争で「右派」とされ、「労働改造」のため村に戻された（追放）が、「女優」だったという平壌出身の若奥さんを携えて村にやってきた。すらりと背が高く、顔の小さい美人の若奥さんは、暇をもてあます村民らの話題を独占した。村人は、彼女がいるところに群がり、平壌の話をしてほしいとねだった。

少年の私は若奥さんより、旦那さんにあこがれた。どうすれば外国にいけるのか。モスクワはどんなところだろうかと、毎日いろいろと想像をめぐらした。

その夫婦以外に、少年の私が崇拝する大学生がもう一人いた。私と一番の仲良しの友人の兄だ。友人の家のなかの一番目立つところには、彼の兄の顔写真がかかっていた。ネクタイを締め、背広を纏った白黒の写真だ。オールバックの髪の毛は油を塗ったのか、ピカッと光っていた。

村の出身とは思えない垢抜けの紳士だった。写真は北朝鮮から送られたものだった。大連工学院（現、大連理工大学）在学中の64年の秋、両親に相談せず北朝鮮へ渡り、咸興市の、ある研究所で働いていた。

60年代、中国東北地域からは10万人を超える朝鮮族出身の「知識人」が北朝鮮に渡っていった。後に、文献から分かったが、北朝鮮当局は中朝国境沿いの町に帰国受付所を設置して中国から逃げてくる知識人、技術者、特技をもつ若者を受け入れた。結果、中国東北地方の一部の病院、工場、研究所は閉鎖に追い込まれた。多くは合法的な手続きをとらずに技術資料までもって「逃亡」したのである。

友人から兄の「武勇伝」を聞くたびに、少年のわたしは写真の主人公に惹かれた。ある日、友人から途方もない提案があった。私たちも、その兄のように写真を撮ってみないかと。中国人がネクタイを締め、背広を着こなすようになるのは80年代にはいってから。それも公務で外国に行く人に限った時代だ。

「本物の背広を見たことも触ったこともないのに、どうやって」と聞くと、「平壌奥さんの家にはきっとあるはず」という。2人とも15歳になる75年の夏のことだ。

ところが、「平壌奥さん」の家に背広はなかった。彼女は、夫が「反動分子＝右派」になったので資本主義的なものは何も残していないと言う。その時代、背広はブルジョア的なもの。紅衛兵にみつかったら大変な目に遭う。平壌奥さんは、親切に隣の村の誰々の家に北朝鮮から親戚が訪ねてきているから、きっと持っているだろうと教えてくれた。その足で2人は、隣の村を訪ね、背広を借りることができた。時間がゆっくりと流れる田舎では、5キロくらいの距離は歩くのが普通だ。2人は5キロ歩いて町の写真館で15歳の記念写真を撮った。人生初の顔写真を北朝鮮人から借りた背広で撮ったから不思議な縁である。

そのとき、北朝鮮は「先進国」。村人は平壌放送（ラジオ）から流れる歌を聞き、北朝鮮映画を見るのをとても楽しみにした。

農繁期を除いては暇をもてあます村の若者たちは「革命宣伝隊＝サークル」をつくり、歌と踊りを練習し、村民たちに披露することもあったが、演目の半分以上は北朝鮮の歌と踊りだった。当時の北朝鮮の歌は、「政治的ではない」歌が多かった。いまだに歌詞を覚えている歌もある。「絹を織る乙女」「金剛山をたずねて」「海の歌」など。私たちの年代の朝鮮族の人なら誰もが何度か聞いた歌だ。

その時代、中国の朝鮮族の日常には北朝鮮が欠かせなかった。生活のいたるところに北朝鮮文化が深く浸透していたのである。

金正日の噂を耳にする

北朝鮮の影がうすれていったのは、中国が改革開放に踏み切る70年代の終わり頃からだ。その背景には、中国が西側諸国へ接近し、理念に囚われることなく（中国では「実事求是」といった）経済建設に邁進するようになったという事情がある。

10年以上中断していた大学受験制度が復活、筆者も運よく北京の大学に入学できた。改革開放実施後の第1期生だったわたしたちは、またたく間に「資本主義文明」に染まっていった。物質文明を前面に出して押し寄せてくるアメリカや日本の文化に魅了された。同じ頃、中国は憎むべき資本主義の国、日本と友好平和条約を締結（78年8月）、帝国主義の国、アメリカと外交関係を樹立（79年1月）する。大学生の多くはアメリカや日本映画にはまり、外国の書籍を読み、音楽を聴いた。

大学2年のときに北京で上映された、山口百恵と三浦友和出演の映画、「絶唱」を見て、我々は北朝鮮映画のなかで善しとした、「革命的」な家族愛、恋愛観は偽善だと思うようになる。イデオロギーが介在しない純愛物語にわたしたちは感動した。山口が演じる小雪が、病床で戦場から戻ってくる夫（三浦友和）の足音をきき、最期を迎える場面で我々は泣いた。われわれは小雪の夫、園田順吉は、「侵略戦争」に参加した日本兵であることはすっかり忘れ、園田（三浦）を応援した。高倉健の映画をみて、反骨精神に共鳴し、それまで見たことのない男の格好良さを知る。

大学には、文化大革命中に辺境地域に追放され辛酸をなめたあと、大学に復帰した教授も多かった。これら知識人がどのような仕打ちをうけたかを聞くたびに、われわれは「革命」と称する運動がいかにばかげていたかを再認識した。

北朝鮮に関心が強かった朝鮮族の大学生は、これら物語や中国で起こるさまざまな事象を北朝鮮に投影して考え、議論した。

今になってわかったが、当時、北朝鮮式の社会主義に否定的だったのは、朝鮮族だけではなかった。近年公開された資料から、中国政府が北朝鮮を醒めた目で見ていたことが明らかになる。

81年1月25日、外相の黄華は、外交部講堂に外事関係機関の課長級以上の幹部をあつめ、中朝関係についてこう語っている。

「第2次世界大戦で朝鮮半島は2つに分断された。この2つの国は短期間内に統一される可能性はない。この2つの国の1つは、かつて我々の戦友だったが、いまは我々の敵の友だちになってしまった」

5時間におよぶ講話で黄華は、改革開放の気配はなく、旧態依然の個人崇拝に没頭する北朝鮮を痛烈に批判した。当時、北朝鮮は中国を牽制するため清津、雄基（現羅津・先峰）港一帯をソ連海軍に提供する動きをみせていた。

「われわれは、米・日など国家と緊密に相談しながら、朝鮮に対する政策を調整しなければならない」

80年の暮れに中国は北朝鮮に圧力をかけるため、石油およびその副産品の価格を引き上げ、貿易では「互恵互利」の原則を適用すると通報した。

「一部の同志たちは、そうすれば朝鮮が我々を裏切るだろうと心配するが、私は心配無用と考える。朝鮮には『ソ連カード』があるけれど、われわれには『南朝鮮（韓国）カード』があるではないか。朝鮮がソ連一辺倒に傾くのならわれわれは援助ということばさえも口にし

ないだろう」（黄華「1980年代の外交情勢制作および今後の任務」より）

ちょうど同じ時期に筆者は、北京で留学中の金日成総合大学の教員に出会う。清華大学で地質学を学んでいる30代初半の男性だ。70年代の終わりから80年代の北京の大学には北朝鮮からやってくる留学生が多かった。

北京の中心部からやや西に位置する西四（地名）には、「延辺冷麺館」があったが、そこは北朝鮮留学生や朝鮮族のたまり場であった。

2階建ての小さな国営店であったが1階は、わたしたち中国人が利用、2階は北朝鮮の駐在員や留学生、日本からの商社マンなど外国人が利用した。

その1階の隅っこにすわり冷麺をまっている彼に遭遇したのは80年の夏である。私たちは、彼を我々の席に招いた。北朝鮮留学生は貧乏で、金にこまっていることを知っていたからだ。話はすぐさま北朝鮮の話題に集中した。

北朝鮮に縁故者の多い朝鮮族の人々は北朝鮮がどんな状況にあるかを知っていた。文革中に、絶対権力者の専横が国家や国民に災難をもたらす過程を目の当たりにした、中国朝鮮族は金日成を遠慮なく罵ることが多かった。それに反発して留学生が言った。

「わが共和国（北朝鮮）は首領さま（金日成）がいたから世界最強の国になったのだ。みなさんは、わが首領さまが世界を号令する（世界を動かす）という事実をしらない」

みんなが唖然としているとこうつづける。

「みなさんは南朝鮮反動や資本主義（国）のやつらの宣伝ばかり聞いているから、共和国をしらない」

中国に2年以上滞在しながらニュースを見ているはずなのに、北朝鮮が世界を動かしていると本気で思っているのが不思議で仕方がなかった。自腹で冷麺すら食べられないくせに、「世界を号令」すると強弁する北朝鮮人に違和感を覚えた。いま思えば、彼は本気だったのかもしれない。そのとき北朝鮮はまだ韓国と競争できるだけの体力はあった。

　北朝鮮留学生に出会った年の冬休みに筆者は故郷に戻っていた。そこではじめて金正日に関する話を耳にする。趙明禄、朝鮮人民軍空軍司令官と親戚関係にあるというおばさん（現在、佳木斯市在住）が平壌から戻ったばかりというから話しを聞きにいった。

「平壌は二度と行かない」とおばさんは言った。なぜかと聞くと平壌でこんなハプニングがあったという。

親戚の家でアルバムを見ていたら、最初の頁に金正日の写真があった。

「この人は、金日成の前妻（金正淑）の息子なの、それとも後妻（金聖愛）の息子なの？」

と聞いたとたん、皆が凍りついた。そして、激しく咎められたあげくに、早く、帰国するようにと急かされた。親愛なる指導者を「誰々の息子」と呼んだのも、「前妻」「後妻」という不敬なことばを口にしたのもいけなかったのだ。中国朝鮮族の間ではごく普通に口にすることばをポロリと出してしまったのだ。

当時は、おばさんの話を聞き流した。後に、『金正日秘録』を書くとは夢にも思わなかったからだ。いまとなって振りかえってみると、さりげなかったおばさんの話は、とても貴重

いう事実が確認できるからだ。80年頃、金正日が名実ともに絶大的な権力者となり、皆からおそれられていたという事実が確認できるからだ。

金日成を罵る酔っ払いを殴り倒す

大学卒業後、筆者は共産党機関紙の記者になった。いまの中国と違い、当時、記者は花形職業だった。先輩記者のなかには「記者証」をちらつかせて走る列車を止めたこともあると自慢するものもいるくらい、共産党機関紙の記者は一種の特権を持っていた。

筆者は、機会あるたびに中国東北三省の朝鮮族村を回ったが、村を訪ねると、記者がどんな人間かを見に来る人もいた。彼らは記者の筆者が関心を示すと思ったのか、村で発生した一番珍しい出来事を教えてくれる。朝鮮族村で発生した珍事といえばやはり北朝鮮と関連のある話だ。

なかには、北朝鮮から親戚が訪ねてきて、村人を殴り倒し、帰国した話もあった。北朝鮮の慢性的な食糧不足は80年代に入り、深刻の度合いを増していた。そのような事情を知る朝鮮族の人々は、北朝鮮のお客さんに同情した。村では北からやってきたお客さんのためにささやかな宴会を催した。酒がすすみ、ほどよく酔いが回ったところで村人たちは、北朝鮮を罵りはじめた。

当時、金正日は中国ではほとんど知名度はなかったから、金日成を罵った。我慢しきれなかったお客さんが「首領さま（金日成）のおかげで、我々は地上の楽園でくらしている。教育も無料、必要なものはすべて首領さまが与えてくれる。我々は、世のなかで一番幸せだ。うらやましいものなど何にもない」と強弁すると、「酔っ払い」が絡んでいった。「あんた、本当にしあわせかい？　ご飯さえ腹いっぱい食えないくせに」そこまではよかったが、酔っ払いのつぎのことばに客人はきれた。「金日成は、悪い奴だ。自分だけ良いものを喰いやがって。奴（金日成）は許せない」と言ったとたん、北朝鮮人がパンチをとばし、酔っ払いを殴り倒しのだ。宴会は修羅場となり、北朝鮮人はただちに帰国、金日成に手紙を出したとか。

当時、中国の朝鮮族の間では、こんなことばが流行した。

「北朝鮮から親戚がやってきたら強く抱きあうな」

強く抱きあうとどうなるのかと聞くと、「強く抱きあえば抱きあうほど要求が増えるんだ。親戚が履いている靴下まではがして持って帰る」という。

中国から北朝鮮を訪れる人もいた。数十年ぶりに北朝鮮に住む妹の家を訪ねたという人から聞いた話だ。20歳になる親戚の娘は、自分が持参した「牛肉の塊」（牛肉の塊を醤油で煮込み保存食にしたもの）が、どんな食べ物かを知らなかったという。

このような現状を知っている中国朝鮮族の多くは、北朝鮮の虚偽の宣伝に憤慨し、数人があつまると、金日成の悪口を言った。

噂は北朝鮮に伝わり、金日成が知ることとなる。１９８４年5月16日、金日成は３００人に上る大型代表団を率いてソ連および東ヨーロッパの社会主義諸国の訪問に出かけるが、中朝国境の街、図們市で特別列車をとめた。金日成が延辺朝鮮族自治州の地方都市に足を踏み入れるのは異例のことである。図們駅では、時の中国中央委政治局常務委員会委員で沈陽軍区司令官の李徳生、吉林省トップの党委員会書記、延辺朝鮮族自治州の幹部らが金日成を出迎えた。

その日の情景は、朝鮮族の写真家で州政府の専属カメラマンであった黄範松が写真に収めている。その場で金日成は、沈痛な表情を浮かべこうつぶやいたという。

「ここはわしが抗日闘争で血を流したところだ。なのに、ここの朝鮮族のみなさんはわしを死なすべき奴（죽일놈）と言っているではないか」

『金正日秘録』には、84年5月の金日成のソ連や東欧8カ国の歴訪は、世界の注目を浴びたと書いたが、実は中国が1番気を揉んでいたという事実は、秘録を書くため見つけ出した中国の資料で初めてわかった。中国共産党中央委総書記の胡耀邦は、国境の町に「休憩のため」立ち寄る金日成を丁重にもてなすように指示、党中央宣伝部を通じて延辺朝鮮族自治州に、公の場で金日成や北朝鮮に対する悪口は慎むよう指示をだす。

中国に暮らす朝鮮半島出身者の故国への思い

日本に留学し、ジャーナリズム史を研究テーマに決めた筆者は、その後北朝鮮のことは忘れていたが、93年の春、少年時代に故郷で背広を借りて写真をとった友人から手紙が舞いこんだ。友人は、中国山西省の、ある空軍基地で人民解放軍将校として服役していた。手紙には、北朝鮮の元高官が回顧録を執筆しているので夏休みに是非、会いにきてほしい、と書いてあった。

当時、筆者は大学院に通う一介の学生にすぎなかったが、友人は、元高官に「すごい人（友人）」が日本にいると自慢したらしい。

はるばる友人のいる太原に飛んでいくと空港にはハイヤーが待っていた。元北朝鮮高官が用意したものという。

その日から3泊4日、筆者は元高官の自宅に寝泊りしながら執筆中の回顧録を読み、話を聞いた。北朝鮮専門家ではなかった筆者には、元高官の話がどれほどの価値があるのか判断がつかなかったが、漠然と、すごい話を聴いているという自覚はあったので、ビデオカメラをまわし、20時間におよぶ「証言」を録音テープに収めた。

元高官は、30年代、朝鮮半島から中国にわたり中国共産党の下で抗日闘争に参加、終戦時に北朝鮮に帰還して「朝鮮人民軍報」の編集長、文化相を歴任した延安派の幹部、金剛という人物だった。会った当時、金剛は77歳、意欲的で元気だった。

56年8月、金日成が長期の東ヨーロッパ歴訪に出かけたとき、金剛ら延安派幹部はソ連派と手を組み、金日成の「独裁体制打倒」をあげ、政変を起こそうとした。北朝鮮の現代史では「8月宗派事件」として知られる。金剛は悔しそうに言った。

「崔庸健（当時、北朝鮮のナンバーツー。労働党中央委員会副委員長）が裏切ったから失敗した。彼は、酒席で金日成を罵倒し、自分にまかせておけ、と言っていたのに、我々を裏切ったんだ」

労働党中央委員会全体会議が開かれたのは金日成が外遊から戻った後の8月30日。事前に計画を察知した金日成が延安派幹部の逮捕に踏み切る直前の、会議初日の夜、金剛は、金日成批判の先頭に立った商業相の尹公欽、朝鮮職業総同盟委員長の徐輝をジープに乗せ、中朝国境をめざして逃亡した。中朝国境を流れる鴨緑江の岸辺にはボートが用意されていた。平壌駐在の新華社通信の記者が金剛の要請で手配したものだったという。

金日成は、その日南北軍事境界線（38度線）を封鎖し、その後すぐ、中朝国境に追い手を送ったが、金剛らが丹東市国境沿いの中国側警察署に避難した後だった。

「追い手が警察署の建物にはいってきて、人を出せと声を張り上げたが、中国側はシラをきった。やり取りは、私たちがいる部屋まで聞こえたよ」と金剛は振り返る。

8月宗派事件で中国に亡命した大勢の延安派幹部のなか、金剛は一番わかく、階級も下のほうだった。中国では副部長（大臣）待遇を受け、中国山西医科大学の顧問の肩書をもっていた。中国に「○○顧問」という肩書があることが分かったのはそのときがはじめてだ。大学のトップも運転手つきの車はない時代だったが、彼には、車も運転手もついていた。

北京国際放送の元朝鮮語アナウンサーと再婚し、2階建て構造のマンション（これも中国では珍しい）で不自由のない生活をおくっていた。朝鮮語が話せる人に会うのが嬉しかったらしく、筆者を息子のように可愛がってくれた。

滞在期間中、筆者の興味を引いたのは金剛の北朝鮮時代の話より、中国でどんな待遇をうけたかであった。

金剛らは中国政治や中朝関係に翻弄された。中朝関係が険しくなった文革期間中は、毛沢東の夫人、江青の「配慮」で文革の総指揮部が置かれる北京西郊賓館で過ごした。当時の中国最高級のホテルである。その後、中国と北朝鮮の関係が改善に向かうと、奥地の四川省に追いやられ、後に、2国関係が正常化すると山西省の某空軍訓練基地近辺に移され、そこで私の幼馴染の友人に出あい、私につながるという奇縁ができた。

余談であるが、お人善しの筆者の友人は、山西省にくらす北朝鮮から亡命した延安派幹部の面倒をみた。延安派の一人で、金日成の秘書室長を務めた洪淳寛は、友人の紹介で、筆者の親戚のおばさんと再婚、西安におちついた。のちに、『金正日秘録』を書くとわかっていたら、もっといろいろなことを聞いたのにと悔しく思うときもある。洪淳寛は生前、金一族にまつわるいろんな話をしてくれた。「金日成は女好きだった。家庭は円満でなかった」とも言った。そのような、さりげない金日成評価は、『金正日秘録』を書くにあたり、正日がどんな家庭環境の下、少年時代を過ごしたかを知る手がかりとなる。

徐輝が亡くなったとき、友人は喪主をつとめ、葬儀を取り仕切り、お墓まで作った。友人は異国他郷で孤独に暮らす彼らに同情した。北朝鮮にくらす自分の兄と重なるところがあるから、と言っていたが、実は、理由などなかった。朝鮮族だったら誰だってそうしたかも知れない。

朝鮮族が中国に大量移住した歴史はそう長くない。みんな故国に特別な思いをもっている。中朝関係、中韓関係に翻弄されながらも朝鮮半島の行方を、固唾を呑んで注目する。筆者も、まさにそのなかの一人だ。

２０１８年11月

著　者

本書は、産経新聞2014年12月17日付〜16年5月7日付に連載された「秘録金正日」を大幅に加筆、再構成したものです。

単行本　平成二十八年八月　産経新聞出版刊

05年 2月	「核兵器保有」を宣言
9月	米の金融制裁でマカオの銀行、**バンコ・デルタ・アジア**の北朝鮮**口座凍結**(07年3月に制裁解除)
06年 7月	**「テポドン2号」など**弾道ミサイルを**発射**
10月	**初の核実験**。国連安全保障理事会が対北制裁決議
07年10月	正日が韓国大統領の盧武鉉と会談
08年 8月	正日が**脳卒中で倒れる**
10月	米政府がテロ支援国家指定を解除
09年 1月	**金正恩の後継者内定の党内通達**を指示
4月	**テポドン2号改良型を発射**
5月	**2回目の核実験**
11～12月	通貨単位を切り下げる**デノミネーション**を実施
10年3月26日	韓国**哨戒艦「天安」撃沈事件**
5月	正日が訪中し、中国国家主席の胡錦濤と会談
8月	再訪中し、正男とも面会
9月28日	**正恩が**党中央軍事委副委員長に選出され、後継者として**公式登場**
11月23日	韓国の**延坪島を砲撃**
11年 5月	正日が訪中し、次期国家主席の習近平らと面会
8月	ロシアを訪問し、大統領のメドベージェフと会談
12月19日	正日が**心筋梗塞で死去**したと公表
12年 2月	米朝高官協議でウラン濃縮や核・ミサイル実験の一時停止に合意
4月	**金正恩が党第1書記、国防第1委員長**に就任。金正日が「強盛大国の大門を開く」とした金日成生誕100年祝典。**テポドン2号改良型発射に失敗**
7月	李英浩を軍総参謀長から解任
12月	**テポドン2号改良型を発射**
13年 2月	**3回目の核実験**
3月	核兵器開発と経済建設を同時に進める「並進路線」を宣言
12月12日	正恩の叔父、**張成沢を処刑**
16年 1月	「水爆」と称する**4回目の核実験**
2月	**テポドン2号改良型を発射**
5月	**36年ぶり、第7回党大会**を開催し、正恩が**党委員長**に就任
6月	移動式中距離弾道ミサイル**「ムスダン」発射**、実験に成功と主張。最高人民会議で国防委員会を国務委員会に改編し、正恩が**国務委員長**に就任

＊年表は405頁よりご覧ください

91年 9月	国連へ南北同時加盟
12月	正日が朝鮮人民**軍最高司令官**に就任。ソ連崩壊
92年 4月	軍将校らによる日成・正日父子を狙った**クーデター未遂**
8月	中国と韓国が国交樹立
93年 2月	国際原子力機関（IAEA）の特別査察要求を拒否
3月	核拡散防止条約（NPT）からの脱退を宣言
4月	正日が国防委員長に就任
5月	弾道ミサイル**「ノドン」発射**
94年 3月	南北実務代表接触で「ソウルを火の海に」発言
5月	実験炉の核燃料棒取り出しを確認
6月	**日成が元米大統領のカーターと会談**。南北首脳会談開催に合意
7月8日	**日成が死去**
94年10月	米朝が核計画の凍結や軽水炉建設を決めた「枠組み合意」に署名
95年 1月	「**先軍政治**」の始まりと位置付けられる金正日による沙里院の軍部隊視察
4月	第6軍団がクーデターを企てたとして一斉摘発
95年後半～	200万人以上が餓死し、「**苦難の行軍**」と呼ばれた大飢饉（～98年）
96年5月	MiG-19戦闘機に搭乗した空軍大尉が韓国に亡命
97年初め～	金日成時代の幹部を大規模粛清した**深化組事件**（～2000年）
2月	党書記の**黄長燁らが韓国に亡命**
10月	正日が**党総書記**に就任
98年 6月	韓国現代グループ名誉会長の鄭周永が板門店を通って北朝鮮入り
8月	黄海北道の製鉄所で大規模デモ。弾頭ミサイル**「テポドン1号」発射**
2000年6月	正日が韓国大統領の**金大中と初の南北首脳会談**
7月	訪朝したロシア大統領のプーチンと会談
10月	米国務長官のオルブライトが訪朝
01年5月	成田空港で**金正男が拘束**
7～8月	正日がロシアを公式訪問、長女の金雪松が同行
02年 1月	米大統領のブッシュが北朝鮮を「悪の枢軸」と非難
8月	正日がロシア極東地域を非公式訪問
夏	軍部内に高英姫をたたえる文書
9月17日	正日が首相の**小泉純一郎と会談。日本人拉致を認め、謝罪**
10月	蓮池薫・地村保志両夫妻ら拉致被害者5人が帰国。訪朝した米高官に北朝鮮側が高濃縮ウラン計画を認める
03年 4月	米朝中3カ国協議
8月	米朝中に日韓露を加え、第1回**6カ国協議**
04年 5月	正日が再訪朝した小泉と会談。蓮池・地村両夫妻の子供らが帰国
6月ごろ	**高英姫が死亡**

67年 5月	**甲山派の粛清**を決定
9月	正日が党宣伝扇動部文化芸術指導課長に就任
68年 1月	北朝鮮部隊による韓国大統領府襲撃未遂事件
69年12月	正日が制作を指揮した映画「血の海」を初上映
70年 9月	正日が**組織指導部副部長兼宣伝扇動部副部長**に就任
71年 5月	成蕙琳との間に長男の**金正男が誕生**
9月	中国最高指導者の毛沢東の暗殺を企てたとされる林彪が亡命途上に死亡
72年 7月	南北共同声明を発表
73年 2月	正日の提唱で**三大革命小組運動**を開始
7～9月	正日が**宣伝扇動部長**や**組織指導部長兼党書記**に就任
10月	正妻となる金英淑と結婚
74年 2月	正日を**党政治委員**に選出、**日成の後継者に公認**
74年 4月	新たな**「党の唯一思想体系確立の10大原則」**を提示
12月	金正日と金英淑の間に長女、金雪松が誕生
76年 1月	正日が「工作員の教育のため」と称し、**外国人拉致を指示**
2月	世襲に反対した南日が謎の事故死
8月18日	北朝鮮兵が板門店で米軍将校2人を殺害した**ポプラ事件**
77年11月	新潟で**横田めぐみを拉致**
78年 1月	韓国人女優の崔銀姫を拉致
6～8月	田口八重子や蓮池薫・祐木子ら複数の日本人を相次ぎ拉致
80年10月	**第6回党大会で正日が公式報道に初めて登場。政治局常務委員**に選出
81年 9月	高英姫との間に次男、金正哲が誕生
82年 4月	金日成70歳を祝賀する国家的祭典
83年 6月	正日が中国を非公式訪問し、鄧小平らと会談
7月ごろ	欧州で有本恵子を拉致
10月9日	韓国大統領の全斗煥一行を狙った**ラングーン爆破テロ**
84年1月8日	英姫との間に三男、**金正恩が誕生**
9～10月	水害に伴い韓国に支援物資を大量搬出
87年 9月	英姫との間に末娘の金与正が誕生
11月29日	**大韓航空機爆破事件**
88年 1月	米政府が北朝鮮をテロ支援国家に指定
9月	ソ連や中国が参加し、ソウル五輪が開幕
89年 7月	平壌で**第13回世界青年学生祝典**を開催
90年 9月	日成が自民党の金丸信や社会党の田辺誠と会談。ソ連と韓国が国交樹立

■北朝鮮と金正日をめぐる主な動き（※敬称略、肩書は当時）

1232年	金一族の始祖、金台瑞が科挙に合格。その後、現在の韓国・全州に居を構える
1860年	金日成の曽祖父、金膺禹が平壌近郊の万景台に移住
1912年4月15日	金亨稷と康盤石の間に長男、**日成が誕生**
19年 冬	亨稷一家が旧満州に移住
27年 2月	日成が中国・吉林の毓文中学校に編入
32年 4月	中国人抗日部隊傘下に日成が別動隊を結成
37年6月4日	鴨緑江上流域で日本の駐在所などを襲撃した**普天堡戦闘**
40年10月 11月 12月～	日成と金正淑が結婚 日成の部隊が日本軍に追われ、旧ソ連領内入り 旧満州の抗日部隊の処遇を決めたハバロフスク会議（～41年3月）
41年2月16日	旧ソ連極東地域で**金正日が誕生**
45年 9月 11月 12月	第二次大戦終結後、ソ連の朝鮮工作団として金日成らが帰国 正日が母、金正淑らとともに帰国 日成を朝鮮共産党責任書記に選出
47年 夏	正日の弟、金万一が池で溺死
48年 9月	正日が南山人民学校に入学。**朝鮮民主主義人民共和国が樹立**
49年 9月	**母、正淑が死亡**
50年6月25日 10月	**朝鮮戦争勃発**（53年7月に休戦協定） 正日と妹の金敬姫が中国・吉林に疎開
51年12月	日成が金聖愛と結婚
53年 8月	正日兄妹が疎開先から帰国
54年 8月 9月	聖愛が金平一を出産 正日が平壌第1初等中学校に進学
56年 8月	延安派やソ連派を粛清した**8月宗派事件**
57年10月	正日がロシア革命の記念行事に合わせ、モスクワ訪問
58年 9月	正日が南山高等中学校に転入
60年 9月	金日成総合大学経済学部に進学
61年 7月	正日が**朝鮮労働党員**に
62年8～10月	平壌の御恩洞で軍事訓練を受ける
64年 6月	金正日が大学卒業後、**党組織指導部の指導員**として党業務開始
65年 4月	金日成のインドネシア訪問に同行

8．その他

- 高英煥／池田菊敏訳『平壌25時―金王朝の内幕 元北朝鮮エリート外交官衝撃の告白』徳間書店、1992年。（文庫版は『平壌25時―北朝鮮亡命高官の告白』1997年）
- 康明道／尹学準訳『北朝鮮の最高機密』文春文庫、1998年。
- 韓国国土統一院『北韓年表（1945～1985）』国土統一院、1980、86年。
- 北韓研究所『北韓総覧（1945～2010）』北韓研究所、2011年。

これら8種類の資料のほか、年代順にその時代の北朝鮮の政治・経済・外交に関する書籍や論文、各種報告書を参照。朝鮮労働党機関紙「労働新聞」および、韓国発行の新聞・雑誌や日本の新聞・雑誌などの記事を参考にしている。

その他の参考図書や新聞・雑誌、テレビ番組や映像資料、筆者独自の取材やインタビューで得た証言などの詳細については、省略する。証言者一人ひとりについても、公表に支障のない主な人物は、文中に名前や肩書を記載しており、再掲は省く。

＊参考文献は409頁よりご覧ください

6．金正日と直接言葉を交わした経験を持つ人の手記

・コンスタンチン・プリコフスキー（元ロシア極東連邦管区大統領全権代表）『東方特急列車　金正日と一緒にした24日間のロシア旅行』チュンシム、ソウル、2003年。
・金正日を直接インタビューした元ロシア記者協会幹事、オリガ・マリツェワ『金正日とワルツを　ロシア女性記者の金正日極東訪問同行記』ハンウル、ソウル、2004年。
・中共中央文献研究室編『鄧小平年譜　下（1975－1997）』中央文献出版社、北京、2004年。
・金大中『金大中自叙伝　第2巻』サミン、ソウル、2010年。
・林東源（元韓国国家情報院長）『林東源回顧録　ピースメーカー：南北関係と北核問題25年（改訂増補版）』チャンビ、ソウル、2015年。（波佐場清訳『南北首脳会談への道　林東源回顧録』岩波書店、2008年）
・李鍾奭『刃物の上の平和　盧武鉉時代統一外交安保白書』ゲマ高原、ソウル、2014年。
・シン・ジャンソプ『金宇中との対話　いまだ世界は広く、やるべきことは多い』ブックコープ、ソウル、2014年。

7．北朝鮮の視点を映した文献

・崔仁秀『人民の指導者　金正日書記　1・2』雄山閣出版、1983、84年。
・趙爽河〔他〕『時代の星　第1部　偉大な永像』東邦社、1984年。
・卓珍、金剛一、朴弘清『偉大な指導者　金正日　上・下』未来社、1985年。
・石川昌『金正日書記　その人と業績』雄山閣出版、1987年。
・『金正日指導者　第1～3部』（注記に南朝鮮＝韓国＝で書かれたとしているが、著者・編者は不明）平壌出版社、平壌、1994年。
・金日成『金日成回顧録　世紀とともに　第1～6巻』朝鮮労働党出版社、平壌、1992～95年。
・在日本朝鮮人総連合会編『金正日略伝』雄山閣出版、1995年。
・金南鎮／光明社編集部訳『金正日　その指導者像　上・下』雄山閣出版、1996年。
・許錟／光明社編集部訳『金正日書記の人間像』雄山閣出版、1997年。
金日成『金日成同志回顧録　世紀とともに　第7・8巻（継承本）』朝鮮労働党出版社、平壌、1996、98年。
・朝鮮金正日伝編纂委員会『金正日伝　第1・2巻』白峰社、2004、05年。

3．学校時代について

- 朝鮮労働党組織指導部直営の大洋貿易会社の元社長、金正敏（1988年、韓国に亡命）の証言録。
- 金賢植『私は21世紀イデオロギーの遊牧民』キムヨンシャ、ソウル、2007年。（日本語版は、菅野朋子訳『わが教え子、金正日に告ぐ　脱北エリート教授が暴く北朝鮮』新潮社、2008年）
- 黄長燁『黄長燁回顧録〝私は歴史の真理を見た〟』時代精神、ソウル、1999年。（萩原遼訳『黄長燁回顧録 金正日への宣戦布告』文藝春秋、1999年）
- 金日成総合大学元ロシア語教授、宋熙淵（ロシア・ハバロフスク在住）の証言など。

4．後継者修業時代について

- 党宣伝扇動部で金正日の下で働いた申敬完の手記『傍らで見た金正日』キムヨンシャ、ソウル、2000年。申がペンネームの「イ・ハング」名で書いた『秘話集　金正日とその参謀たち』新太陽社、ソウル、1995年。
- 黄長燁が残したテープ120本分に上る講演録の一部やインタビュー記事など。
- 韓国中央情報部資料：南北秘密接触記録（1979年、全1150ページ）。

5．「指導者」就任後について

- 李韓永（金正日の内妻、成蕙琳のおい）が亡命先のソウルで著した手記『大同江ロイヤルファミリー・ソウル潜行14年』東亜日報社、ソウル、1996年。（浅田修訳『金正日が愛した女たち　金正男の従兄が明かすロイヤルファミリーの豪奢な日々』徳間書店、2001年）
- 成蕙琅『藤の木の家』知識のくに、ソウル、2000年。（萩原遼訳『北朝鮮はるかなり　金正日官邸で暮らした20年　上・下』文藝春秋、2001年）
- 崔銀姫・申相玉『崔銀姫・申相玉拉北手記　金正日王国：香港―平壌―ウィーン脱出まで　上・下』東亜日報社、ソウル、1988年。（『闇からの谺　北朝鮮の内幕　上・下』文春文庫、1989年）
- 藤本健二『金正日の料理人　間近で見た権力者の素顔』扶桑社、2003年。
- 藤本健二『金正日の私生活　知られざる招待所の全貌』扶桑社、2004年。
- 藤本健二『核と女を愛した将軍様　金正日の料理人「最後の極秘メモ」』小学館、2006年。
- 韓国国家情報院資料：2007年南北首脳会談会議録全文。

主な参考文献・証言

本書は、日本語と韓国語（朝鮮語）、中国語、英語で書かれた金正日に関する出版物や論文、報告書の中から、筆者の判断で信頼に値すると思われる文献約600点を参考にしている。

その中から、正日と一緒に暮らしたり、仕事をしたりした経験を持つ人、間近に正日自身を観察できる立場にいた人々が残した手記、インタビューで語られた証言をつなぎ合わせて、金正日の人物像を描き出す手掛かりにした。

1．幼少時代について

・生まれて間もない金正日については、彼に母乳を飲ませた経験がある李在徳（1918年生まれ、北京在住）やその家族に筆者が直接インタビューした。手記は『松山風雪情　李在徳回憶録』民族出版社、北京、初版1999年（2013年に18万文字を追加した改訂版）。中国の雑誌「中国婦女」などのインタビューや中国国家図書館「中国の記憶プロジェクト」チームがまとめた口述記録がある。

・正日の母、金正淑のロシア極東時代の友人、李敏に筆者が取材して得た証言など。手記は『風雪征程　東北抗日聯軍戦士　李敏回憶録(1924－1949）上・下』黒竜江人民出版社、ハルビン、2012年。

2．少年時代について

・韓載徳『金日成を告発する―朝鮮労働党治下の北韓回顧録』内外文化社、ソウル、1962年。金日成の専属記者を務め、金正日の母、金正淑の手作り料理も食べたことがあるという。後に韓国に亡命し、上記の回顧録を出版した。

・セルゲイ・リー（カザフスタン在住）の証言。幼少時代の正日と一緒に遊んだ。日成の専属軍医官だった李東華（北朝鮮初代保険相）の息子。

・中国吉林市地方誌編纂委員会編『吉林市誌：外事誌』吉林人民出版社、吉林、2001年。朝鮮戦争時に妹、金敬姫と3年近くを過ごした疎開先での足取りが確認できる。

・日成の元秘書室長、洪淳寛が亡命先の中国西安市で筆者に語った証言など。複数の証言者について、韓国紙「東亜日報」や「韓国日報」がまとめた記録もある。

＊索引は 419 頁よりご覧ください

事項

（ジョージ・W・）ブッシュ…320, 327-28, 330, 333, 335-36, 342

（コンスタンチン・）プリコフスキー…3-4, 36, 318, 320-22

白鶴林（ペク・ハクリム）…89, 149, 170

洪淳寛（ホン・スングァン）…45, 77, 92-94, 399

【ま】

マイケル・リー…44, 56, 58, 93, 153, 194, 203-04, 208-09, 214, 217, 262

毛沢東…127, 140, 148, 241, 399

【や】

尹静姫（ユン・ジョンヒ）…208, 213-14, 217

横田めぐみ…202, 207, 209, 211, 331, 332

延亨黙（ヨン・ヒョンムク）…48-49, 62, 77, 226, 241, 280, 343

【ら－わ】

李乙雪（リ・ウルソル）…89, 326

李済剛（ジェガン）…325, 348-49, 353

李洙墉（スヨン）…110-11

李雪主（ソルジュ）…363, 365-66

李東浩（ドンホ）…234-35

李宝益（ボイク）…87-88, 99

李英浩（ヨンホ）…367-68

李勇武（ヨンム）…189-93

柳章植（リュ・ジャンシク）…181, 185-86, 188-89

林彪（りんぴょう）…140,148

150, 185, 397

崔竜海（リョンへ）…78, 267

蔡文徳（チェ・ムンドク）…300-02, 307

張正煥（チャン・ジョンファン）…168, 189

張成沢（ソンテク）…9, 39, 41, 58, 114, 149, 166-70, 177-78, 188-89, 193, 202, 291-94, 301-03, 307, 326, 347-48, 367-71, 375, 385-86

趙明禄（チョ・ミョンロク）…85, 89, 149, 277, 393

鄭慶姫（チョン・ギョンヒ）…199-200, 202-03, 218, 226

鄭周永（ジュヨン）…308-313

全斗煥（チョン・ドファン）…245-47, 250-51

全文燮（ムンソプ）…85, 89, 149, 170, 229, 231-32

鄧（とう）小平 …240-45, 252, 256, 274, 276, 357

【な】

南日（ナム・イル）＝本名・南廷旭（ジョンウク）…180-84

盧泰愚（ノ・テウ）…275

盧武鉉（ムヒョン）…335-36, 341-42, 344, 360

【は】

朴金喆（パク・クムチョル）…120-26, 128

朴寿東（スドン）…114, 118, 138

朴正熙（チョンヒ）…142-43

朴南基（ナムギ）…49, 350-53

朴憲永（ホニョン）…107, 134, 198

朴奉珠（ポンジュ）…371

原敕晁（ただあき）…202, 206-07, 331

黄長燁（ファン・ジャンヨプ）…58, 96, 110, 118-19, 122, 124, 145-46, 159, 167-69, 172-73, 175-77, 179-80, 227, 247-48, 253-54, 258, 264, 274, 278, 303-05

（ウラジーミル・）プーチン …6, 317-20, 321-22, 330, 33

藤本健二 …170, 225, 294, 342, 346, 364-65

（サダム・）フセイン …35, 333

金英淑（ヨンスク）＝正日の正妻 …36, 156, 158, 162, 164, 219, 227, 322

金英淑＝正日の叔母 …293-94

金容淳（ヨンスン）…48-49, 305, 311, 324, 326, 343

金永春（ヨンチュン）…277, 297-98, 325, 367

金永南（ヨンナム）…62, 158, 226, 255, 259-60, 262, 269, 313, 315-16

久米裕（ゆたか）…207-08, 331

（ビル・）クリントン …46, 317, 318-19, 385

（ジェームズ・）ケリー …333-35

小泉純一郎 …14, 218, 327-32

胡錦濤 …356-57, 362, 368

高英姫（コ・ヨンヒ）…39-40, 220-25, 227, 290, 323-26, 342-43, 346-48, 384-85

高英煥（ヨンファン）…126-27, 136, 151, 157, 178, 232, 248, 260

（ミハイル・）ゴルバチョフ …254-57, 276, 322

【さ】

習近平 …6, 241-42, 361

申敬完（シン・ギョンワン）…57, 94, 116, 119, 128, 132, 137-39, 147-48, 175, 187, 193

申相玉（サンオク）…201, 203, 215-17

辛光洙（シン・グァンス）…206

スターリン …103, 107, 181, 255

成蕙琅（ソン・ヘラン）…111-12, 129, 133-36, 146-47, 155-56, 162-64, 212, 219-20, 266, 345-46

成蕙琳（ヘリム）…111-12, 129, 133-36, 146-47, 155-56, 162-65, 177, 219-20, 224, 227, 265, 323

【た】

田口八重子 …204, 207, 214, 331

崔銀姫（チェ・ウニ）…41, 44, 57, 201-03, 213-17, 225, 258

崔光（グァン）…60, 65, 75, 277

崔賢（ヒョン）…76, 78, 83, 91, 104, 140-41, 159, 185, 277

崔庸健（ヨンゴン）…76, 91, 102-03, 107, 110, 122, 124, 131, 140-41,

金仲麟（ジュンリン）…197-99, 246-47

金正恩（ジョンウン）…5-10, 15-16, 33-34, 36-41, 77-78, 100, 111, 169, 220, 267, 278, 323, 327, 342-43, 345-50, 353-56, 359-60, 361-67, 368-77, 383-86

金正淑（ジョンスク）＝本名・貞淑…44, 45, 69, 72, 74-75, 77, 79, 81-82, 84-85, 87, 92-95, 98, 130, 148-50, 153, 169, 292-93, 320, 343, 393

金正哲（ジョンチョル）…39, 225, 323, 325-27, 342, 345, 348, 364

金正男（ジョンナム）…111, 136, 146-47, 155, 162-65, 176-77, 219-20, 265, 323-25, 326-27, 345-46, 348, 359-60, 364, 368

金雪松（ソルソン）…33-36, 219-20, 322, 345, 364, 366-67

金聖愛（ソンエ）…45, 56, 67-68, 91-94, 141, 146-55, 170, 183, 286, 393

金聖甲（ソンガプ）…149, 151-52, 154-55

金達玄（ダルヒョン）…280-81

金策（チェク）…69, 102, 104, 126

金大中（デジュン）…308-09, 313-17, 319-20, 328-29, 335, 360

金徳弘（ドクホン）…253, 278-79, 281, 299

金道満（ドマン）…123, 126, 128

金東奎（ドンギュ）…180, 184-85, 188-89

金平一（ピョンイル）…45, 91, 93-94, 141, 148, 151, 152-54, 182, 228-32, 268, 282

金賢植（ヒョンシク）…105-07, 152, 153-54

金亨稷（ヒョンジク）…87, 97-98, 100, 220

金賢姫（ヒョンヒ）…204, 214-15, 261-62

金炳河（ビョンハ）…195, 229, 231-32

金万一（マニル）＝ロシア名・シューラ …72-73,85,88

金与正（ヨジョン）…39, 323, 345-46, 363-67

金泳三（ヨンサム）…47, 50, 53, 56, 65, 67-68, 297

金英柱（ヨンジュ）…62, 65, 76, 90-91, 94, 113-17, 119, 121-26, 129, 137, 140-46, 150, 159-60, 168-69, 171-72, 174, 186

索引

人名 ※金正日と金日成を除く、主な登場人物

【あ】

安倍晋三 …332

李承晩（イ・スンマン）…108

李韓永（ハンヨン）＝本名・李一男（リ・イルナム）…162-65, 176, 224, 227

李厚洛（フラク）…142-43

李明博（ミョンバク）…358-59, 360-62

林琇卿（イム・スギョン）…267-68

林東源（ドンウォン）…314, 316, 328-29

元鷹熙（ウォン・ウンヒ）…272, 276-77, 298

呉克烈（オ・グクリョル）…77, 91, 192-94, 269

呉振宇（ジヌ）…60, 64-65, 74, 91, 124-25, 131, 140-41, 154, 159, 183, 185, 189, 191-94, 224, 226, 228, 230, 233, 241, 268-70

温家宝 …357-59, 360, 362, 368

【か】

（ジミー・）カーター …47, 50-51, 66-68, 286

姜錫柱（カン・ソクチュ）…284, 286-87, 333, 371

姜成山（ソンサン）…62-63, 65-66, 115, 151-52, 280, 291

康盤石（カン・バンソク）…87, 98, 148

康明道（ミョンド）…66, 115, 130, 189-91, 234, 291

金一（キム・イル）…91, 104, 120, 122, 125, 131, 140-41, 150, 159, 184-85, 230, 233

金源珠（ウォンジュ）…134-35, 147, 219

金玉（オク）…347

金敬進（ギョンジン）…56, 91, 94, 152

金敬姫（ギョンヒ）…39, 41, 72, 74-75, 90-94, 149, 155-56, 163, 165-69, 228, 258, 291-92, 294, 347-48, 359, 367, 371

敬称については、略した

産経NF文庫

金正日秘録

二〇一八年十二月十九日　第一刷発行

著　者　李　相哲

発行者　皆川豪志

発行・発売　株式会社　潮書房光人新社

〒100-8077　東京都千代田区大手町一-七-二

電話／〇三-六二八一-九八九一(代)

印刷・製本　凸版印刷株式会社

定価はカバーに表示してあります
乱丁・落丁のものはお取りかえ
致します。本文は中性紙を使用

ISBN978-4-7698-7006-7　C0195

http://www.kojinsha.co.jp

装　幀　伏見さつき
DTP　佐藤敦子
写真提供　産経新聞社
共同通信社

産経NF文庫の既刊本

日本が戦ってくれて感謝しています
アジアが賞賛する日本とあの戦争
井上和彦

インド、マレーシア、フィリピン、パラオ、台湾……日本軍は、私たちの祖先は激戦の中で何を残したか。金田一春彦氏が生前に感激して絶賛した「歴史認識」を辿る旅——涙が止まらない！ 感涙の声が続々と寄せられた15万部突破のベストセラーがついに文庫化。

定価〈本体860円＋税〉 ISBN978-4-7698-7001-2

日本が戦ってくれて感謝しています2
あの戦争で日本人が尊敬された理由
井上和彦

第1次大戦、戦勝100年「マルタ」における日英同盟を序章に、読者から要望が押し寄せたインドネシア——あの戦争の大義そのものを3章にわたって収録。日本人は、なぜ熱狂的に迎えられたか。歴史認識を辿る旅の完結編。15万部突破ベストセラー文庫化第2弾。

定価〈本体820円＋税〉 ISBN978-4-7698-7002-9

産経NF文庫の既刊本

国会議員に読ませたい 敗戦秘話

政治家よ！ もっと勉強してほしい

産経新聞取材班

敗戦という国家存亡の危機からの復興、そして国際社会で名誉ある地位を築くまでになったわが国――なぜ、日本は今、繁栄しているのか。国会議員が戦後の真の歴史を知らずして、この国を動かしているとしたら、日本国民としてこれほど不幸なことはない。

定価〈本体820円＋税〉 ISBN978-4-7698-7003-6

国民の神話

日本人の源流を訪ねて

産経新聞社

乱暴者だったり、色恋に夢中になったりと、実に人間味豊かな神様たちが多く登場し、躍動します。感受性豊かな祖先が築き上げた素晴らしい日本を、もっともっと好きになる一冊です。日本人であることを楽しく、誇らしく思わせてくれるもの、それが神話です！

定価〈本体820円＋税〉 ISBN978-4-7698-7004-3

総括せよ！ さらば革命的世代

50年前、キャンパスで何があったか

産経新聞取材班

半世紀前、わが国に「革命」を訴える世代がいた。当時それは特別な人間でも特別な考え方でもなかった。にもかかわらず、彼らは、あの時代を積極的に語ろうとはしない。彼らの存在はわが国にどのような功罪を与えたのか。そもそも、「全共闘世代」とは何者か？

定価〈本体800円＋税〉 ISBN978-4-7698-7005-0